企业财务战略管理研究

翁彬瑜 著

中国纺织出版社有限公司

图书在版编目（CIP）数据

企业财务战略管理研究 / 翁彬瑜著. -- 北京：中国纺织出版社有限公司, 2023.12
ISBN 978-7-5229-1403-9

Ⅰ. ①企… Ⅱ. ①翁… Ⅲ. ①企业管理-财务管理-研究 Ⅳ. ①F275

中国国家版本馆 CIP 数据核字（2024）第 036508 号

责任编辑：张　宏　　责任校对：王惠莹　　责任印制：储志伟

中国纺织出版社有限公司出版发行
地址：北京市朝阳区百子湾东里 A407 号楼　邮政编码：100124
销售电话：010—67004422　传真：010—87155801
http://www.c-textilep.com
中国纺织出版社天猫旗舰店
官方微博 http://weibo.com/2119887771
三河市延风印装有限公司印刷　各地新华书店经销
2023 年 12 月第 1 版第 1 次印刷
开本：710×1000　1/16　印张：16.25
字数：225 千字　定价：98.00 元

凡购本书，如有缺页、倒页、脱页，由本社图书营销中心调换

前言 FOREWORD

在知识经济、信息经济和网络经济日趋占据主导地位的时代，以整合资源、实现既定目标为特征的企业管理活动正在进行深刻的变革。以往企业依靠质量、技能和市场壁垒就能长期保持竞争优势的日子已一去不复返，取而代之的是如何比竞争对手更有效、更快速地培育、积蓄和更新资源。由此，决定了企业所追求的任何管理策略都应该趋于回归管理的根本，致力于资源与能力的获取、利用与更新。管理创新本身是基于经济发展、技术进步所引起的企业生存和发展的需要而产生的，企业进行管理创新的动力源自其内外各种因素的共同作用。企业战略管理创新的首要任务是着眼于全球竞争，制订和实施适宜的企业财务战略。

财务战略是对企业财务管理所作的长远规划，是围绕财务目标而实施的全局性的行动方案，是企业战略中的一个特殊的具有综合性的子战略，在企业战略管理体系中处于相对独立的基础地位，既从属于企业战略，又制约和支持企业战略的实现。财务战略管理是为了适应企业经营战略的需要而形成的一个新的财务管理领域，既是战略管理和财务管理有机结合的产物，也是战略管理在财务领域的应用和扩展。当企业管理从业务管理层次向战略管理层次转变时，企业财务战略管理就成为财务管理发展的必然趋势。

因此，本书在内容设计上进行精心构思与安排，既参考了企业财务战略管理的内容大纲，又兼顾了学科的整体性与系统性，还从新视角出发，从价值创造型、企业生命周期、大数据背景下描述了企业财务的战略框架及管理，并将企业质量分析、企业财务构架及大数据下企业财务管理等问题纳入其中并进行详解。不仅如此，本书还将企业财务的资产创造问题纳入了企业财务战略管理体系，从而进一步丰富了企业财务战略管理研究的内涵。

另外，从营造战略优势的要求出发，企业财务战略管理更应强调企业内在的战略能力，并集中于导致长期财务价值实现的财务塑造上。基于此，本书对企业财务模式构建进行了初步探讨。

本书在撰写过程中所借鉴、引用的各类资料仅在书后以参考文献的方式来表示。

由于水平所限，书中难免存在不足和疏漏之处，恳请读者批评、指正。

翁彬瑜

2023 年 6 月

目录 CONTENTS

第一章 企业财务战略管理概论 / 1
    第一节 企业战略管理 / 3
    第二节 财务战略管理 / 28
    第三节 财务战略管理与企业管理的关系 / 59
    第四节 财务战略矩阵 / 62

第二章 企业财务战略管理的基本过程 / 81
    第一节 企业财务战略管理分析 / 83
    第二节 企业财务战略管理选择 / 87
    第三节 企业财务战略管理实施 / 88
    第四节 企业财务战略管理控制 / 92
    第五节 企业财务战略管理评估 / 96

第三章 企业财务质量分析 / 99
    第一节 资产负债表质量分析 / 101
    第二节 利润表质量分析 / 127
    第三节 现金流量表质量分析 / 141

第四章 价值创造型企业财务战略 / 161
    第一节 企业价值创造概述 / 163
    第二节 价值创造型财务战略框架构建 / 168

第三节　价值创造型的企业财务路径 / 170

第四节　价值创造型财务管理模式应用 / 175

第五章　基于企业生命周期的企业财务战略模型构建 / 183

第一节　基于企业生命周期的财务战略理论 / 185

第二节　基于企业生命周期的财务战略选择期 / 195

第六章　大数据背景下企业财务战略管理 / 203

第一节　大数据背景下企业投资管理 / 205

第二节　大数据背景下企业财务决策管理 / 231

参考文献 / 251

第一章

企业财务战略管理概论

企业财务战略管理，或称战略财务管理，指的是对企业财务战略或战略性财务活动的管理，它既是企业战略管理的一个不可或缺的组成部分，也是企业财务管理的一个重要方面。

第一节　企业战略管理

一、企业战略管理的基本概述

（一）战略与企业战略

1. 战略概念源于军事

我们首先要了解什么是战略及其发展过程。"战略"一词早已存在，它源于战争和军事活动，是战争实践、军事活动的理论概括，是指导战争的谋略，也就是用来克敌制胜的良策。在西方，"战略（strategy）"一词源于希腊语 strategos 或由其演变的"stragia"，前者的意思是"将军"，后者的意思是"战役""谋略"，都是指挥军队的科学和艺术。

在中国，早在春秋时代，齐人孙武在总结过去战争经验的基础上写成了《孙子兵法》，虽未用"战略"命名，但其内容蕴含着丰富的战略思想，并流传至今，被世界各国运用，颇有影响。三国时期，诸葛亮向刘备提出的《隆中对》，是我国历史上军事战略系统分析的典范。我国以"战略"命名的专著，继西晋司马彪《战略》之后不断涌现，例如著名的有明代军事家茅元仪编著的《廿一史战略考》等。

随着人类社会的不断发展，人们逐步把战略应用于广泛的领域：政治活动，如政党和政府某一时期为实现总体目标所进行的力量部署、对策措施等战略规划；经济活动，如指导国民经济或某些重要产业发展的战略等。

2. 战略概念引入企业经营管理领域

战略被引入经济领域的历史并不算长，最早把战略思想引进企业经营管理领域的是美国的管理学家切斯特·巴纳德（1886—1961）。他在其代表作《经理的职能》（1938年出版）一书中，说明企业是一个由物质、生物、个人和社会等因素构成的综合系统。为了说明企业组织的决策机制，他开始运用战略因素这一思想对企业诸因素及它们相互之间的影响机制进行分析。

国外在企业经营管理领域中广泛使用战略概念始于1965年，以美国学者安索夫（H. L. Ansoff）的主要著作《企业战略》的问世为代表。在此之前，人们总认为企业战略是偶然决定的，或者认为它是最高决策者的信念、直觉的产物。在以往的管理理论中，和战略相关的内容仅仅是以"企业家活动""企业政策""长期计划"等名称出现的。安索夫针对20世纪50年代末期出现的企业规模扩大和转向多种经营的形势，分析了产品—市场战略的意义。他把"经营决策结构"和"战略决策模式"摆在首位，以确定企业目标作为决策的出发点，建立了自己的企业战略规划理论，继而于1979年推出了《战略经营》，研究从战略计划推向战略经营，从现代组织理论的立场出发，分析环境、战略、组织三者之间的对应关系，进一步发展了企业战略模式的理论。

20世纪80年代，战略管理得到了较大发展，以产业结构分析为基础的竞争战略理论占据了主导地位。最近十年，企业注重对自身独特的资源和知识的积累，以形成特有的竞争力，从而形成了以资源、知识为基础的核心竞争力理论。

3. 企业战略的定义

关于战略的定义至今仍没有统一的认识，许多学者从多种角度进行探讨，赋予企业战略不同的含义。20世纪80年代以后，明茨伯格以其独特的认识归纳总结了"战略"的五个定义：

计划（Plan）、计谋（Ploy）、模式（Patterm）、定位（Position）和观念（Perpective）。

（1）战略是一种计划。大多数人认为战略是一种计划，它代表了用各种各样精心构建的行动或一套准则来处理各种情况。战略的这个定义具有两个特点：第一，战略是在企业经营活动之前制定的，战略先于行动；第二，战略是有意识、有目的地开发和制订的计划。在企业管理领域，战略计划与其他计划不同，它是关于企业长远发展方向和范围的计划，其适用时限长，通常在1年以上。战略确定了企业的发展方向（如巩固目前的地位、开发新产品、拓展新市场或者实施多元化经营等）和范围（如行业、产品或地域等）。战略涉及企业的全局，是一种统一的、综合的、一体化的计划，其目的是实现企业的基本目标。著名松下电器企业创始人曾经制定了一个250年的战略规划，以每代人完成10年任务的方式推行下去，近乎愚公移山之举。

（2）战略是一种计谋。这是在竞争中取胜竞争对手，令竞争对手处于不利地位及受到威胁的智谋。这种计谋是有准备和意图的。例如，当企业知道竞争对手正在制订一项计划来提高市场份额时，企业就应准备增加投资去研发更新、更尖端的产品，从而增强自身的竞争力。因此，战略是一种计谋，使企业对竞争对手构成威胁。

（3）战略是一种模式。有的学者认为，将战略定义为计划是不充分的，它还应包括由计划导致的行为，即战略是一种模式，是一系列行动的模式或行为的模式，或者是与企业的行为相一致的模式。"一系列行动"是指企业为达到基本目的而进行竞争、分配资源、建立优势等决策执行活动，它是独立于计划的。计划是有意图的战略，而模式则是已经实现的战略。从这个角度来看，战略可以区分为经过深思熟虑的战略和应急战略。在经过深思熟虑的战略中，先前的意图得以实现；在应急战略中，模式的发展与意图无关。沃尔玛当年以小城镇为选址对象的战略并非决策者英明预见的结果，而是由一系列行动和因素促成的，兼有理性、企图、偶然和运气，主要原因之一在于创始人的妻子不愿意到大城市生活。

（4）战略是一种定位。将战略作为一种定位，涉及企业如何适应所处环境的问题。定位包括相对于其他企业的市场定位，如生产或销售什么类型的产品或服务给特定的部门，或以什么样的方式满足客户和市场需求，如何分配内部资源以保持企业的竞争优势。战略的定位观点认为，一个事物是否属于战略，取决于它所处的时间和情况。今天的战术问题，明天就可能成为战略问题。在细节可以决定成败的时候，细节就成为战略问题。战略问题是确定自己在市场中的位置，并据此正确配置资源，以形成可以持续的竞争优势。因此，战略是协调企业内部资源与外部环境的力量。比如，新东方的初始定位在于为出国留学人士提供迅速有效的英文考试培训。

（5）战略是一种观念。从这个角度来看，战略不仅包括既定的定位，还包括感知世界的一种根深蒂固的认识方式。这个角度指出了战略观念通过个人的期望和行为而形成共享，变成企业共同的期望和行为。那么企业战略应如何定义呢？

根据理论界和企业界多数人的看法，企业战略可定义为：企业面对激烈变化、严峻挑战的环境，为求得生存和发展而做出的带有长远性、全局性的谋划或方案。它是企业经营思想的体现，是一系列战略性决策的结果，又是制订中长期计划的依据。

这个定义包括以下含义。

（1）企业战略是在市场经济条件下，企业在激烈竞争、严峻挑战的形势下所做出的对策集合。例如，西方国家一直实行市场经济，但只是在第二次世界大战后市场竞争日益激烈的条件下，企业才真正有了制定和实施战略的需要。

（2）企业战略是企业为了长期生存和发展所做出的谋划。显然，企业战略关系企业的成败兴衰，决定企业能否不断成长。

（3）企业战略是一系列战略性决策的成果。为了制定企业战略，企业必须从实际出发，正确总结历史经验，深入分析企业内外情况，科学预测未来发展，绝不能靠主观设想或单凭过去经验来制定企业战略。

（4）企业战略同经营思想、决策、计划等概念有密切关系，但不可把它们混同。

（二）企业战略的特点

尽管管理学派和经理们对战略定义的认识存在很多分歧，但是对战略特点的认识基本一致。

概括起来，企业战略具有以下特点。

1. 全局性

企业战略以企业全局为研究对象，按照企业总体发展的需要，规定企业的总体目标，确定企业的总体行动方向，追求企业的总体效果。虽然它包括企业的局部活动，如下属经营单位的活动、职能部门的活动等，但是这些局部活动都是作为总体行动的有机组成部分在战略中出现的。也就是说，企业战略不是专为企业某一局部或单项活动谋划的方案，而是把注意力放在企业的总体发展上。这就决定了企业战略具有综合性和系统性。

2. 长远性

企业战略既是企业谋取长远发展的反映，又是企业在未来较长时期（3年或5年以上）内如何生存和发展的通盘筹划。这就是说，企业战略着眼于企业的未来，是为了谋求企业的长远发展和长远利益。因此，一切不顾企业长远发展的短期行为，都是缺乏战略眼光的行为。

虽然在制定战略时，要以企业内外条件的当前情况为出发点，在战略实施中必须开展好当前的生产经营活动，但是，这一切不仅是为了当前，更是为了长远发展，当前是长远发展的起点。企业战略的长远性决定了企业战略的方向性和阶段性。

3. 竞争性

这是指企业战略是关于企业在竞争中如何与竞争对手抗衡的行动总方案，同时是针对来自各方的各种冲击、压力、威胁和困难，迎接挑战的行动方案。它不同于那些单纯以改善企业现状、增加效益、提高管理水平等为目的，而不考虑如何竞争、如何迎接挑战的行动方案。应当明确的是，现代市场与竞争密不可分，企业只有正视竞争，参与竞争，准确地谋划具有竞争取胜性的战略，才能保证自己的生存和发展。企业战略的产生和发展，就是因为企业面临激烈竞争和严峻挑战，否则，企业则不需要战略。

4. 纲领性

这是指企业战略所规定的关于企业的总体长远目标、发展方向、前进道路、发展重点,以及应采取的基本行动方针、重大措施和基本步骤,都充分体现了原则性、概括性等特点,是企业的行动纲领。要将企业战略变成实际行动,还需要进一步将其展开、分解和具体,形成企业计划。

5. 动态性

这是指企业战略必须是稳定性与灵活性密切结合的行动方案。企业战略是关于企业长远发展的行动纲领,不能频繁变化,使企业职工无所适从,其必须是稳定的。同时,企业战略又必须在其执行过程中,根据企业内外条件的重大变化,尤其是那些原来未预料到的重大变化,及时调整战略方案的内容,甚至在必要时废弃原来的战略方案,重新制订战略方案。战略的动态性,就是指企业根据内外部条件的重大变化,及时对企业战略进行必要的调整。

6. 风险性

企业战略是对未来发展的规划,然而外部环境总是处于不确定和变化莫测之中,任何企业战略都伴随风险,如财务风险、经营风险。企业管理者必须习惯于管理各种不确定性并正确地认识、化解乃至创造。企业战略规划一般包括从战略分析、战略选择、战略实施到战略控制,是一个渐进螺旋式调整上升的过程,整个过程都存在各种各样的不确定性风险。

7. 相对稳定性

企业战略一经制定,在较长时间内要保持稳定(不排除局部调整),以利于企业各级单位和部门努力贯彻执行。战略的稳定性是由战略的全局性和长远性决定的。不论是何种战略,它的生命周期的终结,都依赖于战略目标的最后实现,这是战略具有稳定性的重要原因。

当然,战略的稳定性是一个相对概念。任何战略只是大致的谋划,其本身就是粗线条的、有弹性的。战略出现明显错误或战略赖以存在的条件发生重大变化,就需要对战略进行调整和修正。但这种情况应该尽量避免,要提高战略的科学性和适应性。否则,战略朝令夕改势必失去战略的实际价值，最终造成不必要的损失。

8. 复杂性

企业战略的制定是企业高层领导人价值观念的反映，它是一种高智慧的复杂脑力劳动，是集体决策的结果，是一种非程序性决策，完全要靠战略咨询专家及企业高层领导团队的政治敏感、远见卓识、捕捉机遇、战略技巧的有机组合才能制定出好的企业战略，因此，战略制定过程是非常复杂的。新战略的贯彻实施会涉及企业产品结构、组织机构、人事安排的调整，关系到企业内部干部和职工的切身利益、权力、地位等问题。实际上，企业战略的实施是企业内部高层领导者政治权力平衡的结果，因此，企业的董事长或总经理如果没有坚定的决心，即使企业战略制定得很好，也未必能贯彻到底。事实证明，有的企业战略贯彻 1~2 年就被迫搁浅，主要原因来自阻力太大，贯彻不下去。只有企业的董事长或总经理具有贯彻战略的坚定决心，排除企业内外一切干扰，又采取了切实可行的措施，企业战略才能得到贯彻，因此战略的贯彻实施是非常复杂的。

（三）企业战略管理的特征及观念

1. 企业战略管理的特征

基于上述企业战略的内涵，企业战略管理具有以下特征。

（1）一般来讲，企业战略管理的主体是企业高层领导。由于企业战略既涉及企业资源的调配和使用，又涉及企业内部的各项职能和各个经营事业单位，只有高层领导才能综合考虑企业的各个方面，有权对资源进行调度，因而高层领导参与决策是必不可少的。

（2）战略性决策通常是涉及面很广的决策。企业中很多战略性问题的决策都涉及企业内部的各个部门，如用户构成、竞争重点、组织结构问题等，各个部门都会受到由这种决策所引起的资源调配和职责分工的影响。

（3）企业战略管理要体现对未来的预见性。企业战略的制定是基于高层领导人员的预测和判断，而不是基于已知事实，为此必须考虑多种方案并对之做出权衡选择。在变动和竞争的环境中，企业若要取得成功，就不能对未来的变革被动地做出反映，而应持主动进攻的态度。

（4）企业战略管理要适应企业内外部环境的变化。企业战略受到外部环境因素的制约，所有企业都处于一个开放系统中，它不仅受到环境的影响，反过来也影响环境，而这些环境因素基本上都不受企业控制。企业在未来的环境中要取得成功，不仅要重视自己的经营，而且要注意竞争对手、用户和供应者等的行动。

2. 企业战略管理的观念

（1）系统总体优化的观念。企业作为系统，其战略性的决策应从系统总体出发进行优化，尽量防止从局部出发。运用系统辩证思维方法，将企业看作一个系统整体，研究企业内部人、财、物各子系统的协调，使生产要素得到合理配置，才能使企业系统整体化，提高企业经济效益，以最少的人、财、物消耗，获得最佳的经济效益。

（2）有限的合理性的观念。从企业总体出发对战略进行优化是一个重要原则，但在贯彻中必然涉及诸多复杂因素，其中还有相当多因素是不确定的。由于决策受到时间和信息不充分的限制，往往只能在可取得的信息和时间许可的范围内寻求令人满意的方案。此外，战略决策除受到理性因素的影响外，还要受非理性因素的影响，如组织结构和人的行为因素等的制约，因此，以有限合理性为基础，考虑非理性因素，是又一个重要的战略观念。

（3）资源有限的观念。企业在经营中具有的和可取得的资源是有限的，为此，在战略决策中必须有所取舍，不能贪多求全，应把有限的资源用在建立某些方面的优势，而不是追求建立全面优势。对资源的调配使用还应分清轻重缓急，制定先后顺序，避免因某些偶然事件的发生而导致资源的调配偏离企业的发展方向和战略部署。

（4）权变的观念。所谓权变，指的是要对环境所发生的变化以及这些变化会对企业产生的后果进行比较准确的估计，以便为随时采取适当的应变战略方案做好准备。企业经营所处的环境总是或多或少地发生变化，企业的战略必须适应环境的变化，但是只从原则上承认要随着环境条件的变化而变化是远远不够的。

二、企业战略的构成要素与分类

(一) 企业战略的构成要素

从企业为达成战略目标所采用的途径、手段来看，企业战略的构成要素有四种。

1. 经营范围

经营范围是指企业生产经营活动所包括的领域，既可以是单一领域，也可以是多个领域。按照时间的不同，企业的经营范围可分为两种：一种是现时经营范围，即企业现时生产经营活动所包括的领域；另一种是未来经营范围，即根据企业内外发展变化在战略中所确定的生产经营活动包括的未来领域。

一个企业在战略中应该以自己所能涉及的经营领域中与自己最密切的领域作为经营范围。因此，对于大多数企业来说，应根据自己可以涉及的行业、产品和市场来确定经营范围。界定经营范围的方式有如下几种。

(1) 从产品角度看，企业可以按照自己产品系列的特点来定义，如橡胶产品、机床等，或者从产品系列内含的技术来定义自己的经营范围，如光导纤维、半导体器件等。

(2) 从市场角度看，企业可以根据自己所在市场来定义经营范围，具体方法有两种：一种是以企业的顾客是谁来定义；另一种是可以满足顾客的什么需求来定义。

(3) 在多种经营情况下，企业不能仅从某一种行业角度或产品、市场角度来定义自己的经营范围，这时就需要多方位、多层次地研究自己的市场与顾客，以便更准确地定义经营范围。

2. 资源配置

企业资源是企业实现生产经营活动的支撑点。企业不仅应获得必要的资源，还应善于合理地配置与运用资源，这样才能更好地开展生产经营活动。否则，企业的经营范围就会受到限制。资源配置是指企业对所拥有资源（包括财力资源、物力资源、人力资源和技术资源）是按什么水平和模式配置的，这是企业的一种特殊能力。当企业针对外部环境的变化考虑采取相应的战略行动时，一般都要对已有的资源配置模式进行或大或小的调整，以支持企业总体战略行动。

3. 竞争优势

竞争优势是指企业在竞争中高于竞争对手的、关系经营全局成败的优势地位和强大实力，它具有战胜竞争对手的作用。比如，领先时代的技术水平、享誉全球的产品品牌、独特的生产工艺及产品配方等。

20世纪60年代，西方国家的一些传统产业逐渐变成夕阳产业，销售额和利润都在下降。同时，随着新技术的不断出现，产品更新换代加速，竞争问题在国际市场和国内市场上变得更为突出。这种情况下，一些企业管理者和企业战略研究学者把注意力转向企业的竞争行为，开始了对企业战略优势的研究。20世纪70年代末80年代初，一些西方管理学者得出这样的结论：竞争优势思想将成为战略管理的指导思想，会有越来越多的人把竞争优势的思想作为管理哲学来看待。

从战略角度看，企业竞争优势主要由以下因素构成。

（1）企业具有的得天独厚的客观条件，包括对企业经营活动非常有利的自然条件和政策条件。

（2）实力雄厚的物质基础。一个企业若有雄厚的物质基础，就会使竞争对手无法与之抗衡。

（3）高超非凡的生产经营能力，包括技术开发能力、经营管理能力和公共关系能力等。它集中表现为企业开拓市场、占领市场并赢得市场的能力。

（4）出奇制胜的竞争行动，包括通过深入谋划、巧妙设计所产生的策略高明、手段强劲、时机恰当，使竞争对手始料不及、无法招架的各种竞争行动。

4. 协同作用

协同作用是指两个以上事物如果能够有机地结合、协调，共同发挥作用，会使效果大于各个事物分别作用的效果之和。它具体落实到企业战略，就是指企业进行资源配置、确定经营范围和创建企业优势决策时，要追求匹配、协调、互利、互补，使企业总体资源收益大于各部分资源收益之和，使企业全局效益大于企业各局部效益之和。

一般来讲，协同作用有以下四种。

（1）投资协同作用。投资协同作用是指通过企业内各单位联合利用企业的设备、共同的原材料储备、共同的研究开发能力，以及分享企业专用工具和专有技术等所产生的增效作用。

（2）作业协同作用。作业协同作用是指充分利用已有人员、设备，使企业内部最大限度地共享信息，并且使共享的信息渗透到企业的业务流程中，从而降低企业成本。

（3）销售协同作用。销售协同作用是指通过使用共同的销售渠道、销售机构和推销手段等所产生的增效作用。

（4）管理协同作用。管理协同作用是指通过共同运用企业内部某一单位管理经验（包括原有的和新近总结的）产生的增效作用。

上述四种协同作用发挥的基本过程是通过协同机会识别、信息沟通、要素整合、信息反馈等一系列协同活动共同作用，最终实现协同效应。协同作用机制模型框架如图1-1所示。

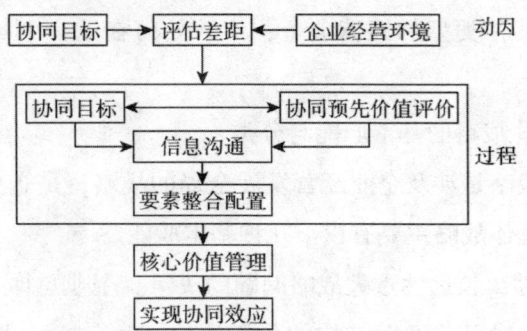

图1-1　协同作用机制模型框架

企业战略构成要素中，前三项主要决定企业效能的发挥程度，最后一项决定企业效率。

(二)企业战略的内容

一个完整的战略至少包含以下三方面内容。

首先,它是一种规划,即应规划出企业发展的未来之路。战略为企业的经营方向描绘了一幅蓝图,因而必须具有前瞻性,用于指导企业的业务经营,而不应是业务经营的附属品。

其次,战略作为一种规划具有很强的策略性,它的目的在于赢得相对于竞争对手的持续竞争优势。战略还应成为一种将企业各事业部、各职能部门、不同管理人员、不同员工的决策和行动统一为一种覆盖全企业协调一致的决策和行动的策略方法。在战略框架下,企业内跨部门分散的行动将形成一个以统一的目标和策略为中心的整体,个人的努力也将被汇聚成方向一致的团队力量。

最后,对于成功的企业而言,仅仅拥有完美的策略规划是远远不够的,要根据战略合理配置企业资源,并确保在战略的指引下自始至终采取协调一致的行动。

(三)企业战略的类型

企业战略一般分为企业总体战略和企业经营战略两大类。企业总体战略考虑的是企业应该选择进入哪种类型的经营业务;经营战略考虑的则是企业一旦选定某种类型的经营业务;应该如何在这一领域里进行竞争或运行。

1. 企业总体战略的基本职能与分类

企业总体战略是涉及企业经营发展全局的战略,是企业制定经营战略的基础。企业总体战略主要有以下几种基本职能。

(1) 全局性、长远性重大战略问题的决策。企业总体战略首先要解决的问题是,通过对目前经营结构的分析评价,确定扩大那些处于成长期、收益性好的市场或事业,缩减那些处于衰退期、收益性差的市场或事业,还要通过对未来环境的分析预测,寻找有利的发展机会,确定应该积极发展的市场与事业。这种经营结构的变革,还涉及其他一系列重大决策。例如,企业使命和企业目标的确定;企业生产经营规模的确定;增强企业优势、提高企业竞争能力的决策；新技术、新产品开发的决策；做好对外协作、合作经营、营销活动的决策等。

（2）协调所属各经营单位的经营活动。这种协调工作会使企业的整体竞争能力和发展能力提高，使企业战略的有效性大大超过各独立经营单位经营活动效果的简单总和。其主要内容是使企业或所属经营单位具有的资源和能力共同享用，各经营单位之间在生产经营活动中能够紧密配合、相互支持。

（3）合理有效地配置资源。一个企业的资源是有限的，因此，必须把有限的资源运用到使企业获得最大利润、保证企业得到最大发展的项目上。同时，还要使企业的资源有良好的流动性，从经营差的经营单位及时流向经营好、迫切需要发展壮大的经营单位，使企业的资源经常处于充分发挥作用的优化状态。

一般来说，企业总体战略可分为以下几种类型。

（1）单一经营战略。单一经营战略是企业把自己的经营范围限定在某一种产品上。这种战略使企业的经营方向明确、力量集中，具有较强的竞争能力和优势。单一经营战略的优点是：把企业有限的资源集中在同一经营方向上，形成较强的核心竞争力；有助于企业通过专业化的知识和技能提供满意和有效的产品和服务，在产品技术、客户服务、产品创新和整个业务活动的其他领域开辟新的途径；有利于各部门制定简明、精确的发展目标；可以使企业的高层管理人员减少管理工作量，集中精力，掌握该领域的经营知识和有效经验，提高企业的经营能力。单一经营战略的风险是：由于企业的资源都集中于某一种或某一类产品，当行业出现衰退或停滞时，难以维持企业的长远发展。

（2）纵向一体化战略。纵向一体化战略是指企业在同一行业内扩大企业经营范围，后向扩大到供给资源，前向扩大到最终产品的直接使用者。企业实行纵向一体化战略的目标是提高企业的市场地位和保障企业的竞争优势。后向一体化可以在原材料供给需求大、利润高的情况下，把一个成本中心变成利润中心，还可以摆脱企业对外界供应商的依赖。纵向一体化战略的不足之处是需要的投资资本较大。

（3）多元化战略。多元化战略是指企业通过开发新产品、开拓新市场相配合而扩大经营范围的战略。这种战略一般适用于那些规模大、资金雄厚、市场开拓能力差的企业。其主要作用是分散风险和有效地利用企业的经营资源。

多元化战略的优点是：实施这一战略不仅能使企业挖掘现有资源潜力、节约成本、增加利润、分散风险，而且能把企业原有的经验运用于新的领域，通过资源共享和经营匹配，迅速建立比单一经营企业更强的竞争优势，获得更多利润。

多元化战略的缺点是：企业运营成本高；多元化经营的人才资源需求量很大，管理成本很高；有限的资源过于分散；实行多元化经营的时机难以掌握；产业选择失误的成本高等。

（4）集团化战略。集团化战略是指企业通过组建企业集团来推动企业发展的一种企业发展战略。对企业来说，集团化经营有利于相互协作、相互渗透和相互扶助，扬长避短，促进技术和生产的发展，提高管理水平，获得规模经济，提高企业的综合经济效益。

（5）国际化战略。国际化战略是指实力雄厚的大企业把生产经营的方向指向国际市场，从而推动企业进一步发展的战略。实施国际化战略的企业常用的方式有商品输出和建立跨国企业两种。从国际上看，商品输出往往是企业国际化的起点，由于实施跨国经营会面临各种关税和非关税壁垒，一些资金雄厚、生产技术和经营能力强的企业，在开拓并比较巩固地占领国外市场后，常常会在海外国际市场建立独资或合资企业，以充分利用当地政府的各种优惠政策，避开所在国的贸易壁垒，降低生产和营销成本，强化竞争能力。

2. 企业经营战略的分类

企业经营战略是企业为了实现自己的目标，对企业在一定时期内的经营发展的总体设想与谋划。经营战略是企业总体战略的具体化，其目的是使企业的经营结构、资源和经营目标等要素，在可以接受的风险限度内，与市场环境所提供的各种机会取得动态平衡，实现经营目标。人们按照不同的标准对企业的经营战略进行了如下分类。

（1）按照战略的目的性，企业经营战略可划分为成长战略和竞争战略。成长战略的重点是产品和市场战略，即选择具体的产品和市场领域，规定产品和市场的开拓方向和幅度。竞争战略是企业在特定的产品与市场范围内，为了取得差别优势，维持和扩大市场占有率所采取的战略。从企业的一般竞争角度看，竞争战略大致有三种可供选择的战略：低成本战略、产品差异战略和集中重点战略。

（2）按照战略的领域，企业经营战略可划分为产品战略、市场战略和投资战略。产品战略主要包括产品的扩展战略、维持战略、收缩战略、更新换代战略、多样化战略、产品组合战略等。市场战略主要包括市场渗透战略、市场开辟战略、新产品市场战略、混合市场战略、产品寿命周期战略、市场细分战略和市场营销组合战略等。投资战略是一种资源分配战略，主要包括产品投资战略、市场投资战略、技术发展投资战略、规模化投资战略和企业联合与兼并战略等。

（3）按照战略对市场环境变化的适应程度，企业经营战略可划分为进攻战略、防守战略和撤退战略。进攻战略的特点是企业不断开发新产品和新市场，力图掌握市场竞争的主动权，不断提高市场占有率。进攻战略的着眼点是技术、产品、质量、市场和规模。防守战略也称维持战略，其特点是以守为攻，后发制人。它所采取的战略是避实就虚，不与对手正面竞争；在技术上实行拿来主义，以购买专利为主；在产品开发上实行紧跟主义，后发制人；在生产方面着眼于提高效率，降低成本。撤退战略是一种收缩战略，目的是积蓄优势力量，以保证在重点进攻方向取得胜利。

（4）按照战略的层次性，企业经营战略可划分为企业战略、事业部战略和职能战略。企业战略是企业最高层次的战略，其侧重点是确定企业经营的范围和在企业内部各项事业之间进行资源分配。事业部战略是企业在分散经营的条件下，各事业部根据企业战略赋予的任务而确定的战略。职能战略是各职能部门根据各自的性质、职能制定的部门战略，其目的在于保证企业战略的实现。

企业的总体战略和经营战略有很多种。根据企业实际的经营业务的特点，本书重点对六种目前企业广泛使用的职能战略进行详细阐述。

（1）营销战略。具体来讲，营销战略包括市场战略、产品战略、定价战略、促销战略和营销组合战略等。

（2）企业发展战略。企业发展战略主要包括一体化战略、多元化战略、全球化战略、电子商务战略和虚拟经营战略等。

（3）企业CI战略。企业CI战略主要包括企业CI设计战略和CI实施战略。CI系统包含三大部分：MI系统（理念识别系统）、BI系统（行为识别系统）、VI系统（形象识别系统）。作为企业文化的主要内容，CI战略是形成企业全体员工共同的价值观的重要手段，可以培育和创造一种符合企业实际、催人向上、开拓创新、永争一流的企业精神。

（4）企业财务战略。企业财务战略主要包括企业筹资战略、企业资金运用战略、企业财务战略和效益评估战略。

（5）企业人力资源战略。企业人力资源战略主要包括企业人力资源规划战略、人力资源开发战略、薪酬管理战略和绩效管理战略等。

（6）企业国际化经营战略。企业国际化经营战略主要是指企业内部国际竞争战略和企业外部国际竞争战略，包括技术竞争战略、质量竞争战略、成本竞争战略、行业并购与专业化战略、跨国联盟竞争战略等。

三、企业战略的作用与任务

（一）企业战略的作用

1. 战略可作为决策的支持

战略是成功的一个关键因素，因为战略可以使个人或组织所做的决策前后一致，统一在一个主题之下。即使一个很小的企业，每天都要做出数以百计的决策，对于每一个决策，都要充分考虑决策变动的可能后果。但是，由于人们生活的社会具有信息不对称性，不可能掌握做出决策所需的所有信息，即使掌握所有需要的信息，其决策也不一定准确，战略过程中存在有限理性。所以，战略决策主观性产生的根源是经营环境的不确定性和决策者的有限理性。

2. 战略可作为协调和沟通的载体

战略有助于使决策前后一致，保持连贯性。相应地，在一个结构复杂的组织中，战略可以起到载体作用，使不同部门和不同个人的决策保持一致。组织是由大量个体构成的，而这些个体都会做出决策，这就使组织面临一个大问题：如何协调这些不同的决策？这种情况下，要使战略能够协调不同的决策，就要求它在企业内发挥沟通的作用，将战略制定的责任从企业计划部门转移到直接管理者身上。

3. 战略强化了企业经营的目标性

在表述企业的未来目标时，战略起着联结当前任务和未来前景的作用。确立企业的未来目标不仅可以为战略制定提供指导方针，还能为企业展示未来的远大宏图。因此，战略的第三个作用就是它可以作为组织的目标。进入21世纪以来，我国部分国有企业竞争力下降，同时一大部分乡镇企业失去了20世纪80年代的经营活力，归根结底就是没有明确的企业发展战略，当市场需求发生变化、竞争进一步加剧时束手无策，很快就失去了竞争能力。

4. 战略可强化塑造自我的主动性

企业战略是把不适应（或适应）当前环境的企业，塑造成适应未来环境的企业，这是对企业的改造，是对企业的重塑。强化战略管理，就是强化企业进行这种塑造的能力，实际上就是得到了塑造企业的有效工具。对于塑造企业者来说，有了这样良好的塑造工具，就会增强其进行这种"塑造"的主动性，也就是从事企业自我塑造的主动性。这种主动性会推动企业从小到大、从弱到强，走上持续成长的道路。

5. 战略有利于创造富有特色的企业文化

每一个企业都有自己独特的文化，这种文化是一股无形的力量，它影响并规定着企业成员的思维和行为方式，对落实企业战略产生重大影响。因此，创造富有特色、活力的企业文化是实施战略的重要内容。

企业在一定时期所实施的战略与原有企业文化有时是一致的,有时可能发生冲突。高层管理人员必须根据不同的情况,采取不同的对策。如果企业现有的企业文化能够适应战略的变化,企业战略的实施就处于非常有利的地位。企业高层管理人员的职责是运用企业文化支持战略的实施。如果企业文化与企业现行的战略不一致,企业高层管理人员应首先考虑制定新的战略,或者对新战略做出适当修正,以防原有文化阻碍新的战略的实施。如果企业文化不符合环境的变化,企业高层管理人员就要考虑改变原有的企业文化,使之适应企业战略实施的要求。

6. 战略可推动企业领导和员工树立新的经营观念

战略管理是企业制定和实施战略的一系列的管理决策和行动,是对企业的生产经营活动实施总体性管理的过程,其核心是为了企业的长远生存发展,使企业能更好地适应不断变化的环境。实施这种总体性管理,必须以新的经营观念为基础,同时在实施这种总体性管理过程中树立新的经营观念。这些新经营观念包括:适应环境变化的观念;不断强化竞争优势、核心能力的观念;适时重组企业结构的观念;与企业外部组织建立战略同盟的观念等。

7. 战略可提高员工对企业的责任心

实施战略管理的重要目的是使企业全体员工了解企业当前和未来面临的经营形势,企业要进一步分析应解决的重大问题,企业下一步的发展目标和措施,企业各部门、各单位应当完成的任务,每个员工个人应当担负的责任,以及员工个人在企业发展过程中可能获得的成长和利益。实践经验表明,如果企业在战略制定过程中能够达到此项目标,那么企业员工的凝聚力就强,士气就旺,积极性和创造性就高。其根本原因就是通过战略管理过程,特别是通过员工参与企业战略的制定,员工可以了解上述情况,提高了主动性,增强了责任心。

(二) 企业战略的任务

企业战略管理包括六项相互联系的基本任务,即制定企业的远景规划和业务使命、建立目标体系、战略分析、战略制定、战略实施、战略评价。

1. 制定企业的远景规划和业务使命

远景是企业对其前景所进行的广泛的、综合的和前瞻性的设想,即企业未来要成为什么类型的公司,这是企业为自己制定的长期为之奋斗的目标。它是用文字描绘的企业未来远景,使人们对未来产生向往,从而使人们团结在这个伟大的理想之下,集中他们的力量和智慧来共同奋斗。远景规划描绘的是企业未来发展的蓝图,即企业前进的方向、企业的定位及将要占领的市场位置和计划发展的业务能力。在未来的 5~10 年或更长的时间里,企业究竟要成为什么类型的企业?在企业决定进入的业务领域,究竟要占据什么样的市场位置?企业管理者对这两个问题的清晰回答就构成了企业的远景规划。明确的企业远景规划是制定战略的前提条件,如果企业前进的方向尚不明确,为了获得成功需要具备哪些能力也不明确,那么企业战略的制定及经营决策便缺乏明确的指导。

企业当前的业务选择及要为顾客所做的一切便构成了企业的业务使命。明确的业务使命应清晰地表达企业正在从事的业务及要满足的顾客需求。与远景规划相比,业务使命主要描述的是"企业正在从事的业务是什么",而对"企业未来的业务将是什么"涉及不多;而远景规划更多地关注企业未来发展的业务选择。当然,有些企业在进行战略描述时也会合二为一,即不但清晰地描述企业现在的业务,还明确企业未来的前进方向和业务范围。定位清晰的企业远景规划和业务使命可以将其与行业中的其他企业区别开来,使自己拥有独特的形象、独特的业务以及独特的发展道路,从而使顾客更容易识别和记忆。

使命是企业存在的目的和理由,只有企业凭借某种技术,在某些地区,以某种可获利的价格,向某些顾客提供了某种产品或服务,满足了他们的某种需求,企业才能盈利。集中考察刚刚起步的企业会更好地理解企业使命。开办一个新企业时,不是决定利润多少,而是决定要满足的需求、顾客和所采用的技术。所以,要想获得一个在战略角度上清晰明了的业务界定,必须包括以下三要素。

(1) 顾客的需求。企业需要满足的需求是什么？仅仅知道企业所提供的产品和服务是远远不够的。顾客需要的不是产品或服务本身，而是产品或服务提供的功能，而这种功能能够满足他们的某种需求。没有需求或需要，也就没有业务可言。

(2) 顾客。需要满足的对象是谁？企业定位的顾客群是什么范围？顾客群这个因素之所以重要，是因为他们代表了一个需要提供的市场，即企业打算在哪些地理区域内展开竞争以及企业追逐的购买者类型如何。

(3) 技术和活动。企业在满足目标市场时所采用的技术和开展的活动。这个因素表明企业是如何满足顾客需求的，以及企业所覆盖的活动是行业的生产—分销价值链的哪些部分。例如，大型的跨国石油企业（如埃克森石油企业）开展的业务包括：租赁采油场、钻油井、实地采油，用自有的油轮和管道将原油输送到自己的炼油厂，以及通过自己的品牌分销商和服务分店网络销售石油和其他精炼产品。这些业务覆盖了整个行业生产—分销价值链的各个阶段。而有些企业则是专业厂商（如沃尔玛），只集中经营行业整个生产—分销价值链的某一个阶段。

2. 建立目标体系

企业的远景规划描述的往往是一段较长时间后企业的理想状态，要达到这种理想状态需要企业的管理者和员工付出持久、积极的努力。在这个过程中，管理者需要不断对企业的运营状况进行评估与监控，衡量企业的现实运营是否保持正确的方向，前进的速度是否足够快。

明确一致的目标是高效率企业共同的特征之一。建立目标体系就是要将企业的远景规划和业务使命转换成明确、具体的业绩目标，从而使企业的发展过程有一个可以衡量的标准。好的目标体系使企业的各级执行者在采取行动时方向更加明确，努力更有成效。同时，好的目标体系应具有一定的挑战性。具有挑战性的目标往往能使企业更具创造力，使员工的紧迫感和自豪感更强烈。也就是说，如果想获得卓越的结果，就应该制定卓越的目标。

企业的目标体系还需要层层分解，使企业的每一个业务部门及每一个员工都能清晰地知道自己的组织及本人的具体子目标,而且这些子目标完全承接了企业的战略目标。这样,只要企业中每一个部门或员工都能努力完成其职责范围内的任务和目标,那么企业的战略目标及远景规划的实现指日可待。正是由于企业的战略目标最终会落实在每个部门和员工的身上,企业目标体系的建立需要所有管理人员参与,目标体系的分解也需要所有员工参与,所以,企业目标的有效分解有助于在整个组织范围内形成一种以业绩为导向的工作氛围。企业的目标体系应该既包括着眼于提高企业的短期经营业绩的短期目标,又包括关注企业在更长的时期内持续发展的长期目标。如果企业的短期目标和长期目标发生冲突,那么在大多数情况下,企业的领导者在经营策略及资源配置上应优先考虑企业的长期目标,这应该成为企业一条基本的管理准则。

3. 战略分析

战略分析的目的是结合企业的目标,通过内外部环境分析找到影响企业发展的关键因素,并为接下来的战略制定奠定基础。具体内容包括外部环境分析与内部环境分析。战略分析如图1-2所示。

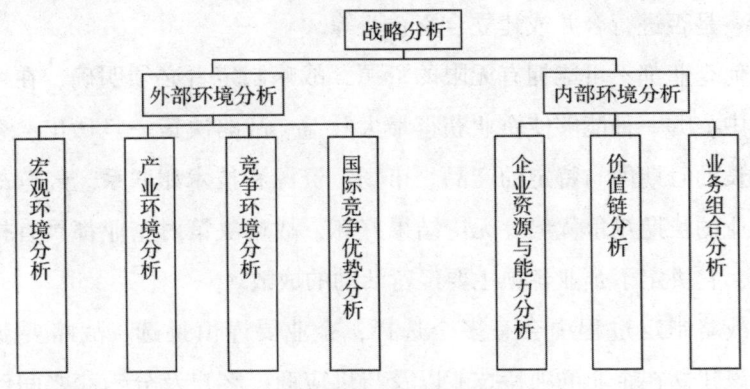

图1-2　战略分析图解

(1) 外部环境分析。外部环境主要是探究外部环境存在怎样的机会与威胁。内容包括宏观环境分析、产业环境分析、竞争环境分析、国际竞争优势分析,分别会使用PEST分析方法、五力模型分析、产业群主分析等方法。

（2）内部环境分析。内部环境分析主要是通过分析企业的资源、能力来寻找企业核心竞争力。结合外部存在的机会与威胁，合理利用企业的核心竞争力为企业创造价值，这就是战略制定的基础。

4. 战略制定

制定一个能带动企业走向胜利的战略是每一个企业的高层管理团队最优先的管理任务。如果没有战略，或者战略不够清晰，那么企业的经营运作就没有一个明确的指导，就难以形成满足市场需求、获取竞争优势、达成企业目标的具体策略。如果没有战略，企业就会缺乏一种整体性的策略原则而无法将不同部门的运作凝聚成统一的团队力量，企业的管理者将难以协调各部门的分散决策和行动，无法形成合力，从而使企业的各种努力互相抵消。

战略制定包括确定企业任务、认定企业的外部机会与威胁、认定企业内部优势与弱点、建立长期目标、制定供选择的战略以及选择特定的实施战略等内容。战略制定过程所要决定的问题包括企业进入何种新产业、放弃何种产业、如何配置资源、是否扩大经营或进行多元经营、是否进入国际市场、是否进行合并或建立合资企业等。

任何企业都不可能拥有无限的资源，战略制定者必须明确，在可选择的战略中，哪一种能够使企业获得最大收益。战略决策一旦做出，企业将在相当长的时期内与特定的产品、市场、资源和技术相联系。经营战略决定了企业的长期竞争优势。无论结果好坏，战略决策对企业都具有持久性的影响，它决定了企业各项主要经营活动的成败。

在战略制定过程中会有多个选择，企业要谨慎挑选。战略要获得成功，应该建立在企业的独特技能以及与供应商、客户及分销商之间已经形成或可以形成的特殊关系之上。对于很多企业来说，这意味着形成相对于竞争对手的竞争优势，这些优势是可以持续的；或者是某种产品—市场战略，如市场渗透、新产品的开发以及多元化经营等。

战略的另一个作用是形成相对于竞争对手的竞争优势，利用自己的强项，克服或最小化自己的弱项。强项包括使企业具有竞争优势的技能、专业技术和资源。弱项是指使企业处于不利地位的某个条件或领域。如图 1-3 所示，在企业和业务单位层面上可以制定不同的战略。

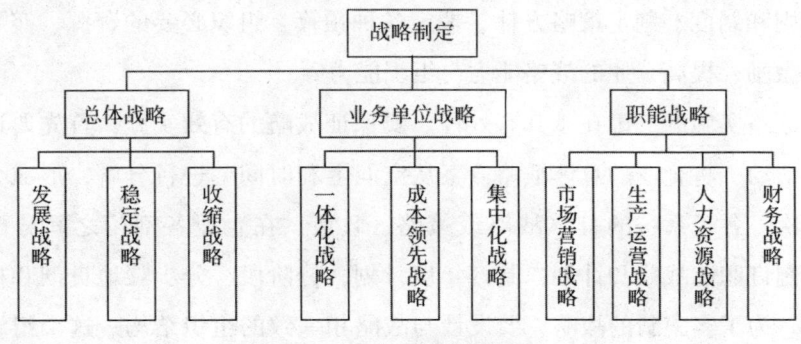

图 1-3　企业战略的制定

（1）企业（总体）战略选择。企业层面的战略选择包括成长型战略、稳定型战略和收缩型战略。成长型战略是以扩张经营范围或规模为导向的战略，包括一体化战略、多元化战略和密集型成长战略；稳定型战略是以巩固经营范围或规模为导向的战略，包括暂停战略、无变战略和维持利润战略；收缩型战略是以缩小经营范围或规模为导向的战略，包括扭转战略、剥离战略和清算战略。

（2）业务单位战略选择。业务单位层面的战略主要包括成本领先战略、产品差异化战略和集中化战略三个基本类型。

在上述战略中选择的标准包括：该战略是否适合企业环境；是否符合利益相关者的预期；从企业的资源和能力来看是否切实可行。

（3）职能战略选择。职能战略选择是指各个职能部门根据总体战略以及业务单位战略制定的各部门战略。这是最底层的战略，也是最为详尽的战略。它包括市场营销战略、生产运营战略、人力资源战略、财务战略等。

5. 战略实施

战略实施是指将企业的战略计划变成实际的行动，然后转变成有效的结果，实现战略目标。战略实施是战略管理中最复杂、最耗时也最艰巨的。在性质上与战略制定不同，战略实施完全是以行动为导向的，它的全部工作就是要让事情正确地发生。它包含管理的所有内容，必须从企业内外的各个层次和各个职能入手。战略实施主要包括建设企业文化、完善企业规则和制度、制定策略方针、拟定各种预算、组织必要的资源、实施控制与激励、提高企业的战略能力与组织能力等。

战略实施的关键在于其有效性。要保证战略的有效实施，首先要通过计划活动，将企业的总体战略方案从空间上和时间上进行分解，形成企业各层次、各子系统的具体战略或策略、政策，在企业各部门之间分配资源，制订职能战略和计划；制订年度计划，分阶段、分步骤地贯彻和执行战略。为了实施新的战略，要设计与战略相一致的组织结构。这个组织结构应能保证战略任务、责任和决策权限在企业中的合理分配。一个新战略的实施对组织而言是一次重大变革，变革总会有阻力，所以对变革的领导是很重要的。这包括培育支持战略实施的企业文化和激励系统，克服变革阻力等。

虽然不同的企业实施战略的方式不完全一样，所承担的主要任务也不尽相同，但不管怎样，战略实施都应包含如下几项基础任务：

（1）建立一个成功实施战略所必备的富有经验和能力的强有力的组织。

（2）组织获得实施战略所必备的资源，并分配到关键性的战略环节和价值链活动中。

（3）制定支持战略的程序和政策，包括战略业务流程与激励政策等。

（4）按照计划开展战略实施过程中的实践活动，并采取措施促进活动效果的改善。

（5）建立有效的沟通、信息及运作系统，使企业所有人员在战略管理中更好地扮演各自的角色。

（6）在适当的时机以适当的方式进行适当的激励，以鼓励战略目标的实现。

（7）建立一种与企业战略相匹配的组织文化和工作环境。

（8）充分发挥战略实施过程中企业中高层管理人员的领导作用，在他们的带动下不断提高战略实施水平。

战略实施往往被认为是战略管理的行动阶段。战略实施意味着动员雇员和管理者将已制定的战略付诸行动。战略实施往往被看成是战略管理过程中难度最大的阶段，它要求企业雇员遵守纪律，有敬业和牺牲精神。战略实施的成功与否取决于管理者激励雇员能力的大小，它与其说是一门科学，还不如说是一种艺术。已经制定的战略无论多么好，如未能实施，便不会发挥任何实际作用。

6. 战略评价

战略评价是战略管理过程的最后阶段。管理者要知道哪一个特定的战略管理阶段出了问题，而战略评价便是获得这一信息的主要方法。由于外部及内部因素处于不断变化中，所有战略都将面临不断调整与修改。基本的战略评价活动包括：

（1）重新审视外部与内部因素，这是决定现时战略的基础。

（2）度量业绩。

（3）采取纠正措施。

在大型企业中，战略的制定、实施与评价活动发生在三个层次：企业层次、分部（分企业）或战略事业部层次、职能部门层次。通过促进企业各层次管理者和雇员间的相互交流与沟通，战略管理有助于使企业形成一个竞争集体。绝大多数小企业和一些大企业不设立分部或战略事业部，它们只分企业层次和职能部门层次，处于这两个层次的管理者和雇员也应共同参与战略管理活动。

第二节 财务战略管理

一、财务战略管理的含义

企业财务战略管理具有战略管理和企业财务的双重属性,是它们二者相融合的产物,是财务管理为适应新形势下的企业战略管理模式的进一步发展。企业财务战略管理是围绕企业财务战略的制定、实施、控制和评价而展开的。

财务战略管理具有以下基本特征:

第一,财务战略管理的逻辑起点应该是企业目标和财务目标的确立。每一个企业客观上都应该有一个明确的经营目标以及相应的财务目标,以此来明确企业的总体发展方向,为企业的财务管理提供具体的行为准则。只有明确了企业目标和财务目标,才可以界定财务战略方案选择的边界,将财务战略管理尤其是财务战略形成过程限定在一个合理的框架内,选择适合企业自身的财务战略。

第二,财务战略管理以环境分析为管理重点。分析战略环境是制定财务战略的客观基础,需要通过企业内外部环境分析,找出关键战略要素。企业制定战略以外部经营环境的不确定性为前提,企业必须关注外部环境的变化,同时结合企业内部环境如财务资源、组织结构、企业文化等,根据变化调整战略部署或采取有效的战略方案,充分利用有限的经济资源,保证企业在动荡的环境中生存和发展。

第三,财务战略管理是一个连续不断的过程。与企业战略管理的其他方面一样,财务战略管理并非仅指财务战略管理方案的形成,也包括财务战略方案实施、控制与评价。广义的财务战略形成过程已经包含财务战略评价，因此，财务战略管理是一个具有持续性的动态过程。

二、财务战略管理的内容

现代企业财务管理主要包括筹资、投资及收益分配。筹集资金是企业财务活动的起点，投资使用资金是财务活动的关键，回收和分配资金是财务活动的归宿。基于此，企业财务战略管理主要包括筹资战略管理、投资战略管理及收益分配战略管理。

（一）筹资战略管理

筹资战略管理主要是明确企业筹资的指导思想，制定筹资战略目标，确立筹资规模、渠道和方式的战略选择，安排优化资本结构的战略方案，并制定为实现筹资战略目标所采取的相应对策并进行风险控制。

筹资战略管理重点关注资本结构优化战略。资本结构是决定企业整体资本成本的主要因素和反映企业财务风险程度的主要尺度。科学地进行资本结构优化决策，可使各种资金来源和资本配比保持合理的比例，实现资本结构平衡，如资金规模、财务人员配备、财务机构的协调平衡，自有资金和借入资金的动态平衡，资本总额中流动资金占用的平衡和固定资本中各种固定资产的资金占用的平衡，财务指标体系各指标数值之间的平衡等，从而保证财务系统长期良性运行和企业可持续发展。

此外，在战略筹资风险控制方面，企业应总体防范和控制负债经营风险。正确认识、客观评价负债经营的利弊，根据市场需求和经济环境的发展变化，结合企业生产经营对资本的实际需要和财务状况，把握负债经营的适度性，有效实施负债经营战略，是成功运作资本，持续稳定发展企业的关键；企业还应阶段性控制筹资风险，包括事前控制，即做好财务预测和计划、确定资本结构；事中控制，即持有合理的现金储备、强化存货管理、提升存货周转率、加速货币资金回笼；事后控制，即分析筹资过程，为日后筹资活动提供指导意见。

与传统筹资管理相比，现代企业筹资战略管理具有以下两个突出特点：

第一，现代企业筹资战略管理的指导思想除了筹集日常经营业务正常的资源需要外，重点确保并最大限度满足企业培育与提高核心竞争力所需资源的种类与数量，这就使得战略筹资行为更具针对性、实效性和长远性。

第二，战略筹资的对象从以传统筹资为主转向以资本筹资和无形资产筹集为主，战略筹资的方向和渠道应从以国内市场为主过渡到以国内市场和国际市场并重，这更有利于筹集并运用各类资源来培育与提高核心竞争力。

（二）投资战略管理

投资战略管理主要明确战略投资总规模、总方向、结构搭配、战略投资效益评价标准以及实现战略投资目标的主要途径，是企业的资源配置战略。

投资战略管理重点关注资本投资战略。资本投资战略决定企业能否把有限的资金和资源合理配置并有效利用。主要包括：固定资产投资方向、企业规模和资本规模的确定；用于外延扩大投资，还是用于内涵扩大投资；用于老产品改造，还是用于新产品开发投资；自主经营，还是引进外资联合投资；自有资金投资，还是贷款负债投资；固定资产与流动资产投资比例决策；有风险条件的投资战略决策；通货膨胀条件下的投资战略决策，等等。资本投资战略主要是投资的经济规模和投资收益性。规模投资、规模经济、规模效益三者之间是相辅相成的，是一个循环的经营活动过程。企业在制定投资规模的财务战略时，要研究和应用规模经济原理，综合运用最佳生产曲线成本函数、市场需求函数、最佳收益函数等现代经济理论模型，探索最佳的企业投资规模，取得最佳的投资效益。

与传统投资管理相比，现代企业投资战略管理具有以下两个突出特点：

第一，投资方向明确，主要投向有利于提高企业核心竞争力的项目。

第二，将人力资源、无形资产、风险投资作为重点，而不像传统投资以固定资产投资、金融投资和营运资本管理为重点。在知识经济时代，加大对以知识和技术为基础的专利权、商标权、商誉、软件等无形资产和以人才开发和引进为主的人力资源的投入力度是企业增强核心竞争力的有力保障。此类无形资产投资属于风险投资范畴,风险投资具有风险大、投资回收期长的特点,因此,战略投资也应将风险投资作为管理的重点之一。

(三) 收益分配战略管理

收益分配战略管理主要研究解决战略期间内企业收益如何分配的重大方针政策等问题。例如股利战略目标、是否发放股利、发放多少股利以及何时发放股利等重大问题。与传统收益分配管理相比,现代企业收益分配战略管理具有以下两个特点:

第一,收益分配战略的制定以投资战略和筹资战略为依据,最大限度地满足企业培育与提高核心竞争力对权益资本的需要。

第二,积极探索知识、技术、专利、管理等要素参与收益分配的有效办法,制定有利于引进人才和人尽其才的收益分配政策。

三、财务战略管理的过程

企业战略运行过程是由一系列在时间上和逻辑上相互连接的环节构成。战略管理就是用科学的方法组织和指导每个环节的工作。一般而言,战略管理包含四个基本模块:环境分析、战略制定、战略实施、评估与控制。财务战略作为企业战略的一个组成部分,在其实施过程中必须考虑企业战略的总体要求,即企业战略是财务战略的决定因素,因而,后者应该采用与企业战略类似的程序。财务战略管理的基本过程如图1-4所示。

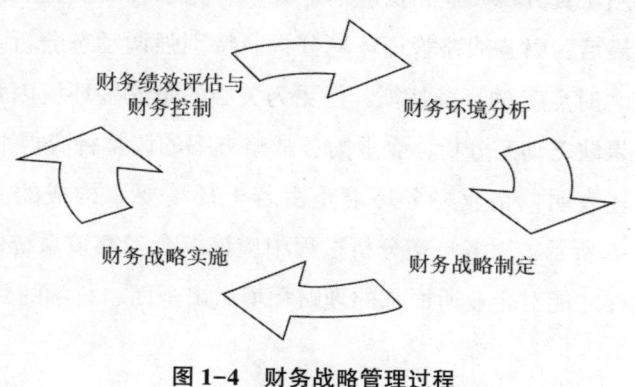

图 1-4 财务战略管理过程

(一) 财务环境分析

环境分析是在外部与内部环境中监测、评估和提取信息，交给企业的关键人员。外部环境包括机会与威胁的变量，它们存在于企业外部，一般来说，企业高层管理者在短期内无法控制。这些变量组成了企业的理财环境，包括政治法律环境、社会技术环境、经济生态环境等。企业内部环境也包括优势和劣势的变量，它们存在于企业内部，通常是企业高层管理者在短期内无法控制的。这些变量组成了企业的工作环境。它们包括企业的财务资源、产业及价值链、组织结构以及企业文化等。

环境分析是财务战略管理的重心和难点。任何财务管理都离不开一定的环境分析，不适应环境要求的财务管理难以取得真正的成功。然而，对于企业财务战略管理而言，环境分析的重要性非同一般。具体表现在：首先，财务战略管理的环境分析不是针对"过去"和现在，而是面向未来，且需要尽可能延伸到较为长远的未来。作为社会的一个微观主体，企业对未来环境的分析和预测是颇具挑战性的。其次，从企业顺利发展的愿望出发，企业战略以及企业财务战略需要保持相对稳定，然而，环境的多变性又迫使企业动态地调整财务战略。所以，如何恰当地处理环境的多变性与财务战略的相对稳定性之间的关系，是企业财务战略管理环境分析的又一难题。再次，企业财务战略管理中的环境分析不只是单项环境分析，还必须是综合环境分析；不仅要分析诸如政治、法律、社会文化、经济等宏观环境，还必须认真分析产业、供应商、客户、竞争者以及企业内部因素等微观环境。最后，财务战略管理环境分析应特别强调动态分析。它虽然关心某一特定"时点"的环境特征，但更为关心的是这些环境因素的动态变化趋势。如果缺乏动态分析，企业财务战略方案的调整将变得十分被动。

上文论述表明，企业财务环境是由若干环境要素构成的一个有机系统，如图 1-5 所示，财务环境分析过程中应该综合考察该系统的各构成要素，只有这样才能对企业所面临的理财环境做出全面、科学的判断。

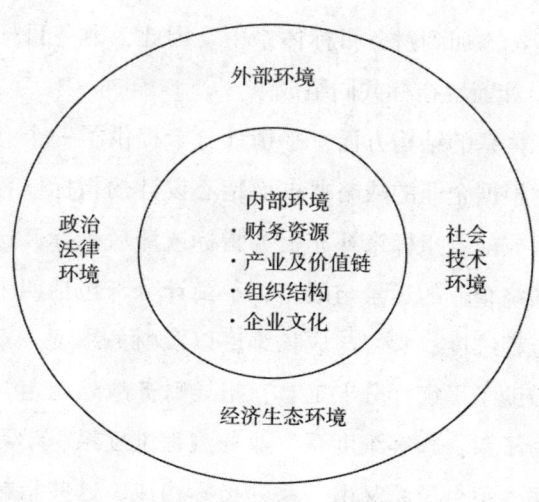

```
        外部环境
    ┌─────────────────┐
    │   ┌─────────┐   │
政治 │   │ 内部环境 │   │ 社会
法律 │   │ ·财务资源│   │ 技术
环境 │   │ ·产业及价值链│ │ 环境
    │   │ ·组织结构│   │
    │   │ ·企业文化│   │
    │   └─────────┘   │
    └─────────────────┘
       经济生态环境
```

图 1-5　财务环境分析体系

（二）财务战略制定

本步骤通常包括目标体系的建立与财务战略的制定。

1. 目标体系的建立

财务战略管理的基本目标是实现股东价值最大化（或企业价值最大化）。为了切实实现这一基本目标，就有必要使其具体化，从而增强该目标的可操作性。这一基本目标具体化的表现形式就是一个完整的目标体系，该体系由一系列的指标组成。该目标体系构成了财务战略制定的直接依据。

目标体系的建立必须解决两个问题：其一，目标体系的内部结构；其二，具体指标的选择与优化。所谓目标体系的内部结构，是指目标体系中不同性质指标的具体构成。根据指标的不同性质，指标可分为两类：滞后指标与前置指标。滞后指标反映的是过去行为的结果，财务指标属于滞后指标。前置指标反映的是企业未来绩效的动因，这一类指标包括顾客满意度、市场占有率、员工满意度、信息的可用性及协调等。财务指标用来衡量企业财务业绩，而财务业绩体现企业价值的创造。但是，财务指标也存在局限性，它在描述企业未来走向时无能为力。因此，在财务目标体系中，财务指标是必不可少的，但是仅有财务指标还远远不够。为了将企业短期价值的创造与长期价值的创造有机结合，就有必要将反映企业未来绩效动因的前置指标添加到财务目标体系中。因此，财务目标体系由滞后指标（财务指标）和前置指标共同组成。

在财务目标体系的结构方面，平衡计分卡提供了一个有效的框架。平衡计分卡是一个根据企业的战略要求而精心设计的指标体系。平衡计分卡用未来绩效动因或前置指标来补充财务指标或滞后指标。这些指标均来自企业的战略。围绕企业的远景与战略，平衡计分卡包括四个维度：顾客维度、内部业务流程维度、学习与成长维度以及财务维度。不同的维度对应不同的指标。借助于平衡计分卡工具，指导财务战略制定与实施的目标体系可划分为四个子系：顾客维度系、业务流程维度系、学习与成长维度系以及财务维度系。每个子系又由一系列指标构成，这些指标最终构成一个完整的目标体系。在这一目标体系中，财务维度指标系（财务指标）是企业的最终目标，财务维度的指标为另外三个维度指标的选择奠定基础。在设计顾客、内部业务流程和员工学习与成长维度指标时，必须确保这些纳入的指标有助于改善财务成果和实施财务战略。由于不同企业管理者有不同的管理哲学，不同的企业可能会形成形式各异的目标体系。

2. 财务战略的制定

财务战略目标体系一旦被确立，下一步便是财务战略的制定。不同的企业及其管理者制订战略计划的方式不尽相同。在小型企业，战略制定通常并不规范，往往来自管理者个人的经验、观点和看法、口头的交流和辩论。不过，大型企业往往会制订更正式更详尽的战略计划。在制定战略时，通常收集大量的数据，进行形势分析，对特定的问题做深入的研究，最终制订战略计划，如图1-6所示。

管理者使用的基本战略制定方式大致有以下四种，这四种战略制定方式同样适用于财务战略的制定。

（1）卓越战略家方式。这种方式下，高层管理者充当首要战略家和首要企业家的角色，对形势的评价、待探索的战略选择以及战略细节等方面施加强大影响。但是，这并不意味着该管理者承担了其中的所有工作，事实上，该管理者个人成为战略的首席"工程师"，发挥前摄性作用，规划出战略的部分或全部层面。

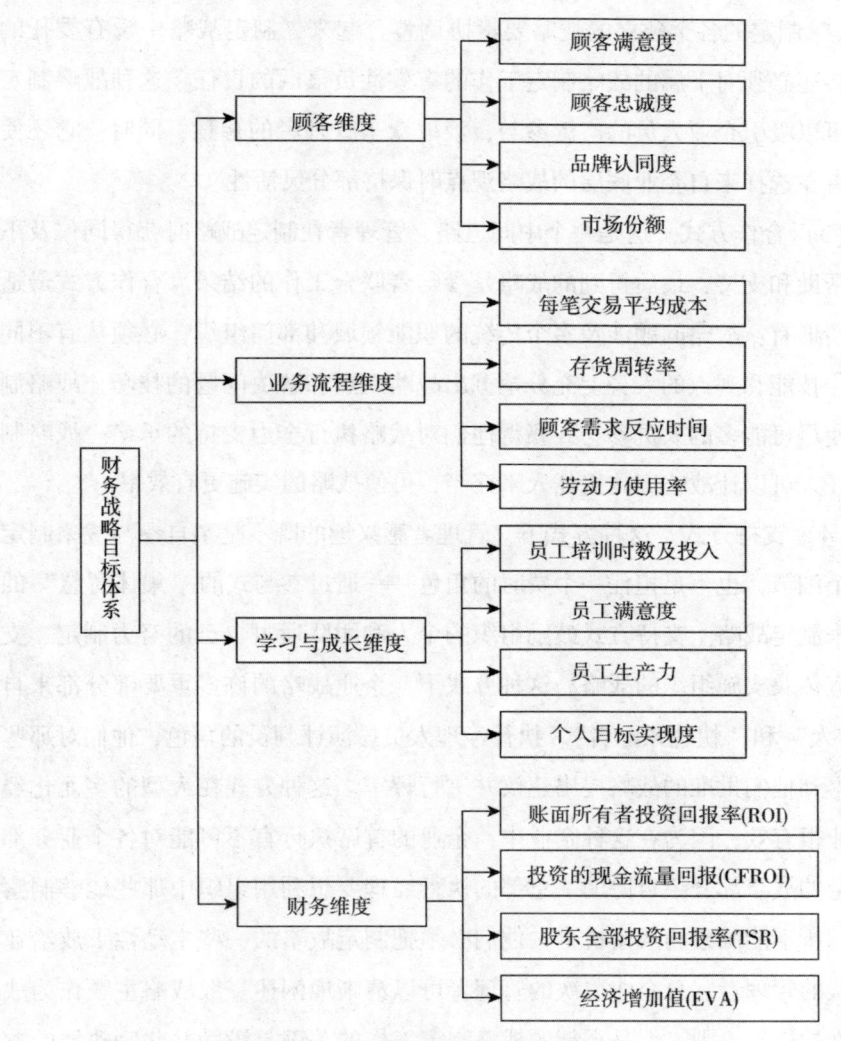

```
                              ┌─ 顾客满意度
                              ├─ 顾客忠诚度
                  顾客维度 ────┤
                              ├─ 品牌认同度
                              └─ 市场份额

                              ┌─ 每笔交易平均成本
                              ├─ 存货周转率
                  业务流程维度 ┤
                              ├─ 顾客需求反应时间
                              └─ 劳动力使用率
财务战略目标体系 ┤
                              ┌─ 员工培训时数及投入
                              ├─ 员工满意度
                  学习与成长维度┤
                              ├─ 员工生产力
                              └─ 个人目标实现度

                              ┌─ 账面所有者投资回报率(ROI)
                              ├─ 投资的现金流量回报(CFROI)
                  财务维度 ────┤
                              ├─ 股东全部投资回报率(TSR)
                              └─ 经济增加值(EVA)
```

图 1-6　财务战略目标体系

（2）"委任他人"的方式。这种情况下，负责的管理者往往将战略制定的部分或全部任务委任"他人"——可能是一个由其下属组成的小组，可能是一个跨职能部门的任务小组，也可能是一个对某一具体过程或职能有权力的自治工作小组。然后，管理者个人则跟踪战略审查的进度，在恰当的时候提供指导。虽然在这种方式下，战略委托人可能对递呈上来等待批复的战略提议中的各个层面几乎不施加个人影响，但是他必须做一项综合性工作，将"别人"制定的各个独立的战略要素协调整合起来，制定战略中没有委托的部分，还必须对下属的战略制定工作的有效性负最后的责任。这种战略制定方式可以吸引企业人员的广泛参与，汲取众多管理者的智慧，同时，它还使管理者在选择来自企业底层的战略观点时保持部分灵活性。

（3）合作方式。这是一个中间道路，管理者在制定战略时获得同仁及下属的帮助和支持，最后得到的战略是参与者联合工作的结果。合作方式最适合的情形有：战略问题涉及多个传统的职能领域和部门组织，必须从有不同背景、技能和观点的人身上充分挖掘出战略观点和解决问题的技巧，战略制定时使尽可能多的人员参与并赢得他们对战略执行全力支持的承诺。战略制定责任人可以让战略实施责任人来充当，可使战略的实施更有效率。

（4）支持方式。这种方式下，管理者感兴趣的既不是亲自参与战略制定的各个细节，也不是担任一个费时的角色——通过参与式的"集体智慧"的方式来制定战略。支持方式鼓励组织的个人和团队通过自己的努力制定、支持并宣传及实施组织的战略。这种方式下，企业战略的许多重要部分都来自"做的人"和"快速跟踪者"。执行经理人员扮演评判员的角色，他们对那些需要得到他们批准的战略提出建议并进行评审。这种方式在大型的多元化经营企业很有效，因为在这种企业中，企业的首席执行官不可能对各个业务部门制定的战略部分亲自协助。总部的执行经理要想利用组织中那些能够洞察出他们所不能洞察的战略机会，他们必须把制定战略的一些主动性下放给业务层次的管理者，总企业层次的管理者可以清晰地阐述一般战略主题作为战略思维的指导原则，但是卓越的战略制定工作的关键是激励并奖励热情的支持者所洞悉出来的各种全新的战略行动。他们会深深地了解某个机会，认为必须追寻这个机会。这种方式下，总战略最后会成为组织中支持被宣扬的战略行动的集合，并且得到组织上层经理人员的批准。

3. 财务战略制定的"四因素"模型

企业管理者所采用的上述四种战略制定的基本方式都有优点和缺点，它们分别适用于不同的情形。但是，不论运用哪种方式制定财务战略，都必须同时考虑四种约束力量：企业的生命周期、企业战略、企业财务领域以及财务战略目标。只有同时考虑上面四个因素制定的财务战略才可能是科学的、可行的。本书将这一战略制定模式称为财务战略制定的"四因素模型"，如图 1-7 所示。

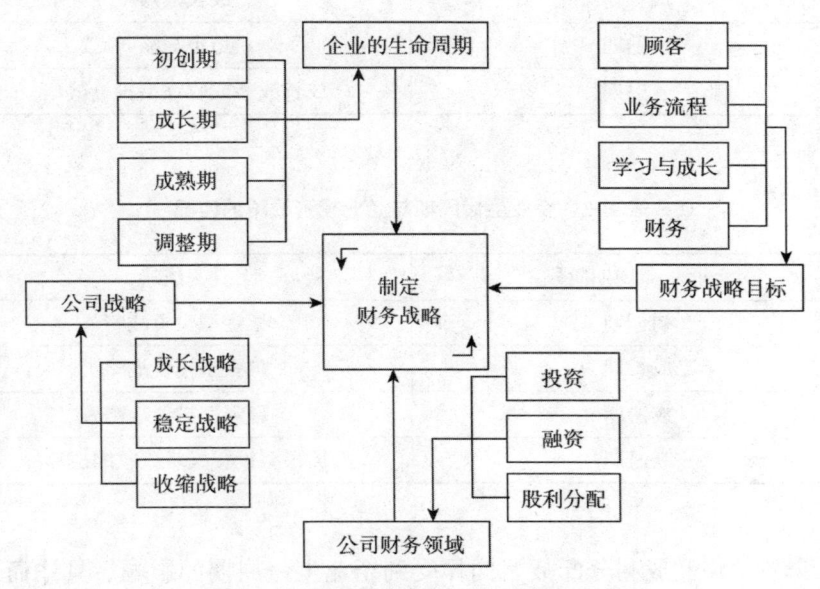

图 1-7　财务战略制定的"四因素"模型

4. 财务战略生成矩阵

根据上面财务战略制定的"四因素"模型，在制定财务战略时，必须明确区分企业发展的各个阶段，并将各阶段财务战略的制定与本阶段的特征相联系。企业生命周期与企业战略存在明显的对应关系，具体情况如表 1-1 所示。

该表 1-1 表明，企业战略与企业生命周期阶段存在内在的对应性，一般而言，企业战略必须与企业所处的生命周期阶段相适应，否则，相关战略是很难推行的，事实上，这正是战略环境适应性的内在要求及其现实表现。与此类似，企业的财务战略必须与企业生命周期阶段相适应，通过将企业财务战略与企业战略予以匹配，便可以揭示企业生命周期阶段与其投资战略之间的对应关系，如表 1-2 所示。

表 1-1　企业生命周期与企业战略

企业生命周期阶段	企业战略
初创期	稳定战略
成长期	成长战略
成熟期	稳定战略
衰退期	成长战略或收缩型投资战略

表 1-2　企业生命周期与企业投资战略的匹配

企业生命周期阶段	投资战略
初创期	稳定型投资战略
成长期	扩张型投资战略
成熟期	稳定型投资战略
衰退期	扩张型投资战略或收缩战略

筹资战略和股利分配战略同样受到企业生命周期的影响。具体而言，筹资战略和股利分配战略的制定必须考虑企业生命周期不同阶段的风险特征。其中，企业生命周期与经营风险之间的相互关系如表 1-3 所示。

表 1-3　企业生命周期与经营风险

企业生命周期阶段	经营风险程度
初创期	非常高
成长期	高
成熟期	中等
衰退期	低

既然在产品的整个生命周期里，经营风险不断降低，如果没有企业股东和债权人完全不能接受的综合风险产生的话，随着经营风险的降低，企业的财务风险必然会相应增加，这就是"经营风险和财务风险反向搭配的原理"。

根据这一原理，企业生命周期与财务风险之间的关系如表1-4所示。

表1-4 企业生命周期与财务风险

企业生命周期阶段	经营风险程度	财务风险程度
初创期	非常高	非常低
成长期	高	低
成熟期	中等	中等
衰退期	低	高

上述关系反映了一个重要的事实，即企业生命周期的不同阶段将透过不同的财务风险程度对企业筹资战略和股利分配战略的制定产生重要影响。

在企业的初创期，由于经营风险很高，所要求的财务风险自然很低。因为权益融资具有低风险特征，企业可望通过向专业投资者发行股票的方式融资，因为他们了解企业所面临的高经营风险。这类资金在国外通常被称为"风险资本"。敏锐的风险投资家会建立一个专门向新兴产业投资的投资组合，他们要求每项投资都能带来尽可能高的回报。这一类型的投资战略仍然集中于高风险项目，只是分散了单个项目的风险，它允许在产品生命周期的最初阶段向这些新崛起的企业投资，尽管投资可能完全失败。只要总的风险投资比例合理，就会为他们带来高回报，从而投资组合的整体回报率也会令人满意。换句话说，风险投资者要求的高回报只是由这类投资的高经营风险替换而来的。在本阶段，由于企业的现金净流量为负数，股东不可能期望从企业分配股利。如果企业这么做，那也是将股东的资本返还给股东自己而已。所以，那些新崛起的、由风险资本建立起来的企业股利分配率可能为零。所有的高期望回报都是以资本增值形式回报股东的。在现实生活中，企业要支付股利有一个简单的限制条件，企业必须有现金和可供分配的利润。而在初创期，企业的账面处于亏损状态，因此没有可供分配的利润来分配股利。

在企业的成长期，企业的现金流量最多只能维持平衡。由于风险投资所具有的固有特点，即一旦产品成功推向市场，风险投资者就着手准备新的风险投资计划，从而转向高风险投资，追求高额回报，因此，此时企业必须找到其他适宜的外部融资来源以取代原始注入资本，并为企业下一个阶段的发展提供资本储备。产品在高速成长阶段，经营风险仍然很高，相对的财务风险很低。这就是说，新的替代资本和增资融入仍应通过发行股票融资。与风险投资者相比，这些股票投资者承担的风险要小一些，相应地，他们的投资回报就低一些。风险投资者为了成功地实现资本退出，即从原来的投资项目中抽出资本，最好的方法就是让初创企业进入股票市场公开上市，股市上已有大量投资者正持币等待。在本阶段，由于现金净流量最多只能保持平衡，不可能采取高股利支付政策，如果进一步考虑到这一阶段的扩张型投资战略，这一点则更明确。当市场快速扩张时，企业也试图提高其市场份额。理性的投资者希望企业能抓住现有的快速成长机会，但是如果把现有的利润当作股利分配的话，做到这一点就很难了。

当企业进入成熟期时，企业的融资来源就会发生巨大变化。在这个时期，经营风险相应降低使企业可以承担中等财务风险。同时开始出现大量正的现金流量。这一系列的变化使企业开始举债经营而不单单使用权益融资。从理性投资者的角度考虑，他们认为，产品进入成熟期后能产生大量正的现金流量，这一阶段是最有吸引力的。所以投资者愿意向企业注入大量权益资金以谋求产品的进一步改良，从而扩大整个市场规模，提高企业自身的市场份额。不过，追加权益资金唯一合理的来源是运用企业取得的部分利润进行再投资。

一旦企业进入成熟期，股利政策就会发生变动。此时，企业的现金净流量为正值，而且数额巨大，但企业明智的融资选择主要还是债务融资。账上利润很高并且相对稳定，完全能够支持企业采取高股利政策。但是，股利分配率提高，而企业对其目前可盈利的项目进行再投资的机会大大减少。由于再投资增量水平降低，报酬递减规律就会起作用。如果企业不能以股东要求的报酬水平将这些资本进行再投资，而是将这些资本留存于企业，那么股东财富就会受损。当可获利的再投资机会因为企业缺乏成长性而减少时，企业就把这些"多余"的资本当作股利分给股东，从而使股东财富最大化。

当企业进入衰退期时，强劲的现金净流量会减弱，利润会减少。但此时企业的自由现金流量会超过企业披露的利润。在成熟期，企业利润水平很高，现金净流量很高，从中可以支付高比例的股利。股利收入将占股东期望总回报的大部分比例，因为股价上涨期望相对较低。然而，一旦进入衰退期，未来企业会呈现负增长态势，结果企业不想进行再投资，只想保持现有规模，折旧费没有必要再用来重置企业正在消耗殆尽的固定资产。因此，企业的自由现金流量增加，就能向股东支付股利。

需要指出的是，筹资战略和股利分配战略的制定除了受企业生命周期影响之外，它还受到与企业战略相匹配的投资战略的影响。综合上述因素，本文可以描绘出财务战略生成矩阵，如表1-5所示。

由表1-5可以看出，对一般意义上的营利型企业而言，其财务战略是企业生命周期阶段以及企业战略的产物。换言之，企业财务战略必须适应和服从于其企业战略，而企业战略又必须与企业生命周期相适应。只有在此环境条件约束下，企业的财务战略才具有切实可行性。企业的财务战略应该包括筹资战略、投资战略、股利分配战略三个战略子单元，表1-5表明，在不同生命周期阶段和企业战略环境下，企业的财务战略是有显著差异的，任何营利型企业的财务战略制定都必须与表1-5的矩阵安排相适应，这是被众多企业财务战略实践印证了的科学安排。

表1-5 企业财务战略生成矩阵

生命周期 财务战略 企业战略	稳定战略	成长战略	收缩战略
初创期	·稳定型投资战略 ·风险资本筹资战略 ·零股利分配战略		

续表

生命周期 财务战略 企业战略	稳定战略	成长战略	收缩战略
成长期		·扩张型投资战略 ·权益性筹资战略 ·剩余股利分配战略	
成熟期	·稳定型投资战略 ·债务与权益（含留存收益）筹资战略 ·高比率的股份分配战略		
衰退期		·扩张型投资战略 ·债务筹资战略 ·剩余股利分配战略	·收缩型投资战略 ·债务筹资战略 ·100%股利分配战略

（三）财务战略实施

财务战略实施是通过财务政策的制定、行动计划与预算的编制把财务战略推向行动中。

1. 财务政策的制定

政策是把战略制定与战略实施联结起来指导决策的指南。企业运用财务政策确保所有的财务决策与行动支持企业的财务目标与战略。财务政策包括投资政策、融资政策以及股利分配政策。投资政策是企业管理层基于企业战略发展结构规划而对企业的投资及其管理行为所确立的基本规范与判断取向标准，包括投资领域、投资方式、投资质量标准、投资财务标准等基本内容。融资政策是企业高层基于企业战略发展结构的总体规划，它能确保投资政策及其目标的贯彻与实现而确定的企业融资活动的基本规范与取向标准，主要包括融资规划、融资质量标准与融资决策制度安排等。股利分配政策的最核心内容是在遵循股东财富与企业价值最大化目标的基础上，正确处理税后利润在股利分配与留存收益之间的分割关系，主要包括剩余股利政策、固定股利政策、低定额加额外股利政策、固定股利支付率政策等。

2. 制订行动计划

行动计划是为了完成一个单项计划要进行的行动或步骤。它使财务战略转化为行动导向。财务行动计划重点包括投资计划、融资计划、购并计划以及企业重组计划等。比如，英特尔企业认识到，如果不能开发新一代的微处理器，企业便无法成长，于是，企业管理层决定执行一项战略行动计划：与惠普企业组成联盟，开发取代奔腾 Pro 的微处理器。

如何有效地聚合企业内部的财务资源，并使之成为一种强大的、秩序性的聚合力，以内部高度的有序化来应对外部茫然无序的市场环境，是财务战略发挥对企业总体战略的支持作用的关键。这种有序的管理活动被称为计划管理，其核心内容是制订行动计划。

3. 将预算与战略挂钩

当行动计划以定量的方式表现出来时即转化为预算，通常由业务预算、资本预算及财务预算等构成。此处的"定量"包括"数量"与"金额"两个方面。其中，"数量"反映了企业预算活动的水平以及支持这种活动所需的实物资源；"金额"部分则由预算的数量乘以相关的成本或价值取得，主要反映预算活动所需的财务资源和可能创造的财务资源。可见，预算就是将企业的决策目标及其资源配置规划加以量化并使之得以实现的具有战略性的内部管理活动或过程。

财务战略的实施促使管理者进入制定预算的过程。企业的各个业务单元需要足够的预算以执行他们在财务战略计划中的任务；同时，增强现有能力和发展新能力也需要有大量的资金，另外，各个业务单元，尤其是那些负责进行战略关键性活动的单元，将必然配备足够的合适人员，并被给予足够的运营资金来熟练地开展工作，还必须有足够的资金以投资需要的运营系统、装备与设施。战略的实施者必须审查下属对新资本项目和更大运营预算的要求，区分出哪些将会有好的结果，因而，战略实施会带来成本方面的效益且能够增强企业的竞争能力。战略的实施者必须向上级提供一份具有说服力的、有依据的方案报告，以说明实施企业战略和财务战略中他们承担的部分时需增加何种资源和竞争性资产。

战略实施者将预算的分配与战略需求相联系既能促进也能阻碍实施过程。过少的资金会减缓和阻碍企业战略计划中他们的任务执行能力，而过多的资金会造成企业资源的浪费并降低财务业绩。这两种情形都要求战略实施者深入地参与预算过程，仔细地检查企业内部战略关键性业务单元的计划和预算方案。

战略的变动几乎总是需要预算资金的重新分配，在旧的战略中具有重要性的业务单元现在是规模过大且占用过多资金，而现在影响更大、作用更关键的业务单元需要更多的人力、不同的支持系统、新的装备、额外的设施和高于平均水平的运营预算。战略实施者需要积极地转移资源，削减某些领域的规模，扩大另外一些领域的规模，并给予在新战略中承担关键角色的活动以足够的资金支持。新战略的资金需求必须主导资本的分配模式以及每一业务单元的运营预算，如果对取得战略成功非常关键的业务单元和活动的资金供给不足，将会导致整个实施过程的失败。

（四）绩效评估与财务控制

绩效评估与财务控制就是监测企业的活动与业绩，其目的是比较实际绩效与期望绩效。虽然评估与控制是财务战略管理过程的最后一个模块，但是，它能指出已执行战略规划的弱点，从而使整个战略管理过程重新开始。评估与控制主要包括的内容有：①决定评估什么；②建立绩效标准；③测评实际绩效；④把实际绩效与标准绩效进行比较；⑤纠正财务措施。

（五）财务战略管理过程的具体化

与传统财务管理不同，战略管理的独特之处是它强调战略决策。与通常的财务决策相比，财务战略决策应对的是整个企业的未来，因而具有三方面特征：①非常规性：财务战略决策不常有，一般无先例可循；②重要性：财务战略决策的结果会支配大量的财务资源，所以需要大量的投入；③指导性：财务战略决策为整个企业内的低层次财务决策和未来财务行为设定先例。随着企业的成长和环境中的不确定性日益复杂，财务决策必将变得越来越复杂。一个财务战略决策框架的提出，显然有助于企业做出此类决策。

著名战略管理学家提出了三种战略决策模式：企业家模式、适应模式和规划模式。在企业家模式下，战略决策由一个"铁腕"人物制定，它关注的焦点是机遇，而问题是次要的。战略由企业创始人自己左右对未来发展的判断，并在一系列大胆的重要决策中展示出来。企业增长是其主导目标。适应模式就是"走一步，看一步"，这种决策模式的特点是响应现有问题，给出解决方案，而不是主动寻求新机会。决策中争论的焦点是目标的优先次序。战略是零碎的，推动企业小步往前走。规划模式，则是通过收集涉及用于环境分析的信息，总结出多种可行的战略方案，从中选择最合适的战略。这种模式既主动寻求新机会，也被动响应存在的问题。鉴于财务战略管理的特殊性，在大多数情况下，财务战略决策应采用规划模式。因为该模式包括财务战略管理过程的基本模块，较为理性，能适应更复杂、变化更快的环境，从而确保在大多数情况下做出更好的财务战略决策。财务战略决策过程具体包括以下步骤：

（1）评估当前业绩：①用投资收益率、营利性等评估当前业绩；②评估企业当前财务战略态势（财务目标、财务战略与财务政策等）。

（2）评价企业治理：也就是企业董事会和高层管理者的业绩。

（3）分析外部环境：找到显示出机会与威胁的财务战略因素。

（4）分析内部环境：找到决定优势与劣势的财务战略因素。

（5）综合分析战略因素（SWOT）：①指出问题所在的领域；②评价企业的财务目标，并按照需要进行修订。

（6）总结、评估并选择最佳战略方案：主动按照第5步的分析进行。

（7）执行所选择的财务战略方案：通过制定财务政策、编制财务计划和预算推动财务战略的实施。

（8）评估所执行的财务战略：通过反馈系统控制行为，以确保最小限度地偏离原战略。

事实上，财务战略决策框架是财务战略管理过程的具体化。该框架如

图 1-8 所示。

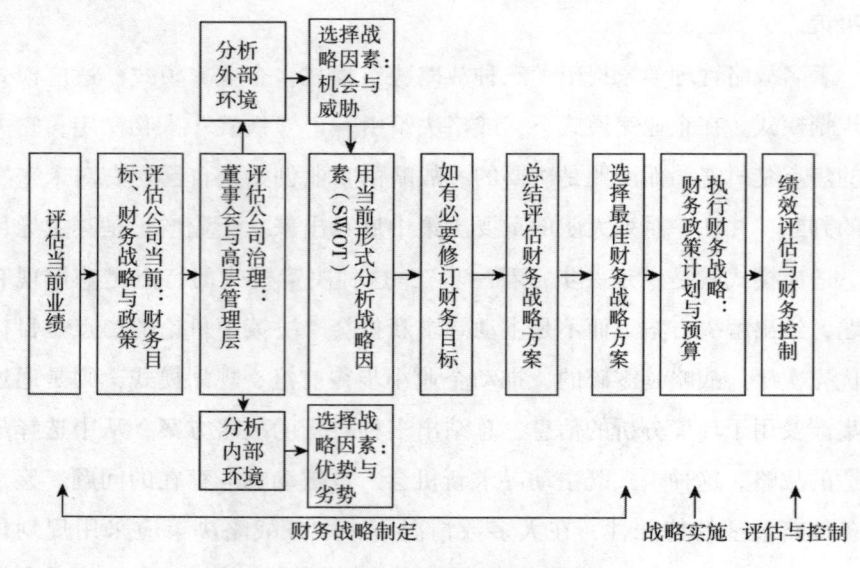

图 1-8 财务战略决策框架

四、财务战略管理的目标和关键

（一）财务战略管理的目标

财务战略管理目标在财务战略管理理论与方法体系中处于最高层次，它是决定财务战略管理的本质、对象、假设、原则、要素和方法的基础。财务战略管理目标可以分为两个层次，即财务战略管理基本目标和财务战略管理具体目标。财务战略管理基本目标是指按照企业总体战略的要求，综合运用各种理财手段及财务资源降低融资成本，改善投资决策，合理赚取与管理利润，确保企业管理者目标与投资者目标的最佳平衡，实现企业整体价值最大化、长期化。简单地说，就是实现企业价值最大化。财务战略管理具体目标是财务战略管理基本目标的具体化，主要包括投资战略目标、融资战略目标和股利分配目标等。

企业价值最大化目标与财务战略管理的关系如下：

第一，企业价值最大化与长期盈利能力具有相关性。首先，企业价值更能客观地反映企业的业绩。企业价值指标是基于现金流量的，不是基于权责发生制和历史成本原则确认的利润，避免了利润指标的主观性。其次，企业价值更能反映企业的长期状况。企业价值是企业在其未来经营期间所获得的现金流量的现值总和。它计算的不是某一年或某几年的现金流量，而是从考察之日起在企业寿命之内的各年度现金流量的现值，有助于克服企业在追求利润上的短期行为，反映了企业长期的盈利能力。最后，企业价值更具全面性。利润等财务绩效指标以产品市场为基础，计算中侧重考虑生产成本、管理费用等显性成本，忽视了资本成本，而且没有考虑风险因素和货币时间价值。企业价值面向企业未来，利用加权平均资本成本和折现率来分别反映资本成本、风险和货币的时间价值，而且价值最大化充分尊重和满足了企业各相关利益主体的利益要求。在一定时期和一定环境下，某一利益集团可能会起主导作用，但从企业长远发展来看，不能只强调某一集团的利益，而置其他利益于不顾。所以，各利益集团的目标都可折中为企业提供长期稳定的发展和企业总价值（财富）的不断增长的需要，各个利益集团都可以借此来达到它们的最终目的。

第二，企业价值最大化与战略环境具有相关性。企业所处的战略环境包括外部环境和内部环境。就外部环境中的行业环境而言，企业价值与行业环境具有相关性。处于初创期、成长期、成熟期和衰退期四个不同阶段的行业为企业提供的价值创造空间也不同。比如，处于成长期的行业，行业市场需求增长迅速，盈利能力不断增强，技术创新空间大，投资报酬率较高。企业如果选择在这类行业中经营，筹资比较容易，融资成本相对较低，能在一定时间内获得较为可观的现金流，因此具有较高的价值创造能力，进而能较快地提升企业价值。

第三，企业价值最大化与竞争优势具有相关性。财务战略管理的本质要求是建立竞争优势，获取竞争优势是企业价值增值的源泉。竞争优势通过成本领先、差异化以及速度优势增加企业的价值。财务战略管理强调的是一种基于企业整体发展战略的动态分析，它将企业内部财务活动和企业竞争战略相结合进行价值创造管理。将成本控制和竞争优势有机结合，有利于对企业价值创造的动态控制。企业可持续的竞争优势能够增加企业价值的竞争优势。

综上所述，企业价值与财务战略管理具有相关性。因此，现代企业财务战略管理是以价值管理为核心的财务战略管理体系，它以提升企业价值为切入点，贯穿于企业的财务活动和各种财务关系中，以企业价值的最大化为目标导向来加强企业的财务战略管理能力。

企业价值最大化目标是通过企业财务战略管理的具体目标来实现的。投资战略目标是满意的投资报酬率和现金流量；融资战略目标是为投资的需要而源源不断地提供资金，并使资金成本最低；股利分配战略一方面要满足筹资的需要，另一方面要满足股东收益的需要。当投资报酬率小于或等于资本成本时，或仅仅是微利，则是竞争战略的结果；当企业所要求的投资报酬率必须大于资本成本时，往往是采取稳定战略的结果。财务战略管理的具体目标既规定财务战略行动的方向，又是制定理财策略的依据。财务战略具体目标制定得正确与否，直接关系到企业的财务成果和经营的兴衰成败。财务战略具体目标正确，就能取得筹资、投资的成功，增强盈利能力和积累能力，促进企业的发展；财务战略具体目标错误，会使筹资、投资失败，恶化财务状况，丧失盈利能力，造成企业经营危机。

（二）财务战略管理的模式

企业价值，简单地说，就是企业的市值，即投资者购买企业股票时愿意支付的价钱，也就是股东财富。企业价值反映的不仅是企业已经获得的利润水平，更是企业未来的、长期的、潜在的获利能力。投资者或者资本的天性就是孜孜不倦地追逐私利。实际上，投资就是向经风险调整后收益率最高的资源供给资本的行为。投资者追求的目标就是使资本得到其所能得到的、经风险调整后的最高收益。尤其对于上市企业来自投资者的压力被完全市场化。从这个意义上说，企业价值最大化也可以认为是股东价值最大化。企业经营者要想获得资金，就必须将实现股东财富利益作为诸任务中的重中之重，在战略导向上，财务战略管理应被确立为"股东价值驱动战略"。股东价值驱动战略的特征如图 1-9 所示。

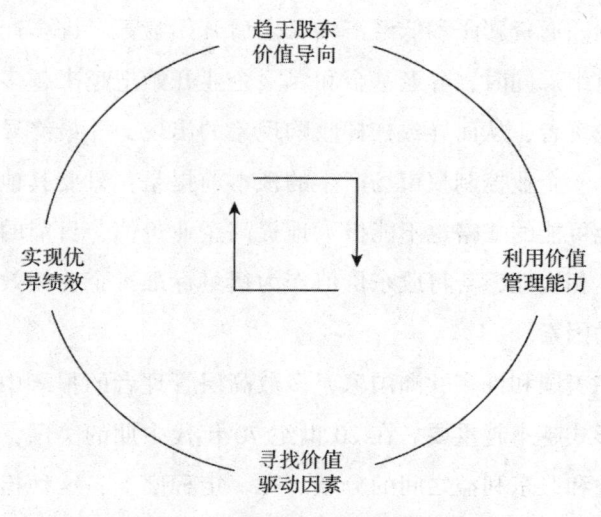

图 1-9 股东价值驱动战略的特征

(图中文字：趋于股东价值导向、利用价值管理能力、寻找价值驱动因素、实现优异绩效)

1. 趋于股东价值导向

以股东价值为导向是财务战略管理最基本的属性。然而，股东价值对于就业、社会责任、环境等的重要性，历来是并且仍然是人们激烈争论的话题。争论的焦点是：股东价值和利益相关者的价值，哪个更重要？就西方发达国家而言，美国和英国坚持这样的观点：股东是企业的所有者，董事是股东们选举出来的代表，企业的目标就是要使股东价值最大化。而欧洲大陆国家对企业目标有不同的认识，比如，按照荷兰法律，大企业董事会的根本职责就是保证企业的生存，而不是代表股东追求价值最大化。德国的企业治理机制也有类似的规定。笔者认为，有两个原因促使管理者应把重心放在股东价值的创造上：第一，在多数发达国家，股东的影响已经主宰了高层管理者的日常工作。第二，以股东为导向的经济体制比其他经济体制的绩效更好，其他利益相关人也不会因股东的利益而遭受损失；相反，从战略意义上看，他们的利益是一致的。

(1) 股东价值日益重要。促使股东价值日益重要的因素有以下四个：

第一，许多管理团队无法对所在行业发生的重大变化做出有效反应，因而，在 20 世纪 80 年代出现了活跃的企业控制权市场。1982 年，美国经济经过长期的高通货膨胀和低经济增长之后开始复苏。许多产业部门都需要进行重大重组。同时，养老基金和保险企业开始把越来越多的资金提供给新类型的投资者，从而导致杠杆收购现象的出现，并最终导致企业控制权市场的产生。企业控制权市场产生的根本前提是：只要其他可能的管理团队使用其他可能的战略也不能极大地提高企业价值，目前的管理者就有权管理企业。相应地，若将股东价值作为衡量标准，企业绩效就会成为变革的主要驱动因素。

第二，在美国和许多欧洲国家，多数高层管理者的报酬中，基于股权的各种报酬形式越来越重要。在20世纪70年代中期的美国，人们日益担心管理者利益和股东利益之间的分歧。在一定程度上，这种担心反映了人们对不断下降的企业利润和停滞的股票价格的焦虑和不安。许多学者纷纷呼吁重新设计管理者薪酬激励机制，使之与股东利益的关系更为紧密。在美国，股票期权是多数高层经理报酬的一个组成部分。同一时期，对董事会的批评增加，人们批评他们忽略了代表股东利益的职责，于是开展了这样一场运动：要求非执行董事在所代表的企业投入一定的股本，以使他们更关注股东利益。20世纪90年代末，48%的大中型企业向董事赠送股票或提供股票期权。股票期权的广泛运用，极大地提高了股东价值在衡量管理绩效中的重要性。不仅限于美国，在英国和法国，股票期权和股票赠送也成了管理者收入的重要组成部分。由于对管理人才的竞争已全球化，股票期权的使用在开放经济国家和地区会越来越普遍。

第三，1982年以来，美国股市和欧洲股市情况良好，因此家庭在股票上的投资比例大幅增加。20世纪80年代初以来，美国和欧洲股票市场表现非凡，不但促进了股票期权被广泛用做管理者报酬，而且增加了许多国家的家庭股票拥有量。事实表明，越来越多的人是通过共同基金和养老基金成为股东的。重要养老金机构的管理者是股东价值论的积极倡导者。欧洲许多国家正在形成股东文化。最引人注目的是在德国开展的支持德国电信私有化的"德国：股票国家"运动。完成私有化的企业的股票出现了强势，这就促进了这些国家股票投资的普及。这种情况下，旧的劳资观念已经过时，股东不再是其他什么人，而是我们自己。这样，引起股东价值与利益相关人价值之争的紧张心情得以缓解。随着越来越多的人成为股东，支持将股东价值作为企业目标的呼声日益强劲。

第四，人们日益认识到，许多社会保障制度正面临危机，欧洲大陆国家和日本的情况更是如此。为了应对这一危机，有人提出了这样一个解决方案：把积累的养老基金提高到相当程度，使之能产生足够的剩余用于再投资，积累资金和投资收益相结合，以应对未来的养老金短缺。要拆除养老金这颗定时炸弹，私有部门必须维持相当的水准，最重要的是能产生较高的投资收益并创造可以增加收益投入的机会。如果想使这种积累养老金的计划行得通，避免人口代与代之间的竞争，那么，不管哪一个国家，都必须向企业施加压力，使它们创造更多的股东价值。

（2）以股东为核心的经济表现更佳。20世纪80年代中期以来，美国经济发展势头强劲。如果没有股东资本利益的约束，没有许多经济参与者对股东价值创造的日益重视，是否会出现这样的经济局面是值得怀疑的。美国企业重视股东价值，倾向于限制甚至撤消过时的战略投资，其重视程度超过其他任何价值管理模式。经济学家普遍认为，经济成败的衡量标准主要是人均GDP。美国这个世界上最大的资本主义国家、股东价值的拥护者，人均国内生产总值比其他经济大国高出20%。1994—1997年，麦肯锡全球研究所开展了一系列研究，以分析美国和其他国家GDP的差别。研究的重点对象是美国、德国和日本。研究发现，美国之所以有这样的优势，是因为它的要素生产率尤其是资本生产率比其他国家高得多。1974—1993年，美国企业创造的收益比德国和日本都高很多。

股东价值体系不一定公平，比如重组所带来的失业会毁坏人们的生活。也可以这样说，创造工作机会的经济能力是衡量公平与否的最好尺度。历史事实很好地证明了这一点：股东价值的创造并不是以牺牲利益相关者价值而取得的，能够创造更大价值的企业往往也能创造更多的工作机会。

2. 利用价值管理能力

只有具备价值管理能力的人才能成为真正的价值管理者。企业可以通过以下六个步骤建立其管理价值的能力：

（1）以价值创造为核心进行计划和绩效评估。对价值创造的重视是每一个高级管理者的职责，它可以避免企业陷入困境。在进行绩效评估时，必须明确强调股东价值；在制订计划时，务必对各种情况下经营的价值进行彻底分析，必须更好地了解企业的能力、资产及这些能力和资产在哪些业务中最宝贵。更为重要的是，必须确保在围绕这些能力制订行动计划前，计划制订者要充分认识这些能力在提高利润率、增长率等方面的作用。企业在进入某项业务时必须清楚地认识到采用什么方式、以什么理由把该项业务开展好，为股东创造价值。

（2）确定以价值为核心的指标和绩效尺度。企业的管理者需要有明确的目标和绩效尺度，以衡量他们的工作进展。虽然股票价格是最根本的绩效指标，但对管理者尤其是基层业务单元的管理者而言，他们需要具体性和可操作性都更强的标准。净利润这样的会计指标，由于忽略了为取得利润而占用资本的机会成本，因而不可取。另外，投入资本收益率指标忽视了价值创造的增长。能较好衡量股东价值创造的指标是经济利润，该指标既考虑了增长，又考虑了投入资本的收益。经济利润等于投入资本收益率与资本机会成本之差乘以投入资本，即

$$经济利润 = 投入资本 \times (投入资本收益率 - 资本机会成本)$$

未来经济利润的折现价值（加目前的投入资本额）等于折现现金流量，因此，可以通过使经济利润最大化而实现折现现金流量的最大化。由于基层管理者需要的是他们能直接施加影响的指标和绩效尺度，业务单元的经理必须为其基层管理者把经济利润指标转换成具体性、可操作性更强的绩效尺度。例如，生产经理的绩效可以用单位成本、质量以及是否能按时交货来衡量，销售经理的绩效可以用销售增长率、标价折扣率和销售成本占销售收入的比率来衡量。

除了经济利润指标外，也可以用经济增加值（EVA）这一指标来衡量股东价值的创造。

（3）改革企业的薪酬制度，培养员工重视创造股东价值的文化与观

念。建立企业以价值创造为核心理念的一个最有力的手段是建立薪酬制度。高层管理者的激励机制必须以价值创造为核心。为达到这一目的，传统的做法是将高层管理者的奖金与每股收益目标的实现情况相联系。但是，由于每股收益并不总是与价值创造相一致，这一实践并不有效，有效的方法是加大股票期权在其报酬中所占的比例。对于业务单元管理者的传统激励方式是将其报酬与企业整体的绩效联系在一起，与他们所在单位绩效的联系反而不大。改进的方法是：人力资源经理可以考虑为每个部门设计虚拟股票，从而建立延期付酬制度，该制度应围绕企业实行的经济利润或 EVA 指标，根据特定价值驱动因素目标的完成情况发放报酬。

（4）评估战略投资决策时，要明确地考虑对价值的影响。多数企业对资本投资进行评估时运用的是折现现金流量分析法，但是这一方法有两个缺陷：第一，资本投资与企业的战略和经营计划联系不够紧密，这样，资本投资方案往往与企业战略和经营计划脱节，难以评估；第二，这一方法采用同一投资回报率下限来评估资本投资方案，事实上，由于企业每项业务的风险不同，应该采用不同的投资回报率下限。为避免上述缺陷，企业应该把资本投资与企业的战略和经营计划紧密结合，以使评估从实际出发，具有更大的现实意义；同时，财务人员应制定适合每个业务部门且能反映相应机会成本的投资回报率下限标准。

（5）就价值问题与投资者，尤其是战略投资者和证券分析师进行有效沟通是至关重要的。原因有二：第一，可以确保市场随时取得足够的信息对公司进行评估；第二，由于市场是精明的，企业管理者可以从投资者对本企业和其他企业股票的评估中知道所在行业和竞争对手的动向。为了提高沟通战略效果，应注意两点：其一，在与投资者以及证券分析师沟通时应重点宣传企业为提高股东价值到底在做些什么；其二，可以考虑在年度财务报告的附注中增加一个部分，题为"企业的价值前景"，讨论企业创造价值的战略。企业甚至可以公布其对价值创造的估算，但前提是必须将各种假定交代清楚。上述措施可以让投资者明白企业的经营方向和股东们的投资状况。

（6）重新界定财务总监的职能。企业建立以价值创造为核心的努力要取得成功，一大关键因素便是财务总监作用的提高。企业的经营战略和财务战略的关系越来越紧密，从定义上看，企业战略的目的就是在控制股权市场和金融市场上为企业创造优势，而这与财务的方方面面有千丝万缕的联系。传统意义上的财务总监主要忙于经费收支、财务报表的编制，但是，出于财务战略管理的需要，财务总监应同时担负起企业的战略和财务职责。财务总监应发挥桥梁作用，沟通业务部门主管的战略和经营工作与企业和投资者的投资要求。职能被强化后的财务总监可以被恰当地称为"战略和财务执行副总裁"，所以该职位应主导企业价值创造战略的制定。

3. 寻找价值驱动因素

要寻找股东价值驱动因素，就必须理解日常经营和重大投资决策中有哪些因素对价值的影响最大。确定价值驱动因素的过程如果做得好，将在三个方面对管理者有巨大帮助：其一，有助于业务单元的管理者和员工理解价值是怎样创造的以及怎样使价值最大化；其二，有助于安排驱动因素的优先顺序，确定该把资源用在何处，或把资源从何处撤走；其三，有助于业务单元管理者和员工在应优先考虑的驱动因素方面达成共识。

与价值驱动因素相关的各种标准被称作绩效指标，这些指标既可以用来确定财务战略目标，又可以用来评估绩效。要确定价值驱动因素，必须遵循以下三项原则：

第一，价值驱动因素应与整个企业的股东价值创造直接联系起来。把价值驱动因素与股东价值创造的总目标联系起来有两方面好处：其一，可以使企业的所有层次都把目标集中在这个方面。当第一线员工和业务单元的管理者都认识到他们的行为对全局的价值创造有影响时，他们就会协调他们的目标和措施，避免目标上的分歧。其二，可以使管理层客观地权衡和安排价值驱动因素、短期行为和长期行为的优先顺序。当决策遇到困难时，管理者可以以长期的价值创造为标准做出决策，还可以把长期的价值创造作为向有疑虑的股东解释的理由。不过，值得注意的是，把股东价值作为核心并不排斥企业的其他目标，如企业的安全以及环境考虑等，这些因素也可以被包括在价值驱动因素中。但重要的是要明确规定这些目标在何时才能优先于股东价值最大化的目标以及怎样优先，以使股东价值核心不至于被分散。

第二，价值驱动因素的确定和衡量应使用财务和经营两方面的主要绩效指标。仅仅用财务指标来衡量股东价值驱动因素是不够的。这是因为管理层无法直接影响财务比率，只有通过影响企业经营因素才能做到这一点。比如，一家零售企业想分析提高税前利润的途径，首先必须把税前利润分解成几部分：毛利、仓储成本、送货成本以及销售费用、管理费用，然后分解驱动这些成本的因素。这样，送货成本就可以分解成以下因素：每笔交易的送货次数、每次送货成本和交易数。管理者了解了这个层次的经营细节，就可以分析具体的改进措施。可见，经营数字作为主要指标能弥补财务指标的不足。

第三，价值驱动因素除了包括经营绩效外，还应涵盖长期成长。虽然许多企业都把注意力集中在目前的经营上，但是随着业务的成熟和萎缩，企业要想成功就要找到业务增长的途径。因此，价值驱动因素分析除了要注意那些能提高今天投入资本收益的因素，也要关注那些收益率超过资本成本的因素。

值得注意的是，在运用上述原则确定价值驱动因素时，必须明确企业每个业务单元应该有自己的主要价值驱动因素和主要绩效指标。例如，经营业绩突出、利润率高的业务单元应把重点放在与增长相关的主要绩效指标上，而利润率低的业务单元应把重点放在与成本相关的有关绩效指标上。另外，需要注意的是，业务单元应限制绩效指标的数量。根据经验，5~10个绩效指标即可，上限为20个。因为如果绩效指标过多的话，管理层会很难决定到底把重点放在哪些指标上。

最后，平衡计分卡为股东价值驱动因素的分析提供了一个通用框架。根据平衡计分卡，股东价值驱动因素应从顾客、业务流程、学习与成长和财务四个方面寻找。

4. 实现优异绩效

一旦确定了价值驱动因素,优异绩效的实现取决于对企业的业务绩效和个人绩效进行管理。其中,业务绩效评估是以企业或企业内部的业务单元为客体,而个人绩效评估则是以管理者或员工为评估对象。

(1) 管理业务绩效。企业一旦知道了该怎样通过对每项业务价值驱动因素的影响来创造价值,接下来要做的就是怎样对每项业务单元进行管理使其结果与企业的各项目标相符。业务绩效管理过程中,要为业务单元确定目标,并经常根据这些目标检查其进展,以使企业的各个层次能紧密合作,提高绩效。业务绩效管理是价值管理的关键,因为要通过这个过程把价值标准、价值驱动因素和目标转换成日常决策和每天的行动。

如果业务绩效管理工作开展得好,将有助于企业各个层次间的坦率和有效的交流。尤其是有效的业务绩效管理可以极大地改善企业总部和业务单元间的对话。这给管理者一定的管理空间,也使他们的上司相信他们能够达到约定的绩效水平。成功的业务绩效管理必须符合以下条件:

第一,业务单元必须有明确的价值创造战略。制定业务单元战略,虽然不是业务绩效管理过程的一个组成部分,但它是保证该过程效率的一个前提。折现现金流量分析(即价值分析)有助于管理者选择业务单元战略。业务单元的战略制定过程如果不以价值创造为核心,所选战略就会与目标不一致,绩效管理的意义就不大。把战略与价值评估直接联系起来的另一个好处是,能明确地把战略制定过程与促使价值实现的其他努力结合起来。

第二,业务单元应该确定与价值驱动因素紧密联系的指标。要把战略转换成具体的量化目标,就需要管理者确定与价值相联系的指标。相关指标的具体确定将在后文讨论,笔者在这里仅指出在指标确定过程中应注意的几个问题:①指标体系的具体构成应随着外部环境的变化而不断调整,调整的原则是要在绩效评估期之前做出明确规定,以便有关各方了解其公正性。②要使指标体系确定得更为有效,需要企业总部和业务单元进行对话,这就使指标的确定过程成为一个反复的过程。这种做法虽然比简单地自上而下下达指标多花时间和精力，但更能吸纳业务单元管理者的高见，更能使他们致力于这些指标的实现。③企业总部和业务单元在认可指标后，就应正式地写入绩效合同中，合同因包括业务单元在经营期间预期的重要事件和准备达到的定量和定性目标。目标应非常明确，避免模棱两可，但也不要过于刻板，否则会约束管理者在其权限之内的行为。

第三，定期对绩效进行评估。决定绩效评估是否能成功的要素包括评估中所使用的信息、时间表的总体安排以及讨论的气氛。能为评估提供最佳信息的基本工具是平衡计分卡。平衡计分卡的内容包括价值目标和根据价值驱动因素分析确定的主要绩效指标，这些指标包括顾客、业务流程、学习与成长和财务四个维度。如果说平衡计分卡说明评估"什么"，则时间表说明"什么时候"评估。评估应该成为一项有组织的、周期性的活动，成为业务管理者们日程中一个不间断的项目。评估的周期长短应谨慎选择。虽然多数企业默认的周期是一年，但对于关键的绩效指标，最好根据每项业务的完成周期来确定其评估周期。在评估过程中，管理者应把绩效评估时间与其他的重要时间（如资本预算、个人绩效评估）协调起来。在进行业务绩效评估时，如果与企业正常事务相脱离，就会使其作用大打折扣。业务绩效评估的风格和气氛也影响其成败。要使评估能真正解决问题，就必须安排同层次管理人员定期会面。在这样的会面中，一个企业或一个业务单元在不同领域具有相似职责的经理们可以交流经验。

总之，业务绩效评估只要做得好，便能为经理们提供明确的目标，激励他们达成目标，并给他们达成目标的努力予以支持，从而节省他们的时间和精力。

（2）管理个人绩效。进行个人绩效管理，可以从两个方面促进价值创造：其一，将对管理者的奖励与创造股东价值的行为联系起来，使管理者能像所有者那样思考问题；其二，在知识经济社会，管理人才本身就是一项重要的价值资源，通过个人绩效管理可以吸引人才，留住人才。因此，企业应建立一定的程序，把个人行为与价值创造的总体活动联系起来，也与报酬联系起来，以激励和奖励具有突出贡献的个人，这便是个人绩效管理。

与业务绩效管理一样,个人绩效管理的过程也应该包括指标的确定和绩效评估。个人绩效指标应与其负责的主要业务绩效指标结合起来,以保证业务需要达到的水准与个人需要达到的水准相一致。个人绩效指标与管理职位的对应关系如图1-10所示。

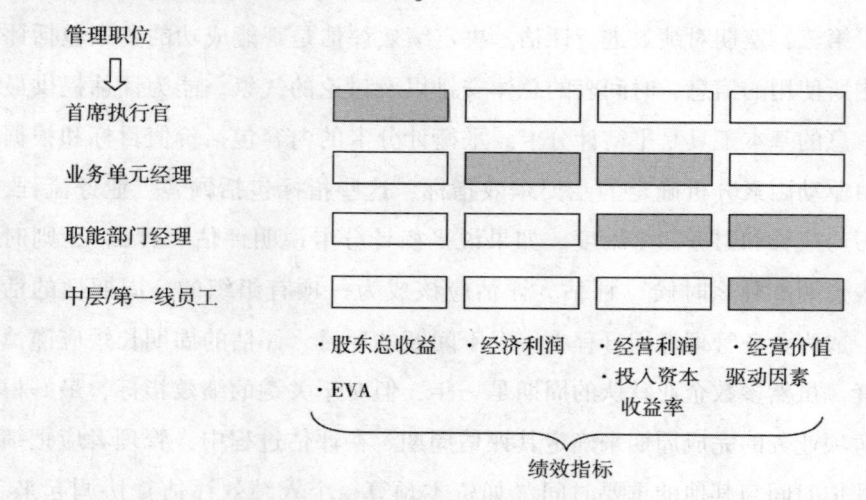

管理职位 ⇩

管理职位	绩效指标			
首席执行官	■	□	□	□
业务单元经理	□	■	■	□
职能部门经理	□	□	■	■
中层/第一线员工	□	□	□	■
	·股东总收益 ·EVA	·经济利润	·经营利润 ·投入资本收益率	·经营价值驱动因素

图1-10　绩效指标与管理职位的对应关系

图1-10表明,个人绩效指标的设置应该与其职位层次相适应。个人绩效评估应定期开展,并向被考核者提供坦率的、具有挑战性的反馈。对绩效差的个人应迅速采取行动:再培训、调动、解雇或通过同事间的竞争将他们淘汰。如果员工的绩效达到或超过了期望指标,给予有形的奖励同样重要。个人绩效管理将企业的价值创造总体目标个体化,在实施过程中,若能把所有者的利益和管理者的利益结合起来,便能提高企业的长期绩效。

第三节 财务战略管理与企业管理的关系

一、财务战略管理与传统财务管理的区别

（1）财务战略管理以实现长期利润和获得竞争优势为目标。传统财务管理以实现成本与费用最小化、企业利润最大化为目标，并将这一目标贯穿于财务预测、决策、计划和预算管理中。战略财务管理则更具有战略眼光，它关注企业的未来发展，重视企业在市场竞争中的地位。因此，它以企业扩大市场份额、实现长期获利、获得竞争优势为目标。这是财务战略的一个重要特点。企业财务管理的直接目的是获取资本最大增值盈利，但是在不同的经营理财观念下，衡量利润的标准是不同的。在传统理财观念下，衡量企业经济效益的唯一标准是利润，这实际上是一种短期的发展战略。财务战略管理强调企业的长期发展，不注重每一笔交易都赚钱，在评价财务战略管理成果中也不只用利润这一衡量标准，而是以产品的市场地位、市场占有率、投资收益率来全面地衡量产品满足顾客需求的程度，衡量企业的获利能力。也就是说，企业贯彻长期利润观念，按照战略财务导向从事资本经营，必须具有高瞻远瞩的敏锐目光，树立长期、全面的财务战略目标，不计较一时的利润得失，而注重企业在一个较长时期内的平均利润；不是追求最高的投资利润率，而是追求能伴随企业良好发展的适度的利润率；不能通过单纯地追求销售量来获取利润，尤其不能从追求短期的销售量来获取利润。

（2）实行产品全寿命周期成本管理。财务战略管理将成本涵盖到生产经营的全过程进行管理，即产品全寿命周期成本管理，包括：①生产经营成本。它是实现目标利润所限定的目标成本。②用户购物成本。用户购物

成本不只是购物的货币支出，还包括购物的时间耗费、体力和精神耗费以及风险承担（指用户可能承担的因购买到质价不符或假冒伪劣产品而带来的损失）。值得注意的是，近年来出现了一种新的定价思维。以往企业对于产品价格的思维模式是"成本+适当利润=适当价格"，财务战略管理的思维模式则是"消费者可以接受的价格-适当的利润=成本上限"，也就是说，企业界对于产品的价格定义，已从过去的由厂商的"指示"价格，转变成了顾客"可接受"价格。笔者把这看作一场定价思维的革命。新的定价模式将用户可接受的价格列为决定性因素，企业要想不断追求销售增长最大化、销售收入最大化或销售利润最大化，就必须想方设法降低成本。

（3）以外部情况为管理重点。传统财务管理以企业内部情况为管理重点，提供的信息一般仅限于一个财务主体内部，如净现值、现金流量、成本差异等。财务战略管理则以企业获得竞争优势为目的，把视野扩展到企业外部，密切关注整个市场和竞争对手的发展动向，提供金融市场和资本市场动态变化情况、利率、价格、市场占有率、销售和服务网络、顾客满意度、市场购买力、宏观经济发展趋势、宏观经济政策等信息，分析和预测市场变化趋势，通过与竞争对手的比较分析来发现问题，找出差距，以调整和改变自己的竞争战略，做到知己知彼，百战不殆。

（4）提供更多的非财务信息。传统财务管理提供的信息基本上都是财务信息，以货币为计量尺度。财务战略管理不仅提供财务信息，如竞争对手的价格、成本等，更要提供有助于实现企业战略目标的非财务信息，如市场需求量、市场占有率、产品质量、销售和服务网络等，而且非财务信息占有更为重要的地位。提供多样化的非财务信息，既能适应企业战略管理和决策的需要，也改变了传统财务比较单一的计量手段模式，正因如此，有人提出"财务战略管理已不是财务"的观点。

（5）运用新的业绩评价方法。传统财务管理的业绩评价指标一般采用投资报酬率指标，评价指标只重结果，不重过程，忽略了相对竞争地位在业绩评价中的作用。而财务战略管理主要从提高竞争地位的角度来评价业绩，将业绩评价指标与战略管理相结合，根据不同的战略，确定不同的业绩评价标准。为了更好地在企业内部从上到下传达企业的战略和目标，财务战略管理的业绩评价需要在财务指标和非财务指标之间求得均衡，既要肯定内部业绩的改进，又要借助外部标准衡量企业的竞争能力；既要比较企业战略的执行结果与最初目标，又要评价取得这一结果的过程。

（6）以战略目标为预算编制的起点。传统财务管理的预算编制着眼于初期的内部规划和运作，以目标成本、费用、利润作为编制预算的起点，所编制的销售、生产、采购、费用等预算与战略目标没有任何关系，有时甚至与战略目标背道而驰。战略财务管理则围绕战略目标编制预算，以最终取得竞争优势。反映顾客、竞争对手和其他战略性因素，其预算所涉及的范围不局限于反映顾客、竞争对手和其他战略性因素及其供、产、销等基本活动，而要把人力资源管理、技术管理、物流服务等供应链、价值链活动都纳入预算管理体系。

二、财务战略管理是一般财务管理的发展

近百年来，财务管理作为一门独立学科，在企业管理中始终扮演着重要角色。虽然财务管理的理论与方法一直不断发展，并取得了一定的成果，但不容忽视的是，现代企业经营环境的重大变化和战略管理的广泛推行，对企业财务管理所依据的理论与方法提出了新的要求与挑战，传统财务管理理论与方法已不能适应当今企业战略管理的需要。因此，无论从理论层面还是现实层面来看，打破固有财务管理思维模式，顺应战略管理的发展动态，对企业财务管理的理论与方法加以完善和提高，从而上升到财务战略管理的新阶段，都是一种历史和逻辑发展的必然，是战略理论、财务管理理论和企业理财环境综合发展与共同作用的必然结果。

我国企业的发展，经历了从粗放式管理到精细化管理的过程。为了与企业的每一个发展阶段的实际相适应，财务管理根据重心和特点的不同，可以划分为资金收支性财务管理、效益性财务管理和治理性财务管理三个阶段。三个财务管理的发展阶段都与企业的实际发展情况紧密相联，对当时企业的发展做出了贡献。但这三种财务管理模式都只从专业角度来看待

财务管理工作，而没有将财务管理放在整个企业发展的大局来看待。

企业的内外环境是企业财务管理活动赖以进行的基础和条件，财务管理不可避免地要受到企业环境的影响和制约。无论是企业外部的政治、经济、法律、社会、生态、技术等方面的变化，还是企业内部的生产、组织、人员等方面的变化，都对企业财务管理产生直接或间接有时甚至是非常严重的影响。能否把握环境变化的趋势，趋利避害，已成为企业财务管理成败的关键。因此，企业财务管理要善于审时度势，以弄清企业环境的状况和变化趋势为出发点，把提高财务管理工作对环境的适应能力、应变能力和利用能力放在首要位置，从战略的高度重新认识财务管理，以战略促发展的眼光开展财务管理工作。许多企业之所以陷入资金周转不灵、经济效益不佳的境地，就是因为对环境变化所产生的威胁不够重视，不能及时应变。

财务战略管理是一般财务管理的重大突破，是企业财务管理的最高阶段（从目前情况来看），它的本质特征是用战略思维和战略视角来开展财务管理工作。现在，西方工业国家的企业财务管理都进入了战略管理阶段，而我国的财务管理从理论到实践都远远落后于西方经济发达国家。随着市场经济的建立和改革开放的深入，我国经济同国际经济接轨，企业财务战略管理理论与实务有待加强和提高。

第四节 财务战略矩阵

一、财务战略矩阵模型

（一）战略行动矩阵

战略行动矩阵常常被称为战略地位和行动评估矩阵，或 SPACE 评估矩阵，是指企业通过两组外部因素和两组内部因素的综合进行叠加分析，得出企业总体战略或业务战略在行动方向上该如何选择的一个战略工具。战略行动矩阵的两组外部因素是环境态势和行业态势，两组内部因素是企业的财务实力和竞争实力，如图1-11所示。

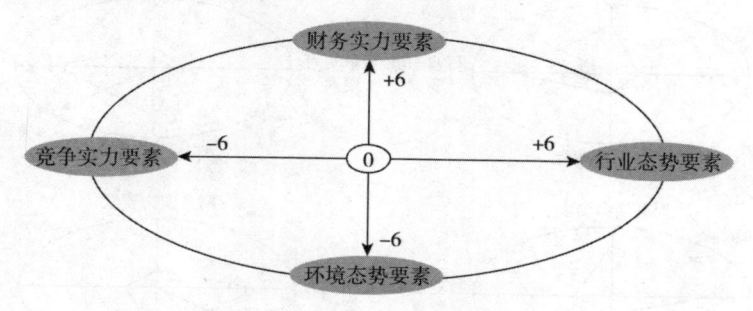

图1-11 SPACE评估矩阵

环境态势是指社会大环境的一个总体状况，包括如下可以衡量的内容：外部的政治环境、法治环境、经济环境、金融环境、文化环境、技术环境等。相关结论可以来自PEST分析。

行业态势是指相对比较具体的一个行业或者产业集群的发展情况，包括如下可以衡量的内容：市场容量、利润空间、成长速度、成熟度、发展机遇、竞争压力、产业政策等。相关结论可以来自行业态势分析报告。

竞争实力是指企业和竞争对手相比的一种总体情况，包括如下可以衡量的内容：企业自身的人才实力、市场占有率、行业地位、研发能力、营销能力、产品质量、品牌知名度和美誉度、顾客满意度等。相关结论可以来自于波特五力分析。

财务实力是指企业满足经营和发展的基本情况，包括如下可以衡量的内容：资产总额、营业规模、利润、投资回报率、融资能力、偿债能力、现金流量等。相关结论可以来自于雷达分析图。

根据SPACE评估矩阵，可制定如下四种战略，如图1-12所示。

1. 进攻型战略

这个象限的特点是企业内部的财务实力、竞争实力，以及外部的环境态势、行业态势四个要素都处于非常好的状态，可以说是天时地利人和的绝佳时机，企业应该采取高举高打的进攻型战略，在总体战略和业务战略上抓住一切机会，主动出击，通过扩张、并购、延伸等手段，快速做大做强。

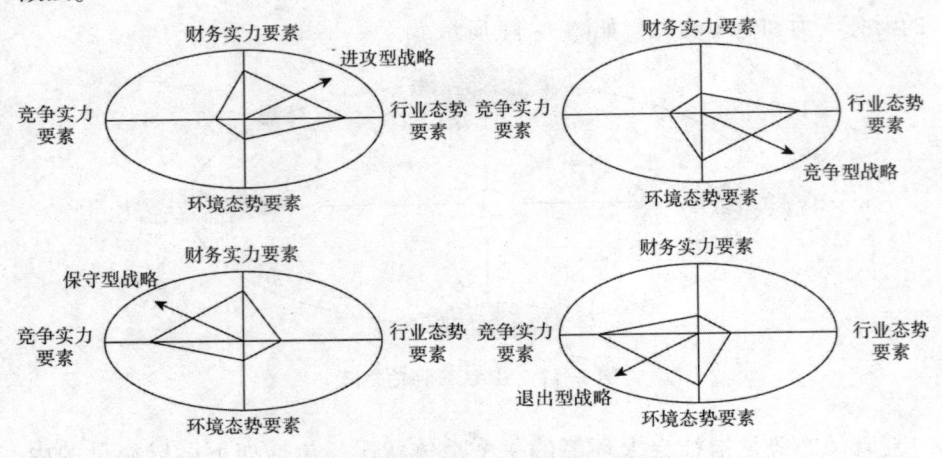

图1-12　SPACE评估矩阵各战略形态

2. 竞争型战略

这个象限的特点是两强两弱，即行业发展态势好且企业自身具有较强的竞争实力，但企业的财务实力较弱且大环境的稳定性不太好。这种情况下，企业应该采取竞争型战略，即不要盲目扩张，尽量不要在总体战略上再开辟全新的业务战场，可适度实施一体化战略，在原来的业务战场上与竞争对手展开积极全面的竞争，抢夺地盘做大做强。

3. 保守型战略

这个象限的特点是两强两弱，即大环境态势好且企业的资金实力强，但企业自身的竞争实力弱且行业态势差。这种情况下，企业应该采取保守型战略，即企业既不能在总体战略上进行盲目扩张，还要在业务战略上尽量采取相对保守的策略，采取跟随战略和防御战略，度过寒冬，积蓄力量，当行业有明显复苏迹象时再寻良机。

4. 退出型战略

这个象限的特点是企业内部的财务实力、竞争实力，以及外部的环境态势、行业态势四个要素都处于一种非常糟糕的状态，这种情况下，企业应该在总体战略上采取全面退出型战略或细分退出型战略，通过分拆、剥离、抛售等方式使企业"瘦"下来，回到相对比较专业化的发展模式上。

（二）波士顿矩阵

波士顿矩阵也常被称作业务矩阵、产业矩阵、产品矩阵或市场增长率和相对市场份额矩阵等，是美国波士顿咨询企业创始人布鲁斯·亨德森在20世纪60年代提出的战略选择的工具。这个工具把企业全部业务、产业或产品组合作为一个整体来进行横向和纵向的组合性分析，从而在战略层面进行决策，比如退出、扭转、维持、发展的决定等。波士顿矩阵认为，决定企业业务结构的基本因素有两个，一是市场引力，二是企业实力。

市场引力包括整个市场的市场容量、销售增长率、竞争对手强弱及利润高低等因素，其中最主要反映市场引力的综合指标是销售增长率，这个指标是决定企业业务结构是否合理的外在因素。

企业实力是指企业的技术、设备、制造、资金利用能力等因素。企业实力最终转化为市场占有率，市场占有率是决定企业业务结构的内在要素，市场占有率的高低直接显示出企业竞争实力的水平。销售增长率与市场占有率既相互影响，又互为条件。市场引力大，市场占有率高，可以显示该业务发展的良好前景，企业也具备相应的适应能力，实力较强。如果企业面临的市场引力大，而没有与之对应的市场占有率，则说明企业没有足够的实力，该种业务也无法顺利发展。相反，企业的业务实力强，但市场引力小，则预示了该业务的市场前景不佳。

通过市场引力和企业实力这两个因素的相互作用，会出现四种不同性质的业务类型，形成完全不同的业务发展前景：一是销售增长率和市场相对占有率双高的业务群，通常称为明星业务；二是销售增长率和市场相对占有率双低的业务群，简称瘦狗业务；三是销售增长率高而市场相对占有率低的业务群，简称山猫业务；四是销售增长率低而市场相对占有率高的业务群，简称现金牛业务，如图1-13所示。

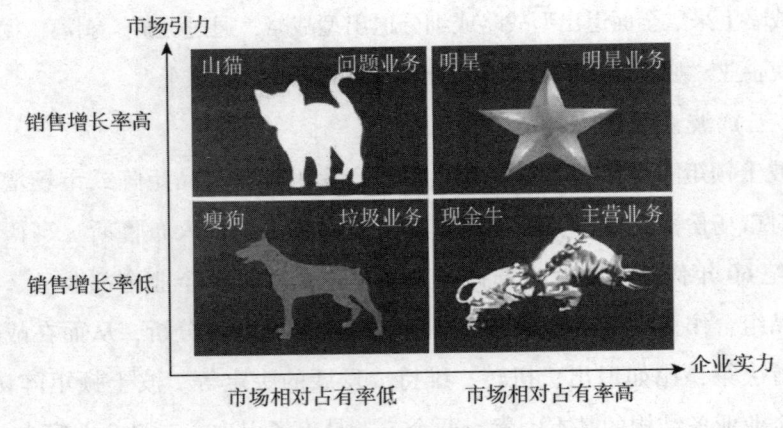

图1-13 波士顿矩阵

1. 明星业务

明星业务处于市场相对占有率和销售增长率都很高的行业快速增长期，企业应该采取积极正面的发展策略，加大投资，通过并购扩张等手段，高举高打，全力进攻，果断迅速地把这个业务集群做大做强。

2. 瘦狗业务

瘦狗业务处于市场相对占有率和销售增长率都很低的行业成熟期或者衰退期，企业应该毫不犹豫，采取切割退出或者逐步收缩的策略，千万不要再对此类业务进行盲目投资，否则，这个业务集群会像黑洞一样把企业拖入万劫不复的深渊。

3. 山猫业务

山猫业务处于市场相对占有率低和市场增长率高的窗口机遇期，这种机遇对于有实力的企业来说是机遇，对于没有实力的企业来说则是陷阱。对于山猫业务，企业应该采取谨慎投资的态度，逐步扭转发展策略，使其一步一步朝明星业务的象限移动。如果山猫业务经过多年努力仍毫无建树，笔者建议企业采取逐步收缩、全面退出的策略。

4. 现金牛业务

金牛业务处于市场相对占有率高和市场增长率低的行业成熟期或衰退期，企业应该采取全面维持、稳打稳扎、守住山头的策略，千方百计维持来之不易的行业地位，待市场有明显复苏迹象的时候，再加大投资，大力发展，使其一步一步朝明星业务的象限移动。

(三) 通用矩阵

通用矩阵也常被称为行业吸引力矩阵或九象限评价矩阵，是美国通用电气企业首创并被管理学界普遍接受的进行战略性投资的工具。通用矩阵的横坐标和纵坐标各有三个等级，在通用矩阵上，我们可以运用加权评分法分别对企业各业务单元的市场引力（包括市场增长率、市场容量、市场价格、利润率、竞争强度等因素）和企业实力（包括生产能力、技术能力、管理能力、产品差异化、竞争能力等因素）进行大、中、小和强、中、弱的综合评价，从而形成九种战略性的投资组合象限，如图 1-14 所示。

市场引力 \ 企业实力	企业实力弱	企业实力中	企业实力强
市场引力大	细分业务 谨慎介入	细分业务 选择成长	高举高打 并购扩张
市场引力中	减少损失 逐步剥离	细分业务 有效补充	保持优势 稳步发展
市场引力小	毫不犹豫 快速退出	细分业务 选择退出	维持地位 有限收获

图 1-14 通用矩阵

企业在从专业化战略迈向一体化战略或多元化战略的过程中，会面临一些全新的业务单元，究竟要不要介入，令企业家犹豫不决。有些企业家一拍脑袋一狠心就把某些业务确定下来了，也有些企业家在一阵长吁短叹之后恋恋不舍地放弃了某些业务，其实这个决策过程大可不必如此痛苦。通用矩阵给我们提供了一个相对科学的思考工具，我们可以通过绘制这一项具体业务的通用矩阵，得出相对科学的结论。究竟是高举高打全面介入，还是细分业务谨慎介入，或者毫不犹豫果断放弃，都可以在通用矩阵中找到答案。

绘制通用矩阵一般有三个步骤：第一，通过脑力激荡法找出该项业务的市场引力和企业实力的相关因素；第二，对这些因素进行加权打分；第三，得出企业实力和市场引力的具体等级，再对应到相应的象限中。

（四）定向政策矩阵

定向政策矩阵常常被称为 DPM 矩阵，是由荷兰皇家壳牌集团首创并被管理学界普遍接受的一个业务性质分类，并对这些不同性质的业务制定定向政策的战略工具。如图 1-15 所示，定向政策矩阵的横坐标是业务发展远景，纵坐标是企业发展能力，最终形成三乘三的九象限矩阵，每一个象限都代表着完全不同性质的业务，以及该业务应该被赋予的定向政策。

企业发展能力			
发展能力较强	收缩型业务	重点型业务	领导型业务
发展能力一般	分拆型业务	维持型业务	保护型业务
发展能力较弱	剥离型业务	观望型业务	扶持型业务
	发展远景较差	发展远景一般	发展远景较好　业务发展远景

图 1-15　定向政策矩阵

1. 领导型业务

这个象限中的业务大多数是新兴业务，具有非常广阔的市场空间，而且成长快、利润空间大。但机会稍纵即逝，往往最先进入该行业的企业会占据先发优势，实力较强的企业应该利用自身的正面优势，优先发展这些业务。一旦业务做起来，企业会发生质变，在一个全新的领域中成为行业的领军企业。

2. 保护型业务

这个象限中的业务大多还比较稚嫩，经过一段时间发展，具备一定的规模和基础，还没有完全实现盈利，需要得到企业持续的正面保护，如继续投入资金、技术、人才等，使其顺利度过瓶颈期，一步一步达到盈亏平衡点，从初创阶段逐步迈向成熟阶段，再朝领导型业务的方向慢慢进步。

3. 扶持型业务

扶持型业务基本上可以当作一个全新的业务来对待，需要企业在各个方面进行大力扶持，包括资金、技术、人才等。扶持型业务还处在初始投入的萌芽阶段，完全没有任何产出，商业模式和管理模式都不成熟，如果企业停止主动扶持，这个象限的业务慢慢就烟消云散了。

4. 重点型业务

处于这个象限中的大多数业务都是比较成熟的业务，企业经过多年打拼，拥有较高的市场地位和影响力，这一切来之不易，但该业务处于成熟期，呈现出红海竞争的状态，行业集中度高，竞争格局非常残酷，所以企业只有进行深度创新才能够彻底突围，并把其他竞争对手远远甩在后面。这种情况下，企业应该继续在人力、技术、文化、管理、组织、营销等方面加大投入，巩固该业务的行业地位和品牌影响力，继续追求该业务比其他竞争对手更快的经济成长和更高的投资回报。但同时要有比较清醒的头脑，毕竟该业务的生命周期已经达到了顶点，过度的大宗固定资产的投入要非常谨慎。

5. 维持型业务

对于这个象限的业务，企业可以采取维持性的发展策略，追求一个相对较低的增长速度，减少各种不必要的投入。

6. 观望型业务

对于这个象限的业务，企业最好采取观望的态度，在小范围内边看边做，如果市场门槛非常高的话，干脆停下来。也许是一小段时间，也许是两三年，当企业具备一定的发展能力之时，再重新启动。

7. 收缩型业务

这个象限的业务很明显进入了生命周期的衰退期，处于严重下滑的状态，即使曾经辉煌无限，但发展空间越来越小，利润越来越薄。在这种情况下，企业应该进行逐步缩减，包括规模的缩减、投资的缩减、人员的缩减等。

8. 分拆型业务

由于这个象限的业务很明显进入了生命周期的衰退期，加上企业的发展能力较普通，企业应将该业务进行分拆，保留相对优质的那部分业务继续观望或者做维持性发展，而其他业务则采取彻底剥离的方式为企业减轻负担。

9. 剥离型业务

这个象限的业务很明显是企业的陷阱业务，企业应该千方百计剥离，淘汰这些垃圾业务，使企业能够减轻负担，轻装上阵。

（五）安索夫矩阵

安索夫矩阵也常被称为产品市场多元化矩阵，是"策略管理之父"安索夫博士于20世纪50年代提出的一个战略选择工具。安索夫矩阵以产品和市场作为两大分析维度，对四种可能性发展策略进行了深度阐述，是当前应用最广泛的战略工具之一，如图1-16所示。

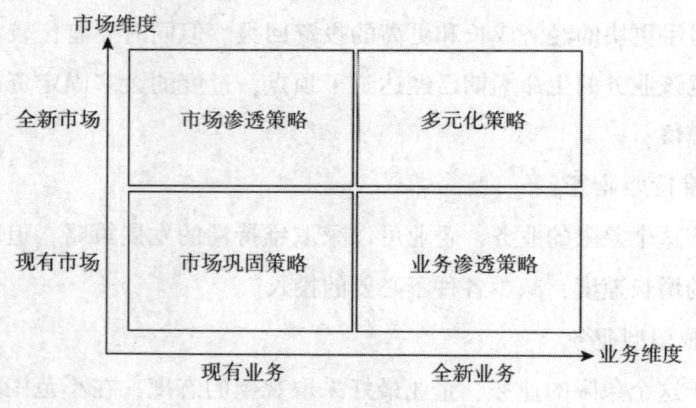

市场维度	现有业务	全新业务
全新市场	市场渗透策略	多元化策略
现有市场	市场巩固策略	业务渗透策略

图1-16 安索夫矩阵

1. 市场巩固策略

对于一些营销能力、研发能力、资金实力、人才实力相对比较普通的企业来说，或者对于中国数量众多的传统低附加值企业来说，它们普遍缺少研发部门和销售部门。这种情况下，大多数企业都会采取基于现有市场和现有业务相对稳定的市场巩固战略，在第一个象限里做自己熟悉的业务。实施市场巩固策略的根本目的是在不提高企业对陌生领域投入的基础上巩固企业既有的市场地位，积蓄力量并寻找机会，一步一步做实、做强。

大多数实施市场巩固策略的企业都会严格控制市场投入和研发投入，控制进入新市场的风险和研发新产品的风险，控制成本，保证利润，采取非常稳健的专业化战略来赢得老客户的满意，依靠客户口口相传以及老客户带来新客户的简单方式来谋求企业中长期的稳健发展。

2. 市场渗透策略

实施市场渗透策略的根本目的是维持企业既有的市场地位，并抓住市场机会进入一些全新的市场领域，超越竞争对手的市场份额并做大做强。一些营销型企业之所以永不停歇地寻找新市场、开发新客户，就是因为一旦失去新客户，企业将难以维系。

实施市场渗透策略的一部分企业是因为行业的专属特性导致的。比如地产销售企业，其所售出的房子的生命周期长达几十年，是典型的大宗资产，也是耐用品，还受到购房指标的限制，一个客户短期内在一个地产销售企业那里买很多套房子的比例并不是很高，因此各个地产销售企业需要持续不断地寻找新客户，因为大多数客户在购买了你的房子之后，短期内这个客户就不再是你的客户了。所以，为了维持相对平稳的业绩，地产销售企业需要持续不断地寻找新市场、开发新客户。很多耐用品销售企业，比如汽车行业的4S店、保险行业的销售企业等，实施市场渗透策略，是非常普遍的一种战略选择。

也有很多实施市场渗透策略的企业，是为了把一个非常好的业务或产品进一步做大做强，提高市场份额和行业地位。比如一向低调沉稳的华为手机，也学会铺天盖地投放广告以及四处开旗舰店，与竞争对手 vivo、OPPO、小米、苹果、三星一起在市场上争夺客户。

实施市场渗透策略意味着该业务或该产品的营销战略和客户战略会有一定程度的调整，也意味着企业将加大市场投入，包括品牌建设、广告投放、市场预热、降价促销、团队建设、销售力培植等，对于有资金能力和营销能力的企业来说这些并不是问题，但对资金能力和营销能力较弱的企业来说则具有较大的风险，企业需要做好实施市场渗透策略前的相应风险评估工作。

3. 业务渗透策略

对于一些产品研发能力或业务组合能力比较强大的企业来说，大多数企业都会采取业务渗透策略，积极主动丰富自己的产品线，形成产品组合或业务组合，把一些全新的产品或业务推向既有的市场和客户。

实施业务渗透策略，有些来自市场端的主动需求，这种需求会形成一种非常自然的拉力，拉着你向客户提供更多的产品和服务。比如，宜家家居除了主营的家具业务外，还向客户提供餐饮服务和安装服务。这种业务渗透策略围绕着客户的需求，变得顺理成章。

也有一些实施业务渗透策略的企业，完全是为了做多做大，卖给对方泡面后，再问问对方要不要鸡蛋和火腿肠，甚至希望再卖给对方一瓶矿泉水。业务渗透策略就是对既有市场和既有客户的深度挖掘，主动进行各种业务的延伸。比如，我们在苏宁电器商场购买一台相机，销售人员会主动推介相机的三年延保服务；或者我们在苹果旗舰店购买一部手机，店员会推介 AppleCare+服务等，这些都是比较典型的业务渗透策略。

4. 多元化策略

向全新的市场提供全新的产品，一切都是新的，这是绝对多元化的发展策略，对大部分实施多元化策略的企业来说，原有业务和原有市场并不存在协同性，因此这是一种风险很高的发展策略。

企业若在研发能力、业务能力、资金实力、人才实力上没有做好准备，最好采取分步走的方式，先实施市场渗透策略，再实施业务渗透策略，最后走向多元化策略。

（六）SWOT 矩阵

SWOT 矩阵是一个应用非常广泛的管理工具，既是企业管理者的问题分析工具，也是企业决策者的战略选择工具；既适用于营利性组织，也适用于非营利性组织。SWOT 由优势（Strengths）、劣势（Weaknesses）、机会（Opportunities）和威胁（Threats）这四个英文单词的首字母组合而成，我们对SWOT矩阵的理解有两个视角，第一个层面是关键问题的提出视角，第二个层面是战略方案的选择视角。

1. 关键问题的提出视角

SWOT矩阵看似简单，只有四个视角，实际上，这个工具非常有内涵，包含了多种提出问题的哲学思想。

SWOT矩阵的第一种哲学思想是客观辩证的思想，该要求我们对待企业要客观辩证，一方面既要清清楚楚地把企业自身的优势罗列出来，善于总结成功的原因，找到企业有哪些优势长处、核心竞争力是什么；另一方面要明明白白地把企业自身的劣势罗列出来，敢于暴露真正的问题，指出企业有哪些劣势不足、自身局限性是什么。

SWOT矩阵的第二种哲学思想是"三位一体"的思想，提出问题不是一个点，而是内外三个点。SWOT矩阵要求我们首先从企业内部提出问题，即企业自身有哪些优势长处？企业自身有哪些劣势不足？其次从市场客户的角度提出问题，市场客户展现了哪些机会？最后再从企业对手的角度提出问题，即外部竞争对手有哪些威胁？

SWOT矩阵的第三种哲学思想是以我为主的思想。SWOT矩阵提出问题的视角一共有四个，前两个视角是企业自我的视角，即以我为主，把最好的状态和最不好的状态都呈现出来，即企业获得成功的核心竞争力是什么？企业走向失败的局限性因素是什么？后两个视角分别是市场的视角和竞争对手的视角。

SWOT矩阵的第四种哲学思想是抓大放小的思想。SWOT矩阵可以设计为八个维度，前两个维度是企业自身的两种真实状态：有优势、有劣势；中间四个维度是竞争对手的四种状态：有优势，有劣势，或进攻，或保守；最后两个维度是市场客户展现出来的两种状态：机会或陷阱。SWOT矩阵基于抓大放小的思想，选择了这八个维度中的四个维度，即企业自身的优势、企业自身的劣势、竞争对手的威胁，以及市场客户所展现出来的机会，看谁有核心竞争力能抓住这个机会。

综上所述，SWOT矩阵在具体应用时，对企业的要求就是实事求是地回答这四个问题,并详细地罗列出来:企业有哪些竞争优势、长板、核心竞争力?企业有哪些竞争劣势、短板?竞争对手有哪些竞争威胁、长板、核心竞争力?市场客户为企业提供了哪些可能的成长机会?

2. 战略方案的选择视角

在各种问题提出之后,SWOT 矩阵为企业提供了四种战略选择的基本思路,即基于 SO 的高举高打思路、基于 ST 的防守反击思路、基于 WO 的按兵不动思路、基于 WT 的全面退守思路,如表 1-6 所示。

表 1-6 SWOT 矩阵的四个思路

要素	自身优势(S)	自身劣势(W)
市场机会 (O)	SO 战略 主动进攻,高举高打,抢占城池	WO 战略 按兵不动,积极成长,从长计议
对手威胁 (T)	ST 战略 发挥优势,防守反击,抵御对手	WT 战略 细分业务,全面退守,减少损失

SO 象限的战略思路:这个象限的战略思路是主动进攻,高举高打,抢占城池。面对市场客户所展现的巨大商机,不要放过,抓住一切机会,高举高打,一举拿下,扩大战果。

ST 象限的战略思路:这个象限的战略思路是发挥优势,防守反击,抵御对手。面对竞争对手的强大压力,既然有实力、有能力、有优势,就应该一边防守一边反击,抵御了竞争对手的进攻,就守住了你的市场客户。

WO 象限的战略思路:这个象限的战略思路是按兵不动,积极成长,从长计议。既然没有实力,就要理性看待机会,这种机会多半是天上掉下来的馅饼,不但不会让你成功,还会让你出丑。机会来了,我们要尽快成长,培养实力,从长计议,毕竟磨刀不误砍柴工。

WT 象限的战略思路:这个象限的战略思路是细分业务,全面退守,减少损失。处于这个象限代表企业既没有核心竞争力,也没有市场客户的青睐。面对强大的竞争对手,不要再留恋,尽快细分并分拆业务,全面退守,在退守的过程中,尽量减少损失即可。

二、财务战略矩阵下的财务战略选择

在价值管理时代,财务管理在企业管理中的地位日益重要,财务战略已经由维持现金流量的平衡,转向了对企业价值创造提供战略支持。财务战略矩阵融价值创造理论与可持续增长理论为一体,为企业价值创造提供了一种新型的分析框架。

(一)企业价值创造的概念

1. 市场增加值(MVA)和经济增加值(EVAN)的财务意义。随着财务理论的发展,越来越多的企业把企业价值最大化作为财务管理目标。为了实现这一目标,就必须找出影响企业价值创造的因素。市场增加值和经济增加值为准确衡量企业业绩提供了一种较好的工具。

(1)市场增加值。市场增加值是指一家上市企业的股票市场价值与这家企业的股票与债务调整后的账面价值之间的差额,它代表了企业所有资本通过股市累计为其投资者创造的财富,也即企业市值与累计资本投入之间的差额。1988 年,思腾思特咨询企业使用市场增加值工具对美国的通用汽车和默克制药企业的财务表现进行了分析,结果发现,通用汽车的股东对企业投入了 450 亿美元的资本,而默克制药的股东对企业投入的资本仅有 50 亿美元,但他们的市值都是 250 亿美元左右。按照 MVA 的观点,通用汽车实际上损失了 200 亿美元的股东价值,相反,默克制药则创造了 200 亿美元的股东价值。透过这一例子可以看出,通常意义上的企业市场价值和利润指标已经不能满足分析判定企业财务成果的要求。

(2)经济增加值。这是一种全面评价企业经营者有效使用资本和为股东创造价值能力,体现企业最终经营目标的经营业绩考核工具。市场增加值对于上市企业而言是一个较好的分析企业价值的工具,然而它却不适宜于非上市企业,因为无法直接获得非上市企业的市场价值数据。基于这一原因,思腾思特咨询企业开发了经济增加值价值分析工具,其模型是建立在对一些财务数据进行调整的基础上。目前,以可口可乐为代表的一些世界著名跨国企业及国资委考核央企都在使用 EVA 指标来评价企业业绩。经济增加值也是迄今为止最能准确评价企业经营业绩的方法，因为它将会计利润转换为经济意义上的利润，从而使经济收益与会计收益更趋于统一。

2. 市场增加值和经济增加值的计算，具体内容：

（1）市场增加值的计算。市场增加值是指某一时点企业资本的市场价值与占用资本账面价值之间的差额，即

市场增加值＝企业资本市场价值－企业占用资本＝经济增加值/
（资本成本－股利增长率）

从上面的公式可以清楚地看出，若投资资本回报率与企业资本成本之差为正，即：MVA>0，这就意味着企业为股东创造了价值；反之，若投资资本回报率与资本成本之差为负，即 MVA<0，则意味着企业损害了股东的价值。

（2）经济增加值的计算。

经济增加值＝税后经营利润－投资资本×资本成本率

（二）财务战略矩阵的原理

通过一个矩阵，可以把价值创造（投资资本回报率－资本成本）和现金余缺（销售增长率－可持续增长率）联系起来考察。财务战略矩阵是以业务单元价值创造和现金余缺为基础而建立起来的战略分析工具。在财务战略矩阵中，纵轴表示业务单元的 MVA，即一个业务单元的投资资本回报率与其资本成本的差额。横轴表示可持续增长率与实际销售增长率之间的差额。依据可持续增长率与销售收入增长率、投资资本回报率与资本成本率之间的大小关系，财务战略矩阵有四个象限，如图 1-17 所示。

（1）增值型现金短缺业务。该业务是指处于第一象限的业务，此时 MVA>0，且实际增长率大于可持续增长率，该业务单元能够带来企业价值增值，但是其产生的现金流量不足以支持其可持续增长，因而需要对实际增长率进行调整。增值型现金短缺业务在企业现实中较为普遍，最常见于处于成长期的企业。

```
                    ┌─────────────────┐
                    │投资资本回报率-资本│
                    │成本(大于零,创造价值)│
                    └─────────────────┘
         创造价值    创造价值
┌──────────┐ 现金剩余   现金短缺   ┌──────────┐
│销售增长率-可持续│           │销售增长率-可持续│
│增长率(小于零,  │           │增长率(大于零, │
│  现金剩余)   │           │  现金短缺)   │
└──────────┘ 减损价值   减损价值   └──────────┘
         现金剩余   现金短缺
                    ┌─────────────────┐
                    │投资资本回报率-资本│
                    │成本(小于零,减损价值)│
                    └─────────────────┘
```

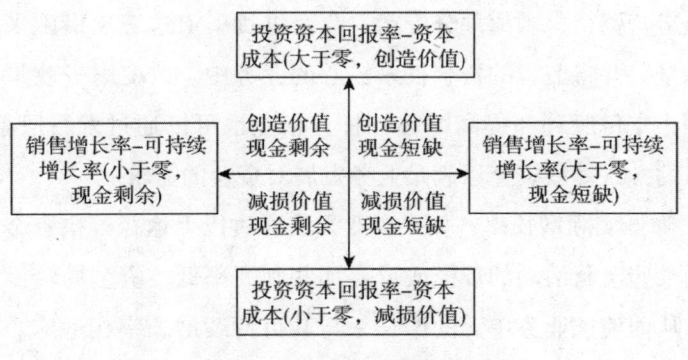

图 1-17 财务战略矩阵

（2）增值型现金剩余业务。该业务是指处于第二象限的业务，此时 MVA>0，但实际增长率小于可持续增长率，该业务单元能够带来企业价值增值，且其产生的现金流量在满足其自身发展后仍有剩余，即可以维持企业可持续增长。

（3）减值型现金剩余业务。该业务是指处于第三象限的业务，MVA<0，但实际增长率小于可持续增长率，该业务单元不能为股东创造价值，但是其产生的现金流量在满足自身发展后还有剩余。

（4）减值型现金短缺业务。该业务是指处于第四象限的业务，MVA<0，且实际增长率小于可持续增长率，该业务单元既不能为股东创造价值，其产生的现金流量又不能支持自身的发展。

（三）企业财务战略选择

根据以上四种不同的业务类型及其特点，可以进行如下财务战略选择。

1. 增值型现金短缺

此类业务有良好的价值创造能力，但是产生的现金流量不足以支持其增长的原因是实际增长率高于可持续增长率。因此，此类业务应重点针对资金短缺的问题，提出以下解决方案：

（1）提高可持续增长率，包括提高经营效率和改变财务政策。提高经营效率可以通过降低成本和提高价格从而提高销售利润率来实现，还可以通过降低运营资金、剥离部分资产、改变供货渠道这三项措施来减少运营资产的总量，并将节省的资金投入核心的业务中。改变财务政策的具体措施包括停止支付股利和提高财务杠杆，企业也可以通过发行股票、债券、举借新债的方式筹措资金以满足业务发展对资金的需求。

（2）降低实际增长率，如果企业无法通过以上途径筹措资金，企业可通过降低某些经营活动的规模或放弃那些利润率低、资金周转慢的资产或者服务，从而使该业务单元的增长率与其可持续增长率相适应。但是，这一策略很容易招致资金充足的竞争对手乘虚而入，给企业带来更大的竞争压力。

2. 增值型现金剩余

该类型的企业能够创造价值，但缺乏良好的成长性。其主要原因是实际增长率低于可持续增长率。企业所需做的只是在维持其价值创造能力的同时，充分利用价值创造所产生的现金剩余加速收入的增长。因此可以采取以下策略：

（1）利用剩余的现金寻找投资机会，如购并相关或相同的企业来扩大该业务单元的规模，进而提高该业务单元的发展速度。

（2）如果没有好的投资机会，则增加股利支付、回购股份。

（3）如果企业不能为现金盈余找到很好的投资方向，企业应提高股利支付率，降低持续增长率。

3. 减值型现金剩余

该类企业虽然不能使企业增加价值，但有比较富余的现金流，因此存在被收购的风险。可以采取如下财务战略：

（1）提高投资资本回报率，可以通过提高利润率、资产周转率等实现。

（2）在提高投资资本回报率的同时，审查目前的资本结构，并予以调整，降低平均资本成本。

（3）如果企业不能提高投资资本回报率或者降低资本成本，即无法扭转价值减损的状态，则应当果断地剥离该业务单元。

4. 减值型现金短缺

该类企业不但蚕食了股东的价值,而且其产生的现金流量不能支持自身的发展。通常可以采取的财务战略是:如果部分资产仍能为企业价值做贡献,则可以对相关资产进行重组,使其继续发挥效益,否则,应当将其所有资产直接剥离出去,以防股东价值减少。

第二章

企业财务战略管理的基本过程

企业财务战略管理过程是一个战略计划实施和评估的过程，即要根据企业的财务战略总目标和企业内外环境因素来确定财务战略具体目标，设计战略方案，并将战略方案付诸实施。在实施过程中，要对实施效果进行评价，与规划的具体目标相对比，发现偏差及时纠正。

第一节　企业财务战略管理分析

财务战略管理的起点是企业财务战略环境分析。具体而言，就是了解企业的战略地位，所处的环境正在发生哪些变化，这些变化将如何影响企业的经营行为，企业具有何种竞争优势，以及与企业有关的个体和利益相关者的愿望是什么等。通过战略环境分析，管理人员可以对企业所处的外部环境和行业结构、顾客需求、企业自身的资源状况和能力有比较清楚的了解，从而确定企业财务战略的具体目标。在此过程中，企业要认清内部优势和弱点，建立长期目标，制定供选择的财务战略。

一、环境分析

制定财务战略要考虑将企业的能力与其环境相匹配。财务环境研究在财务战略研究中居于最高层次的地位，这是由财务战略和财务战略管理自身的性质和特点决定的。因为财务战略或财务战略管理所具有的长期性、全局性等特点，决定了从环境分析入手，以财务目标的确立为逻辑起点，不仅成为基本的理论研究模式，而且是财务战略管理的出发点和根本基础。财务战略以外，对企业制定和实施财务战略有影响作用的一切系统总和构成了企业的财务战略环境，其可分为宏观环境和微观环境。宏观环境是对企业财务战略的制定和执行有直接或重大影响的环境因素，主要是企业经营的总体经济状况；微观环境是对企业所在行业产生具体影响的因素。宏观环境提供了企业竞争的舞台，微观环境则影响企业的经营方式和消费者对其产品的需求、行业内部间及与其他行业间的关系。

企业的理财环境对企业财务战略的制定和实施产生重大影响。企业处于全球经济一体化的大环境中，是在外部环境和内部环境的制约下进行理财活动的。

企业为了制定和实施财务战略，保证企业的长期生存和发展，就必须切实了解企业所处的理财环境，注重分析环境对经营理财的影响。

（1）分析宏观领域中可能影响财务战略的各种因素及其变化以及行业竞争态势及其演变趋势，特别是行业平均成本和平均收益、资金流向和现金流量、行业投资融资等因素的变化趋势，敏锐洞察竞争对手的财务状况及其财务战略。一般而言，金融环境和国家的法律法规及各项政策对企业财务战略都具有强烈的刚性约束特征。一方面，在市场经济条件下，企业筹资、投资都必须借助金融环境来进行。金融机构的种类和数量、业务范围和质量、金融市场的发育程度、有价证券的种类等都会对企业财务战略的制定产生重要影响。另一方面，国家通过各项政策引导企业的投资方向，进而影响企业财务战略。

（2）企业可以从企业整体战略的角度出发，以价值为基础，对企业的资金流动进行分析。在此过程中，不仅要考察每一种环境因素和企业治理结构对企业战略中各备选方案价值的影响，还要综合考察对企业整体价值的影响，以及以促使企业资金长期均衡有效地流转和配置为衡量标准，维持企业长期盈利能力为目的的战略性思维方式和决策活动。这是因为，一方面，财务活动是企业活动的一个职能领域；另一方面，企业的所有经营活动都离不开资金的运转，离不开资本的运营。这就决定了财务战略管理必然影响企业战略的方方面面，如果它不能配合企业战略管理的发展，则必然会使企业战略成为空中楼阁。财务战略规划就是为企业未来的发展变化制定方针，由于各个企业的规模和产品不同，其战略规划也不完全相同。

（3）企业可以通过行业结构分析制定适当的财务战略。行业环境是企业生产经营活动最直接的外部环境，是企业赖以生存和发展的空间。行业结构影响竞争规则的确立以及企业的潜在战略，对行业盈利能力起决定性作用。企业可以通过行业结构分析制定适当的财务战略，来谋求相对优势的地位，获得更高的利润，甚至改变、影响行业的竞争结构。

成功的战略管理大多是那些与环境相适应的战略管理。不同企业所处的环境不同，所以各因素对企业战略管理的影响不同。企业应结合自身特点对所处环境做出合理评价。企业在现代条件下受到环境中各种变动特别是经济变动的影响，而环境本身又日益变化复杂，因此，为了增进对企业战略管理行为的理解，我们必须对环境本身的特点进行研究。

二、市场分析

市场分析主要是确定企业所在的市场领域，识别企业竞争对手的数量和类型，找准可以利用、发展并保持竞争优势的市场位置。当企业学会并制定自己的战略时，需要随时跟踪竞争对手的变化并做出反应。市场规模大小表明一种产品从市场获得收入来补偿其成本的可能性。大市场虽然更具诱惑力，但大市场又往往要求企业投入大量的资源，因此，仅凭市场规模的大小并不能完全说明投资机会的优劣。行业的市场增长率是企业所推崇的评价行业吸引力的关键市场因素，如果行业增长率大于整个经济的增长水平，那么该行业就具有较高的增长率，同时也意味着有美好的前景与机会；反之，较低的行业增长率则隐藏着黯淡的前景和危险。因此，行业增长率在一定程度上影响企业的扩张方向。

三、顾客分析

顾客是指愿意花钱购买企业提供的产品和服务的任何个人或组织。就战略管理而言，顾客或客户是主要的利益相关者集团，也是他们为企业提供长远发展所需的资源。很多分析技巧可以帮助企业总体战略管理方法的形成，帮助企业了解消费者。生产商如果有潜力提供与众不同的、独特的产品，它就具有很大的优势，这种优势可以通过价格、产品的技术含量、销售或品牌等获得。例如，差别化战略是提供与众不同的产品和服务，满足顾客特殊的需求，形成竞争优势的战略。企业形成这种战略主要依靠产品和服务的特色，而不是产品和服务的成本。差别化的核心是取得某种独特性。这种独特性如果对于购买者有价值，则可以持续下去。因此，最具有吸引力的差别化方式是使竞争对手模仿起来难度很大或代价高昂的方式。如果一家企业拥有竞争对手不易模仿的核心能力和卓越能力，如果它的专有技能能够用来开展价值链中存在差别化的潜在活动，那么它就拥有强大而持久的差别化基础。差别化是一个十分有效的竞争战略，但是并不能保证差别化一定会创造有意义的竞争优势。如果企业所强调的特色或者能力在购买者看来并没有多大价值，那么企业的差别化在市场上将获得厌倦的反应。因此，若期望通过差别化建立竞争优势，企业必须找出独特的成就源泉。

四、资源和战略价值分析

资源是管理者为了追求企业目标实现所使用的任何东西。从某种意义上说，资源是企业使用的经济要素。资源分析的过程就是确定企业是否拥有维持战略管理需要的资源，如何对这些资源进行定性和定量评估。资源评估包括企业从外部环境分析中可以得出的特定产业的平均盈利能力，但企业能否盈利还取决于自身因素。财务战略管理的内部环境分析主要是为了评估企业拥有的资源和战略价值，发现优势和劣势并分析其成因，以确定竞争优势，充分挖掘潜力。当然，资源和战略价值分析应分析企业所获得的、能够支持财务战略管理的所有资源，而不是只局限在企业所有权之内的资源。

五、核心能力分析

核心能力是企业维持长期盈利能力的源泉。企业内外部的环境分析揭示了影响企业财务战略管理的各种因素，但也存在过量信息导致整体支离破碎的危险。因此，识别核心能力对财务战略管理而言具有重要意义。企业必须在综合分析优势、劣势的基础上，通过财务战略管理，巩固原有的核心能力或创造出新的核心能力。

第二节 企业财务战略管理选择

企业要想实现其目标，就必须确定一种战略。这是一个战略生成和选择的过程，也是一个较为复杂的决策过程。它将涉及产品和服务的开发方向，进入哪个目标市场，如何进入选定的目标市场；在确定产品和服务后，还要决定是通过内部开发还是并购来拓展业务。不同的战略方案会影响不同人或集团的利益。从企业目标出发，战略方案的选择是为了实现企业价值最大化，确定企业的优势和能力，分析企业所处的环境，以发现机会和风险。对于所选战略方案是否与企业目标一致这一点，可以从多方面进行考虑。其中重要的因素是：销售额及利润增长、与客户及分销商的关系、产品革新率的提高等。一个战略方案的可行性是指根据企业的现有资源和能力，以及该方案是否能够实施。一般而言，企业会根据一定的标准从多个战略方案中进行筛选比较，确定何种战略方案有助于企业目标的实现。

战略选择包括三个阶段：制订备选方案、评估备选方案和选择备选方案。

一、制订备选方案

在对企业的使命和愿景、外部环境和内部条件分析的基础上，企业要拟订多种备选方案。在这一过程中，企业领导者应鼓励方案制定者尽可能地发挥自身的创造性。

二、评估备选方案

在可供选择的战略方案中,企业战略制定者应了解每一种战略方案的长处和局限性,然后根据参与制定者的综合判断来对这些战略方案进行排序。

三、选择备选方案

在选择备选方案时,企业不仅要考虑战略方案的可能收益,还要分析其风险性,并考虑如果发生意外情况,对整个战略方案的影响。

财务战略的选择是建立在企业保持持续竞争优势这一本质基础上的。财务战略的选择和实施应当从企业全局的角度进行思考,必须符合企业整体战略管理要求,突出财务战略管理特征。

需要明确的是,战略选择并不是一个完全理性的过程和一种纯逻辑的行为,实际上是一个管理测评的问题。实务中即使没有人为因素的影响,由于信息的不完整性,企业所选择的战略也不一定是最佳战略。

第三节 企业财务战略管理实施

战略实施就是把战略方案转化为战略行动并取得成果的过程。它是贯彻执行既定方案所必需的各项活动的总称。财务战略管理实施是财务战略管理的行动阶段,在这个过程中,通过企业的财务组织、财务预算与资源分配等,财务战略真正进入企业日常的资本运营活动中,保证财务战略目标的实现。尽管战略实施与战略制定之间有密切的逻辑关系,但两者之间有本质的区别:战略制定是一种思维过程,需要有良好的直觉与分析能力,而战略实施是一种行动过程,需要特殊的激励和领导技能;战略制定是在行动之前部署力量,因而需要的是技能,而战略实施是在行动中管理和运用力量,需要对众多人进行协调,因而注重的是效率。

无论战略计划制订得多么有效,如果不能恰当地实施仍是不能成功的。战略实施就是把战略转化为行动,以及对这些行动进行控制与调整。因此,在财务战略管理实施过程中,企业要考虑财务战略制定和战略实施之间的关系,两者配合得越好,战略管理就越成功。战略实施要求企业树立年度目标、制定政策、激励雇员和配置资源,以使制定的战略得以贯彻执行。

一、财务战略管理实施的措施

(1) 预算管理是财务战略管理实施的基础。企业财务战略管理是面向未来的管理,未来环境的不确定性给企业带来了风险。这种风险首先来源于企业对未来战略的定位是否正确;其次是企业的战略能否得到有效实施,二者皆可借助财务预算来规避。

战略选择是实施战略管理的起点,也是战略管理能否成功、企业能否得到发展的决定性因素。如果企业制定的经营战略是错误的,那么无论如何财务战略管理也不会取得成功。因此,财务预算要在企业选择战略目标时提供理论和数字化的分析和支持。

企业在决策战略进程时,必须考虑如何尽快回笼资金。这就要求企业在综合评价内外部环境的基础上,对其实施此战略的种种后果做出比较精确全面的预算,例如战略期内,对企业资金流的要求是什么?企业的筹资方针是什么?实行此战略对企业的长远发展会产生哪些影响?企业可接受的最低投资报酬率是多少?等等。只有当企业财务将这些预算弄清楚并给予充分的量化时,才能对企业财务活动决策起到理论指导作用,其战略决策的风险才能得到真正降低。但是,即使一个优秀的企业已经制定正确的战略,由于内部的管理和实施过程的缺陷,也会导致成本居高不下,资金链断裂,最终落个失败的下场。从这个意义上说,建立企业内部一整套有效的制衡机制,保证战略目标的有效实施，是企业控制风险的有效手段。具体来讲，这个手段就是建立预算体系，因为预算体系本身就是一个风险防范体系。作为财务控制中实现目标管理的有效手段，预算管理的制定要以财务管理的目标为前提，以总体战略规划和政策导向为依托，根据企业的发展计划和经营管理目标，通过计划、统计等手段，系统地反映企业为实现经营目标所拥有的经营资源的配置情况，并将企业经营目标的主要指标分解、落实到每一个责任单位，直至每一个人的责任目标，在实施过程中使责任、目标相互配合和协调，以提高管理效率，增强凝聚力，有效利用经济资源，减少不必要的经营风险和资源流失。

（2）采用战略性业绩评价制度。战略性业绩评价制度就是将业绩评价制度与企业战略管理联系起来，体现战略管理对企业战略的支持与反馈。所谓财务战略管理的战略性业绩评价制度，是以形成企业整体竞争优势为目标，综合运用货币性和非货币性的业绩指标，旨在建立以财务业绩评价为落脚点，向影响企业经营战略成功的主要方面拓展的、全方位的企业战略管理业绩评价体系。

战略性业绩评价制度指标体系的设计应遵循以下三条原则：

第一，业绩评价工作必须有利于企业长期目标的实现，指标体系的设计要有利于企业长期竞争优势的形成。要用发展的眼光去分析影响企业利润增减和竞争能力的因素，把财务指标和非财务指标有机结合起来。

第二，指标体系的设计要有全局观念，突出整体利益，区分影响整体利益和局部利益的因素，把定性指标和定量指标有机统一起来。

第三，指标体系的设计要有环境适应性。战略总是面向未来的，企业面向未来的经营活动的决策是外向型决策，指标体系的设计要体现外向型决策的要求。

（3）转变财务经理的角色。进入信息时代，财务活动不再仅仅要求财务经理掌握会计和财务的专业知识，能独立承担投资、融资和营运资本管理等决策，还要求财务经理在财务和会计部门职责之外充分发挥作用。这要求财务经理可以将复杂的财务数据与具体的业务部门人员沟通，以便共同努力找到解决具体业务问题的方案。财务经理要以提供多项任务和交易导向活动的信息为主，转变为向具体业务部门提供更多决策支持和信息分析，向他们描述即将做出的决策对财务指标将产生怎样的影响，企业资源将如何配置等信息。

（4）领导要扮演促进战略实施的角色。在战略实施过程中，企业领导者不仅要发挥组织、协调、激励等基本的管理职能，还要扮演战略管理者、资源配置者、危机处理者等各种角色。战略地位树立并使企业很好地实施战略需要有一套管理任务和技巧。这是因为企业战略主要是具有市场驱动能力的活动，而战略实施主要是围绕人员和经营过程的运营驱动性活动。成功的战略实施依靠领导、与他人合作、配置资源、建立和增强竞争能力、推行支持战略的政策等方面。管理层要对组织变革的有关事宜进行清楚而有说服力的传达，使企业内部各级人员对于实施战略和达成业绩目标都能坚定地拥护，从而将战略实施过程演变为一场全企业的运动。

不仅如此，在实施战略过程中，管理者还要对员工进行激励。具体包括：①如何在企业内部各部门和各层次或各业务单元之间分配和使用已有的资源。②为了实现企业目标，需要获得哪些外部资源。③为了实现既定的战略目标，需要对组织机构、企业治理结构、业务流程进行哪些调整。④如何营造有利于变革的企业环境，建立支持发展战略的企业文化，调整生产作业过程和管理人力资源等。

成功的战略实施离不开企业最高管理层的支持和理解，企业管理者除了要在物质上激励员工外，还要建立一种与战略相匹配的组织文化，在组织内部形成一种良好的工作氛围。另外，成功的战略实施还取决于企业内部各职能部门和直属企业管理者之间的合作。

二、财务战略管理实施的主要任务

（1）建立一个有能力、有实力和有资源力量并能够成功推行战略的组织。

（2）制定预算，将主要资源转移到对取得财务战略成功非常关键的价值链活动中。

（3）建立支持财务战略的政策和程序。

（4）安装信息、通信生产系统，以使企业的财务人员能够在日常活动中成功扮演他们的角色。

（5）推行最佳实践活动，促进价值链活动运作的持续改善。

（6）创建一种支持财务战略的工作环境和企业文化。

（7）将奖励和刺激手段与企业业绩评价目标相联系。

（8）发挥带动财务战略管理实施工作向前推进和不断改善财务战略管理实施状况所需的领导作用。

财务经理必须设计出最低成本和最小风险的战略实施方法。财务战略管理的实施是财务战略管理的行动阶段，也是难度最大的阶段。财务战略管理实施活动的进展状况最终会影响企业所有员工和各级管理者，因而，要求企业人员守纪律、具有敬业和牺牲精神。

还应该明确的是，在战略实施中，最值得一提的是，企业应建立与发展财务战略相适应的组织架构。这是因为，一方面，企业的组织结构在很大程度上影响了企业财务目标和财务政策的建立，同时影响了企业财务资源的配置；另一方面，企业财务战略的变化也将导致企业组织结构的变化，反过来影响企业财务战略管理效果。

第四节 企业财务战略管理控制

控制就是引导一个动态的系统达到预定状态。财务战略控制是指根据企业财务战略目标，及时纠正偏差，监控财务战略能够有效实施的必要过程。也就是说，财务战略控制是在企业财务战略管理实施过程中，通过监测企业内外环境的变化，检查其业务进展，评价经营绩效，纠正偏差，使企业所处的内外环境和企业财务战略要求协调一致，使企业财务战略目标得以实现的过程。财务战略控制的基本职能是确立控制标准、监测财务战略执行情况，对发生的偏差进行分析，拟定纠正方案，实施纠正措施。

在财务战略管理实施过程中，企业需要随时将每一方面、每一层次的财务战略管理实施结果或绩效同预期结果和绩效相比较，以便及时发现偏差并采取措施进行调整。如果对原有的财务战略分析不全面，财务战略方案有误，或企业执行财务战略目标的相关条件发生了变化，则需要对原有目标、方案等做出适当调整。正确而有效的财务战略控制，不仅能够及时发现和纠正偏差，确保财务战略管理目标的实现，而且可以在必要时提出新目标、新计划和促进组织结构以及管理方法重大变革的措施等，以便在相应的组织结构的支持下，建立完整的财务控制系统。

Robert A. Anthony 提出："超过90%以上的商业性及非商业性组织在战略实施过程中存在问题，这既有可能是因为没有自己的战略或制定的战略不合理，也有可能是战略实施的成本太高或耗时太多。应该意识到的是，无论战略本身的意图多么合理可行，如不能变为现实，那么这个战略就是毫无意义的。"[1] 也就是说，在战略实施整个过程中，最为重要和关键的就是对成功的控制。如果说正确的财务战略的确立，有赖于正确的企业总体战略指导及对理财环境的正确分析与把握的话，那么财务战略管理得以顺利实施的关键则在于财务战略控制系统的正确和通畅地运行，这是由财务战略管理自身的特性及理财环境中日益增长的风险性和不确定性所决定的，同时也是由计划和控制在管理中不可替代的重要作用所决定的。这一切意味着对财务战略的有效控制不能仅依靠少数人的努力，而要通过细致的管理工作；财务战略的贯彻执行，离不开对财务战略管理全过程的严密控制。

实践中，战略控制系统主要包括以下几方面：

---

[1] 唐滔智. 财务战略及其战略控制系统 [J]. 财会通讯（综合版），2005：78-81.

一、环境监控系统

环境监控系统是对整个理财环境和企业总体战略连续不断地扫描和监视，对有关信息进行定性和定量分析，以得出环境因素对企业战略尤其是财务战略的影响，从而形成有利于企业适时对财务战略做出修正、调整乃至改变企业总体战略或财务战略的整体体系。

环境监控系统的控制功能和方法主要由以下两方面构成：

（1）前提控制系统。前提控制系统是在财务战略管理实施之前进行控制，它要求以环境为基础设定企业的财务战略。由于企业对于理财环境因素不能完全识别，在制定财务战略时必定会做出某些假设。财务战略的前提控制一方面是对战略环境因素和总体战略的变化状况进行不间断监测，以确定和验证形成财务战略的基本假设前提因素是否仍然成立；另一方面是对潜在的战略风险进行跟踪，根据战略环境因素和总体战略的变化实施情况而对财务战略适时做出调整，以保持财务战略前提的有效性。目前，许多企业采取连续环境扫描系统，在财务战略制定之前，通过环境扫描、审查、评价和分析内外部环境信息，能够确保财务战略的方向性和正确性。

前提控制系统的基本程序如下：

第一，搜集战略环境和企业总体战略的重要信息，找出、分析关键环境因素及总体战略对财务战略的影响。

第二，对根据企业总体战略和财务战略管理要求确立的企业愿景进行分析，得出关键理财环境假设因素。

第三，将行业关键成功因素与环境假设同企业内部资源条件进行匹配分析，以确定财务战略赖以确立的关键环境因素及假设条件是否成立。

（2）财务战略监视控制系统。战略监视是对整个理财环境包括外部和内部环境进行连续不断的观测，以判断内外环境变化对财务战略的影响，并对财务风险或威胁提出警告，以促使企业避免财务风险或促使企业及时抓住融资和投资机会。战略监视控制既包括定性控制，也包括定量控制，但以定性监视控制为主。

财务战略监视控制系统的基本程序如下：

第一，搜集整个理财环境的信息，确认关键理财因素，分析这些关键理财因素可能对财务战略产生的影响。

第二，分析企业内外部条件状况，并将关键理财因素与企业内部资源能力进行匹配分析，从而得出企业在行业中的地位、财务实力状况及其优劣势。

第三，分析竞争对手的财务战略、资源能力与财务实力，并与企业自身的优劣势与财务状况进行对比分析，得出与竞争对手相对应的优劣势。

第四，在分析企业内外部因素和识别企业财务优劣势的基础上，进一步分析企业战略和财务战略是否有足够的财务实力，以及在财务战略管理实施过程中，那些已存在或潜在的因素对企业财务战略产生的重大或长期性影响。

第五，把握融资、投资或其他改善财务状况、加强财务实力的机会，并将机会变成现实的理财行为。

二、财务战略绩效评估控制系统

战略执行评估控制系统属于传统的战略控制，尽管其中的战略执行控制仍然属于前馈控制，但整个过程却是一个反馈控制系统。因此，战略执行评估控制系统以反馈控制为主，并且，以定量控制为最基本的控制方法。

（1）财务战略执行控制系统。战略执行控制包括经营控制和实施控制。从财务战略的角度讲，经营控制着眼于财务战略计划的完成情况，关注阶段性财务目标和绩效目标的实现，其控制信息主要来源于企业内部的财务资料；实施控制则在更宽泛的范围内评估财务战略管理实施结果，在执行控制中要制订控制标准，评价与战略目标相关的结果，要根据战略执行结果对财务战略进行一定程度的修改、调整或保持现状。因此，财务战略执行控制既是根据财务监控指标对企业内部环境和外部环境进行的监控，也是联结财务战略与战略实施的"纽带"和"桥梁"。

（2）财务绩效评估控制系统。所有财务战略归根结底都要通过财务战略绩效评估控制系统得以贯彻实施。财务绩效评估控制系统属于战术层次上的反馈控制，着眼于财务战略目标和财务战略计划的具体实施，根据实施效果进行反馈控制，从而实现战略目标。这一类控制系统主要对战略目标、战略计划、战略实施效果的整个过程进行监控和贯彻执行，并根据战略实施结果的反馈，对战略执行过程中的偏差予以纠正，以确保战略计划的正确实施及战略目标的实现。概括而言，财务绩效评估控制系统是联结财务战略制定与财务战略管理实施的关键系统，也是整个财务战略控制系统的核心组成部分，还是财务战略最终成功贯彻执行的根本保障。

第五节　企业财务战略管理评估

由于企业内外部环境因素处于不断变化中，大多数情况下，企业会发现战略实施结果与预期的战略目标不一致。因此，财务战略评估就是指通过定期运用战略评价标准，从战略基础和战略绩效两方面对企业财务战略管理实施的结果进行系统评价，以确定财务战略的有效性和进行战略调整的必要性。

企业财务战略管理实施以后，还需要定期进行全面的、系统的战略评估，目的是判断财务战略内部的协调性、财务战略与环境的适应性、财务战略的可行性等。一方面，战略基础是战略赖以形成的前提，也是战略制定的依据，包括外部环境和内部条件两部分；另一方面，财务战略绩效评估评价企业的战略实施效果，包括财务绩效评估和非财务绩效评估两方面。财务绩效评估主要是利用财务指标将企业不同时期的业绩进行比较，将企业的业绩与竞争者的业绩进行比较，将企业不同时期的业绩与产业平均水平进行比较；非财务绩效评估主要是为了弥补财务绩效评估不能全面反映企业绩效全貌的不足。

财务战略评估阶段应做好以下工作：根据内外环境的变化，检查企业战略的根据和基础；比较战略实施的预期和实际进度或结果。及时采取纠正行动或应急措施以保证目标与计划的实现。

财务战略评估常用的标准有以下两个：

1. 适用性标准

该标准主要用来评估财务战略方案是否充分发挥了企业的优势，克服了劣势，是否完全利用了环境所提供的机会，以及企业的财务战略方案与企业的愿景、使命和财务战略目标是否一致。

2. 可行性标准

该标准主要用来分析财务战略方案是否合理体现了企业利益相关者的愿望和要求，是否被企业主要利益相关者接受。

常见的战略评估方法很多，平衡记分卡就是其中之一。

BSC即平衡计分卡（Balanced Score Card），是常见的绩效考核方式之一，平衡计分卡是从财务、客户、内部运营、学习与成长四个角度，将组织的战略落实为可操作的衡量指标和目标值的一种新型绩效管理体系。根据解释，平衡计主要是通过图、卡、表来实现战略的规划，平衡计分卡发展经历三代发展。

第三章

企业财务质量分析

财务质量分析是以企业财务报告及其他相关资料为主要依据，对企业的财务状况、经营成果及现金流量进行质量评价和剖析，反映企业在运营过程中的利弊得失、财务状况及发展趋势，从而为改进企业财务管理工作和优化经济决策提供重要的财务信息。

第一节 资产负债表质量分析

一、资产负债表

资产负债表（the Balance Sheet）是三大财务报表之一，也是反映企业某一特定日期（如月末、季末、年末）所拥有和控制的经济资源、所承担的义务和所有者权益等财务状况的会计报表。资产负债表是静态报表，是以"资产=负债+所有者权益"为平衡关系。在现行财务报表体系中，资产负债表是第一张财务报表，是财务报表体系的核心。

资产负债表为财务信息使用者提供上市企业在某一特定日期的财务状况：

企业所拥有或控制的经济资源的总量及其分布。资产总量反映了企业的总规模；资产分布即资产结构，反映了企业的资产配置状况、战略布局和财务弹性。

企业的资金来源及构成。资产负债表反映了企业的资金来源结构，即负债和所有者权益的相对比例；同时反映了企业的负债总额及结构，以及所有者权益总额、结构和投入资本的保值、增值情况。

将资产、负债和所有者权益项目进行对比，通过计算流动比率、速动比率、资产负债率、产权比率等财务指标，能够反映企业的流动性、长期偿债能力和面临的财务风险。

将资产负债表项目与利润表项目进行对比，可以计算总资产收益率、净资产收益率、总资产周转率等财务指标，能够反映企业的盈利能力和资产管理效率。

二、资产质量分析

许多上市企业在连续几年内盈利状况良好且持续保持稳定增长，但突然会陷入十分严重的财务危机。企业财务危机产生的原因可能是企业内部管理、企业自身业绩评价体系出现问题，或者市场体系不完善等，还有可能是企业在追求优秀财务业绩的同时产生大量的不良资产导致资产质量恶化，最终使企业陷入财务困境而无法自拔。

资产是具有偿债保障和创利能力的资源，资产质量可以反映企业驾驭和管理其内部资源以及利用外部资源的能力，企业资产质量方面的显著变化会影响对该企业偿债能力、盈利能力、持续经营能力以及投资价值等方面的判断结果。因此，企业的资产质量在不知不觉中已成为外部分析师、监管机构等各方利益相关者都非常关注的一个问题。

新会计准则淡化利润表观念，更强化资产负债表观念。企业在追求高质量资产与恰当负债条件下净资产的增加，体现全面收益观念，更加关注企业资产的质量，更加强调对企业资产负债表日的财务状况进行恰当、公允的反映，更加重视企业的盈利模式和资产的营运效率，不再仅仅关注营运效果。因此，资产质量问题关乎企业的生存和发展，不断提升自身的资产质量，对企业来说具有重大的现实意义。

不同资产其属性也各不相同，不同企业或是同一企业在不同发展阶段，它的预期效用存在差异。因此，对资产质量的分析要结合企业特定的经济环境来强调资产的相对有用性。资产质量的好坏将直接导致企业实现利润、创造价值水平方面的差异，因此不断优化资产质量，促进资产的新陈代谢，保存资产的良性循环，是企业能否长久地保持竞争优势的决定因素。

资产的质量特征是资产根据自身的属性和功用所设定的预期效用。由于流动资产、对外投资、固定资产等各项资产在企业经营中所发挥的作用不同，企业对这些资产预期效用的设定也各不相同，因而资产的不同项目具有不同的质量特征。资产项目的质量特征主要体现为盈利性、周转性和保值性三个方面。

（一）资产的盈利性

资产的盈利性强调的是资产能够为企业创造价值这一效用，即资产在使用中将来能为企业带来经济利益的能力。按照会计准则的定义，资产是指由企业过去的交易或事项引起，为企业拥有或控制，能够给企业带来未来经济利益的经济资源。由此可见，资产的实质就是能够带来未来经济利益，具有盈利性是其基本特征。换言之，资产具有盈利性是其能够在未来带来经济利益的前提条件，带来未来经济利益又是资产具有盈利性的必然结果。因此，资产的盈利性是资产的内在属性，是其存在的必要条件。资产的盈利性是资产运作结果最综合的表现，也是提高资产质量的关键所在。资产是企业获取盈利的主要物质基础，资产盈利性的大小通常决定企业未来获取现金流量的多少，资产的盈利性终将影响企业价值的高低。

（二）资产的周转性

资产的周转性强调的是资产作为企业生产经营的物质基础而被利用的效用，即资产在企业经营中的利用效率和周转速度。资产只有在企业的日常运作中得到利用，它为企业创造价值的效用才得以体现。同行业企业相比较，相同资产条件下，周转速度越快，说明该项资产与企业经营战略的吻合度越高，市场认可度越高，资产利用得越充分，资产为企业赚取未来经济利益的能力越强。换言之，资产的利用率越高，产生的效果越好，说明其质量越高。如果资产闲置，资产的周转性必然会受到影响，质量就较差。不过在市场充分竞争的条件下，对于企业一般资产项目而言，盈利性和周转性很难兼备。因为企业在提高资产周转性时往往要以牺牲其盈利性为代价，而提高盈利性又以损失周转性为结果。这就需要企业充分考虑各方面的条件和因素，在制定适合企业现阶段发展的经营战略的基础上考虑提高企业资产的整体质量。

(三) 资产的保值性

资产的保值性体现为企业的非现金资产在未来不发生减值的可能性。按照资产减值准则，当企业资产账面净值低于其可回收金额时，通常要对其进行减值处理。企业进行减值处理是为了使报表中对资产价值的披露更加稳健、谨慎，使资产（及资产减值）信息更具相关性。企业的各个资产项目一旦发生减值，一方面会给企业带来当期的减值损失，影响企业的当期业绩；另一方面会使债权人在受偿时蒙受损失（如抵押贷款），并影响企业的未来信用。因而，资产减值方面的信息是债权人和投资者都非常关注的。当然，对于应收账款、存货等流动资产项目来说，发生减值后，随着债务人财务状况好转、市场回暖等，该项目价值回升的可能性依然存在，但对于固定资产、无形资产以及长期股权投资等非流动资产来说，发生减值往往是技术落后、被投资企业失去盈利能力等一些永久性因素造成的，日后几乎没有价值回升的可能。因此，企业资产减值程度（即保值性）可以作为衡量资产质量的重要因素，资产减值程度越高，资产的保值性越差，企业资产的质量就越低。从资产保值性角度对企业资产质量进行分析时，应在分析该项目过去发生减值的程度和原因的基础上，对其在未来进一步发生减值的可能性做出判断，对于非流动资产项目来说，这样分析意义更大，可以为债权人、投资者等相关信息使用者提供更有决策价值的资产信息。

三、资产具体项目质量分析

(一) 货币资金

货币资金是企业经营过程中以货币形态存在的资产，包据库存现金、银行存款和其他货币资金（外埠存款、银行汇票存款、银行本票存款、信用证保证金存款、信用卡存款、存储投资款）。货币资金由于本身处于货币状态，可以随时用于支付结算，变现能力最强，因此，货币资金具有流动性强、日常收支频繁、机会成本大的特点。货币资金的分析主要包括以下五方面。

1. 货币资金规模的恰当性分析

一定量的货币资金是维持经营活动的前提。实务中，货币资金的规模不是越大越好，企业的货币资金规模应当保持在合理的区间。如果货币资金规模过大，形成货币资金闲置，降低资金周转速度，削弱企业的盈利能力；如果货币资金规模过小，则不能满足企业正常生产经营支付的需要，引发资金链紧张甚至资金链断裂，进而引发财务危机，甚至破产。企业货币资金规模应当与企业的规模、业务量、筹资能力、货币资金周转率等相匹配。实务中，企业资产规模越大，货币资金需求量越大，货币资金规模就越大；企业的业务量越大，货币资金需求量越大，货币资金规模就越大；企业的筹资能力越强，货币资金持有量越低，维持运转的货币资金需求量越少，货币资金规模就越小；货币资金周转率越高，货币资金综合运用能力越强，货币资金需求量越少，货币资金规模就越小。另外，由于行业性质的不同，货币资金规模也存在较大差异。

2. 货币资金变动的合理性分析

企业货币资金随着需求量的变动而变动，主要受销售规模的变动、信用政策的变动、大额资金支付等因素影响。实务中，企业销售规模发生变动，货币资金规模也会随之发生变动、销售规模增加，货币资金需求量增加，货币资金随着销售规模的扩大而增加；企业采用严格的信用政策，提高现销比例，可能会导致货币资金规模提高，企业准备偿还到期的巨额银行借款，或集中购货等，会增加企业货币资金规模，但这种需求是暂时的，货币资金规模会随着支付而降低。

3. 货币资金持有量分析

一定量的货币资金，是企业支付能力的保障。实务中，企业货币资金支付能力大于 1，反映货币资金支付能力较强，但并不代表企业货币资金持有量是科学合理的。货币资金是一种非营利性资产，如果储备过多，会造成资金浪费；如果储备过少，则不能满足企业交易性动机、预防性动机和投机性动机的需求，进而增加企业支付风险。

4. 货币资金周转速度分析

货币资金周转速度分析是通过计算货币资金周转率指标来反映的。货币资金周转率,既是指把企业每期实际收到的销售款项除以期初货币资金持有量的结果,也是反映货币资金使用效率的主要指标。其计算公式为

货币资金周转率=每期实际收到的销售款项÷期初货币资金持有量

由计算公式可知,企业提高货币资金周转率,可以通过扩大销售规模并加快回笼资金和降低货币资金持有量两条途径来实现。

企业对货币资金进行分析时,还要结合企业的业务规模和行业特点。一般来说,企业业务规模越大,业务收支越频繁,货币资金持有量就越多。此外,不同行业的企业,其合理的货币资金比重也存在较大差异。

5. 货币资金管理分析

对货币资金管理分析时,首先分析企业货币资金的收支是否符合国家法律法规的规定,企业必须遵守国家法律法规中有关结算政策、现金管理制度,合理使用货币资金。实务中,企业储备过多的现金,会遭受挪用、失窃、白条抵库等损失;企业违规使用支票、汇票结算,会受到有关部门的处罚;企业违反相关法律法规,会引发进一步的融资困难。

另外,分析企业资金管理的内部控制情况。企业在收支过程中的内部控制制度的完善程度以及实际执行情况,直接关系到企业货币资金的运用状态和资金管理质量。涉外业务的企业,还应当分析企业货币资金受到外汇汇率波动的影响。

(二) 交易性金融资产质量分析

交易性金融资产是指企业为了近期出售而持有的金融资产,主要是企业以赚取差价为目的从二级市场购入的各种有价证券,包括股票、债券、基金等。企业进行交性金融资产投资,就是为了将一部分闲置的货币资金转换为有价证券,获取高于同银行存款利率的超额收益;同时又保持高度的流动性,在企业急需货币资金时将其及时出售变现。一般而言,交易性金融资产具有金额波动、盈亏不定、交易频繁等特点。

交易性金融资产无论是在其取得时的初始计量还是在资产负债表日的

后续计量都是以公允价值为基本计量属性。企业在持有交易性金融资产期间，其公允价值变动在利润表上均以公允价值变动收益（损失为负）计入当期损益；出售交易性金融资产时，不仅要确认出售损益，还要将原计入公允价值变动收益的金额转入投资收益，也就是说，将该项交易性金融资产初始成本与账面余额之差确认为投资收益（损失），同时调整公允价值变动收益（损失）项目的金额。

分析交易性金融资产的质量特征时，应关注其公允价值这一计量属性，着重分析该项目的盈利性。具体地说，应从如下两方面进行分析：

1. 交易性金融资产持有损益的分析

通过分析同期利润表中的"公允价值变动收益"及报表附注中对该项目的详细说明，根据其金额大小及正负情况来判断该项资产的盈利能力。

2. 交易性金融资产处置损益的分析

通过分析同期利润表中的"投资收益"及报表附注中对该项目的详细说明，根据其金额大小及正负情况来判断该项资产的盈利能力。

值得注意的是，企业因持有交易性金融资产而在利润表中形成的"公允价值变动收益（损失）"项目，从性质上说是一种持有损益，或者是一种未实现损益，是在报表中显示出来的"浮盈"或者"浮亏"，并未真正引起任何资源流入，因此，如果金额过大，或者在企业利润总额中所占比例过大，必须在分析该企业真实的盈利能力时将该项目剔除，只有这样才能做出更加客观的评价。

企业之所以对交易性金融资产所带来的公允价值变动损益保持警惕，主要是由于：第一，公允价值变动损益具有极大的波动性和不可持续性。第二，公允价值变动损益所对应的资产增加，不是货币资金而是交易性金融资产的数据变化。这种"利润"尚未实现，使人感觉太虚，如果占比过大，有可能影响分析者对企业真实业绩的判断。

（三）应收账款

应收账款是企业因销售商品或提供劳务等，影响购货单位或接收劳务单位收取的款项。应收账款是企业日常活动中由于结算而形成的债权，它的特点是出现的频率高、金额大，同时也是企业重点分析的内容。对销售企业而言，应收账款是为了扩大销售而发生的，但应收账款的存在会造成机会成本、坏账损失和收账费用的增加。

对应收账款项目进行质量分析，其周转性和保值性是关键要素，具体可以从以下几个方面进行：

1. 应收账款规模分析

一般情况下，应收账款规模与企业经营规模、经营方式、行业惯例和采用的信用政策有直接联系。因此，在将应收账款规模与企业资产规模和营业收入规模进行对比并计算出相应比例之后，与同行业对标企业、行业平均水平以及自身前期水平进行比较，便可大致判断其规模的合理性。

当应收账款的相对规模急剧上升（即应收账款增长率大大高于企业资产增长率或者营业收入增长率）时，要格外关注。导致这种情况的原因一般是行业竞争加剧，或者该企业在行业中的竞争地位明显下降，或者发生了客户陷入财务困境等意外事项。如果用常理解释不了，就要警惕该企业是否存在虚构交易，通过将虚假的收入在应收账款中挂账，达到粉饰当期业绩的目的。这种虚假的应收账款不可能长期挂账，因此，该企业往往会在来年通过销售退回方式撤销这些虚构交易，或者在日后某一年份通过核销坏账的方式对其进行消化，这势必导致日后业绩跳水。

2. 应收账款的账龄分析

对债权的账龄进行分析是一种最传统的方法。该方法通过对债权的形成时间进行分析，对不同账龄的债权分别判断质量。对现有债权，按欠账期长短（即账龄）进行分类分析。一般而言，未过信用期或已过信用期但拖欠期较短的债权出现坏账的可能性比已过信用期较长时间的债权发生坏账的可能性小。

这种分析对确定企业的坏账情况、制定或调整企业的信用政策十分有益。值得注意的是，对应收账款账龄不可完全相信。实务中，很多企业会想方设法（如设法向债务企业提供资金，待其偿还欠款后再赊账）将应收账款的账龄缩短，从而在整体上提高应收账款的质量。

3. 应收账款周转性分析

应收账款的周转情况可借助应收账款周转率、应收账款平均收账期等指标进行分析。在一定的赊账政策下，企业应收账款周转率越低，平均收账期越长，债权周转速度越慢，债权的周转性就越差。然而在实务中，应收账款周转率并非越高越好，过严的赊销政策虽然会保证应收账款快速回收，但同时会制约存货的周转，导致企业市场占有率下降、存货周转率降低。应收账款周转率与存货周转率之间是此消彼长的关系，需要在保证存货顺畅周转的前提下考察应收账款的质量。

当然，应收账款周转率与存货周转率之间的关系会受到企业所处的市场环境和采取的营销策略的影响。若应收账款周转率与存货周转率同步上升，则表明企业的市场环境日渐明朗，前景看好；若应收账款周转率上升，存货周转率下降，则表明企业因看好市场而扩大产销规模或收紧信用政策，或两者兼而有之；若存货周转率上升，应收账款周转率下降，则表明企业放宽了信用政策，扩大了赊销规模，这种情况可能隐含着企业对市场前景不乐观，应予以警觉。

4. 坏账准备计提情况以及计提政策的恰当性分析

资产负债表上应收账款项目列示的是其净额，因此，对坏账准备计提情况以及对计提政策的恰当性进行分析的目的是关注应收账款的保值性。现行准则强调，应收账款作为一项金融资产，应当在资产负债表日进行减值检查，将其账面价值与预计未来现金流量现值之间的差额确认为减值损失，计入当期损益。

由此看来，企业的应收账款是否发生减值以及减值程度的大小取决于该项目预计未来现金流量的现值，而不再过分强调所采用的坏账准备计提方法。当然在实务中，企业仍可使用账龄分析等方法对坏账准备加以估计，变更坏账准备的计提方法和比例往往存在不可告人的目的，阅读财务报表的相关附注，结合当年的实际业绩及行业惯例，有助于判断其变更的合理性，分析应收账款的保值性。

（四）存货

存货是指企业在正常生产经营过程中持有以备出售的产品或商品，或者为了出售仍然处在生产过程中的在产品，或者将在生产过程或提供劳务过程中耗用的材料、物料用品等。企业的资产是否作为存货处理，不取决于资产的物理特性，而是取决于其持有目的：如果持有目的是短期周转、销售或快速消耗，则应作为存货处理。这样的持有目的使得存货明显区别于固定资产。

对存货质量进行分析，应该结合该项目本身的物理属性和预期效用，从盈利性和周转性两个维度进行分析，具体如下：

1. 存货规模恰当性和盈利性分析

存货的变现能力明显弱于其他流动资产项目，企业持有的存货规模越大，占用的资金就越多，需要储存存货的仓库越大，管理存货的成本就越高。实务中，企业应当综合考虑存货的采购成本、机会成本、储存成本和缺失成本，寻求持有存货的平衡点，既能满足正常的生产经营活动，又不会过多占用资金。因此，分析应收账款的恰当性、规模变动的合理性对企业未来盈利产生深刻影响。

对于传统行业的企业而言，毛利率在很大程度上反映了企业在日常经营活动中的初始获利空间，也可以体现存货项目的盈利性。在充满竞争的行业，毛利率水平往往趋于平均化，企业的毛利率可以稍高于或者稍低于行业平均值，这恰恰是该企业在行业中竞争地位的体现，但如果大大高于（或者低于）平均值，尤其是在年度间（企业的产品结构没有显著调整的情况下）出现巨幅波动，往往是企业试图通过人为调整存货余额和低转（或高转）成本、改变存货计价和盘存方式等手段来操纵业绩的一个显性证据。正常情况下，在同行业中，如果企业的毛利率水平不断下降，要么意味着企业的产品在市场上竞争力下降，要么意味着企业的产品生命周期出现转折，要么意味着企业的产品面临激烈竞争。在对存货进行项目质量分析时，应尽量剔除诸多主观人为操纵因素的影响。

2. 存货周转性分析

存货周转率是一个动态的内部管理指标，反映一定时期内存货流转的速度。其公式如下：

$$存货周转率 = 营业成本 \div 平均存货水平$$

通常情况下，比值越大越好，其是运营状况的动态反映，因为营业成本取决于企业的采购成本、转换成本、其他成本和成本计算方法等，而平均存货水平是企业持续运营管理的综合结果。企业关注的焦点在于减少存货和加速流转。减少存货可以有效减少资金占用、降低经营风险、改善企业的财务状况和提高抵御风险的能力。加速流转可以有效提高企业的盈利能力，从而创造更多价值。在周转一次产生的毛利相对不变的情况下，当其他条件相同时，企业存货周转速度越快，一定时期的盈利水平就越高。

实务中，企业的存货周转率并非越高越好，相对于行业平均水平来说，过高的存货周转率是企业执行了过于宽松的信用政策的结果，会导致企业出现大量坏账。企业商业债权（应收账款与应收票据）的回收速度与存货周转率之间是此消彼长的关系，因此，企业需要在保证商业债权回款的前提下考察存货的周转性。需要注意的是，在考察存货项目质量时，其盈利性与周转性也是此消彼长的关系。

（五）合同资产

合同资产是指企业向客户转让商品而收取对价的权利，且该权利取决于时间流逝之外的其他因素。例如，企业向客户销售两项可明确区分的商品，企业因已交付其中一项商品而有权收取款项，但收取该款项还取决于企业交付另一项商品，企业应当将该收款权利作为合同资产。企业拥有的无条件向客户收取对价的权利应当作为应收款项单独列示。二者的区别在于：应收款项代表的是无条件收取合同对价的权利，即企业随着时间的流逝即可收款；而合同资产并不是一项无条件收款权，除了时间流逝之外，还需满足其他条件（如履行合同中的其他履约义务）才能收取相应的合同对价。因此，与合同资产和应收款项相关的风险是不同的，应收款项仅承担信用风险，而合同资产除承担信用风险外，还可能承担其他风险，如履约风险等。合同资产实际上也属于一项商业债权，但在资产负债表中它列示在存货之下，这说明其流动性要弱于存货。由于合同履行是一个动态的过程，债权方在确认合同资产时，合同中所涉及的交易尚未最终完成（如企业还需交付另一项商品），合同双方是否能够按照合同约定或相关法律规定，全面、适当地履行合同义务，成为决定合同资产质量的一个关键因素。

（六）固定资产

固定资产是指为生产产品、提供劳务或经营管理而持有的，使用寿命超过一个会计年度的有形资产。其中，使用寿命是指企业使用固定资产的预计期间，或者该固定资产所能生产产品或提供劳务的数量。固定资产是企业获取盈利的主要物质基础，在企业生产经营过程中发挥重要作用，对于传统行业来说尤其如此。对固定资产的质量进行分析时，企业同样可以从盈利性、周转性和保值性三个维度着手，还要关注有可能对固定资产质量产生影响的其他方面，如固定资产的取得方式、分布与配置、规模与变化等。对这些方面的分析有助于读者了解企业的商业模式，透视企业在固定资产投资方面的战略实施情况。

1. 固定资产的盈利性分析

在分析企业的固定资产质量对企业整体盈利能力的影响时，其分析思路为：固定资产生产出存货，存货销售获取营业收入，营业收入创造核心利润，核心利润最终带来经营活动产生的现金净流量。这样便可以通过存货的生产规模和销售规模考察固定资产的生产能力；通过营业成本和存货规模的比较考察产品的市场开拓能力；通过营业成本和营业收入的比较考察产品的初始获利能力；通过营业收入与核心利润的比较考察产品的最终获利能力；通过核心利润与经营活动产生的现金净流量的比较考察产品当期对企业的实际贡献，如果不考虑行业结算差异，也可以在一定程度上了解产品的市场开拓能力。

2. 固定资产的周转性分析

固定资产的周转性衡量的是企业一定规模的固定资产推动其营业收入

的能力与效率。因此，固定资产周转率可以有效衡量企业固定资产的周转性。需要注意的是，应采用固定资产原值（或公允价值）来衡量固定资产的规模。计算公式为：

固定资产周转率＝营业收入÷固定资产（原值）的平均余额

3. 固定资产的保值性分析

除去一小部分流动资产外，企业的固定资产将成为长期债务的直接物质保障，在抵押贷款的情况下，该项目的这一作用尤为突出。固定资产的数量、结构、完整性和先进性都直接制约企业的长期偿债能力。因此，固定资产的保值程度将直接决定企业长期偿债能力的大小。为便于对企业偿债能力进行分析，我们将固定资产分为具有增值潜力（即至少可以保值）的固定资产和无增值潜力（即贬值）的固定资产两类。此时，应综合考虑特定固定资产的技术状况、市场状况和企业对特定固定资产的使用目的等因素。

四、资产结构质量与企业资源配置战略的匹配性研究

资产结构是各项资产相互之间的比例关系，它既可以是按照流动性确定的流动资产与非流动资产之间的比例关系；也可以是按照所处活动领域确定的经营资产和投资资产之间的比例关系；还可以是按照企业业务板块确定的各类资产之间的比例关系，等等。不同行业的经营模式不同，资产结构通常存在系统性差异；同一行业内的不同企业，由于实施了不同的竞争战略、资产配置策略和业绩激励机制等，资产结构也可能存在较大差别。

（一）资产结构的分析

1. 流动性资产与非流动性资产的结构分析

按流动性对资产进行分类和分析，符合资产负债表的列报惯例。一般企业的流动资产主要包括货币资金、交易性金融资产、应收及预付款项、存货等；非流动资产主要包括长期股权投资、固定资产、在建工程、无形资产、开发支出、商誉等。相对来说，流动资产周转较快，但收益能力低；非流动资产周转较慢，但收益能力高。因此，流动资产和非流动资产

的结构决定了企业整体的资产周转速度和盈利能力。

2. 经营性资产和对外投资性资产的结构分析

按照所处活动领域确定的经营资产和投资资产之间的比例关系，典型的经营资产主要包括商业债权（主要包括应收票据、应收账款和应收款项融资）、存货、固定资产和无形资产等，是指企业在自身经营活动中所动用的各项资产。

经营性资产与对外投资性资产的盈利模式和风险不同。企业能够控制经营性资产的使用过程，并通过使用这些资产获取经营性利润。经营性资产的风险主要包括经营风险、行业风险、市场风险和技术风险等。

对外投资性资产代表的是对被投资企业资产的索取权，投资方不能直接控制这些资金的使用，而是通过利息、股利等形式分享被投资单位的经营成果或通过资本市场获取资本利得，其收益受到被投资单位的盈利能力、利润分配政策、信用和支付能力、资本市场状况等多种因素的影响。它主要包括直接对外投资所形成的交易性金融资产、债权投资、其他债权投资、其他权益工具投资和长期股权投资等项目。由于在企业运营过程中，大量被关联方占用的资产通常会通过预付账款以及其他应收款等项目体现出来，从理论上讲，这部分资金并未参与企业自身的经营活动，因而不属于经营资产的范畴，可统一列入投资资产。

经营性资产与对外投资性资产的资产配置结构，反映了企业执行不同的经营战略及盈利模式。经营性资产占比较高的企业，大多数经济资源投入了企业内部的经营活动中，如多数汽车制造企业；对外投资性资产较多的企业，意在利用闲置资金或者进行资本运作以谋求对外投资的高收益。财务报表使用者还可以通过计算两类资产的收益率，进一步了解两类资产的盈利能力。

3. 重资产和轻资产的结构分析

重资产一般是指企业所持有的存货、厂房、设备等有形资产；轻资产主要是指企业的现金、无形资产和商誉等资产。重资产和轻资产的相对结构主要反映了企业所采用的商业模式和盈利逻辑。

(二) 资产结构的质量特征

资产结构的质量主要具有以下几个特征：

1. 资产结构的有机整合性

资产结构的有机整合性，是指企业资产的不同组成部分（如流动资产和非流动资产，经营资产和投资资产，经营资产内部的货币资金、商业债权、合同资产、存货固定资产和无形资产等）经有机整合后从整体上发挥效用的状况。它强调各项资产与其他资产组合的增值性，企业管理的境界应该体现为最大限度地降低不良资产占用、加快资产周转并获取更多盈利。任何资产项目，无论自身的物理质量有多高，如果不能与其他资产进行有机整合而发挥协同效应，为最终实现利润做出贡献，则仍属于不良资产的范畴。

资产结构的有机整合性要求企业不断进行资产结构的优化，尽力消除应收账款呆滞、存货积压、固定资产闲置、对外投资失控等现象。这也是企业进行资产重组所要实现的目标。

2. 资产结构的整体流动性

资产流动性大小与资产风险大小和资产收益高低是相互联系的。通常情况下，流动性大的资产，其风险较小，但收益也较小且易波动；反之，流动性小的资产，其风险较大，但收益较高且易稳定。当然也有可能出现不一致的情况。

资产结构的整体流动性可以通过流动性较强的资产在总资产中所占比例来衡量；一般而言，企业资产结构中流动性强的资产占比越大，企业资产的整体流动性就越高；反之，企业偿债能力就越强，财务风险越小。但是，这并不意味着企业流动性较高的资产占总资产的比例越大越好。归根结底，资产的流动性是为企业整体的发展目标服务的，企业管理所追求的应该是资产结构的整体流动性与盈利性的动态平衡。

另外，资产结构还会影响成本结构，从而决定企业的经营风险。这是因为，企业的各项成本大致分为固定成本和变动成本两类，固定资产折旧和无形资产摊销都属于固定成本，相对而言属于刚性成本。由于经营杠杆效应的存在，如果资产结构中固定资产等长期资产占比过大，就会给企业带来大规模的固定成本，这意味着企业所处行业的退出门槛很高，转型较难，运营效率较低，经营风险较大。因此，企业应该努力寻求一个合理的资产结构，在可能的情况下增强企业资产整体的流动性，尽可能减少生产经营面临的各种风险，为企业的持续发展奠定坚实的基础。

当然，考察企业资产结构的整体流动性，还要结合企业所处的特定行业，根据企业资产结构的特点进行分析。例如，制造业（尤其是重资产行业）企业和金融业企业、互联网企业的资产结构和经营模式截然不同，这使资产结构的整体流动性体现出明显的行业特征，不能一概而论。

3. 资产结构与资本结构的对应性

企业对于那些主要包含流动资产和固定资产等传统资产项目的资产结构的质量进行分析还应考虑资产结构与资本结构的对应性。资产结构与资本结构的对应性主要体现在：首先，企业资产报酬率应能补偿企业资本成本；其次，资产结构中基于流动性的构成比例要与资金来源的期限构成比例相匹配。具体地说，流动资产作为企业最有活力的资产，应为企业偿还短期债务提供可靠保障；流动资产的收益率较低，应主要由资本成本相对较低的短期资金来源提供支持；长期负债的资金占用成本较高，应与企业的长期资产项目相匹配，尽量防止"短贷长投"现象的发生。有了这样的资产结构，企业才有可能在允许的范围内将资本成本和财务风险降至合理水平，从而达到最佳的生产经营状态。

资产结构与资本结构的对应性通常要求企业在所能承受的财务风险内运行。然而在某些情况下，企业会出现"另类"的资产结构与资本结构的对应关系。例如，在竞争优势极其明显的情况下，企业通过大量采用预收方式销售和赊购方式采购，大规模增加商业信用资本，呈现出流动资产规模并不显著高于流动负债规模的局面（如格力电器），这被业内称为类金融模式或者 OPM 模式。这种情况下，流动资产的规模并不显著高于流动负债规模，但并不意味着企业的短期偿债能力有问题，而恰恰是企业在行业中具有极强的竞争优势和良好商业信誉的表现。但是这种方式的运营管理潜藏着一定的风险，一旦企业资金链出现问题，就有可能产生连锁反应，使企业陷入支付危机。

4. 资产结构与企业战略承诺的吻合性

企业的资源配置战略主要是靠资产的有机整合来实现的，无论资源配置战略的具体内容是什么，在资产结构上的表现一定是资产项目之间的不同组合。企业之所以要确立其资源配置战略，并与竞争者区分开来，完全是出于竞争的需要。尽管一个行业的经济特征在一定程度上限制了企业参与行业竞争时可供选择的资源配置战略的弹性，但是许多企业仍然可以制定符合自身特定要求的、难以复制的资源配置战略来保持竞争优势。

在上市企业年报中企业都会表述自身所选择的资源配置战略，即战略承诺；通过考察企业资产中经营资产与投资资产的结构关系，以及经营资产的内部结构等方面，可以在一定程度上了解企业资源配置战略的具体实施情况。通过将企业实际的资源安排与企业战略承诺进行比较，便能判断企业资源配置战略具体实施情况与战略承诺之间的吻合性。

在我国现阶段，上市企业的资产结构与战略承诺之间的吻合性可以从两个层面来分析。其一，资产结构与全体股东的战略相吻合，即在财务上要求企业最大限度降低不良资产占用，提高资产周转率和盈利能力。其二，资产结构与控股股东的战略相吻合，即在控股股东的战略不同于全体股东战略的条件下，控股股东以上市企业为融资平台谋求另外的发展，控股股东战略的实施就会表现为上市企业自身的不良资产占用，即掏空上市企业。对于那些存在其他应收款巨额增加、存货超常增加、固定资产闲置等情况的上市企业，在其财务状况形成过程中，往往能够看到控股股东战略，即利用上市企业融资能力为控股股东服务，实施的种种迹象。

5. 企业资源配置战略的考察

不同企业的资产结构存在显著差异，其背后涉及的是企业资源配置战略的实施问题。由于母企业是企业战略的发起端，其资源配置展示了企业的发展战略，在对企业资源配置进行考察以体会其发展战略时，主要关注母企业财务报表。可以在母企业资产中首先剔除货币资金，然后根据剔除货币资金后的资产中经营资产与投资资产的规模关系，按照企业经营资产与投资资产各自在资产总规模中的比重大小，将企业资源配置战略分为三种类型：以经营资产为主的经营主导型、以投资资产为主的投资主导型以及经营资产与投资资产比较均衡的经营与投资并重型。

（1）经营主导型企业的发展战略分析

资产结构中以经营资产为主的企业，其资源配置战略十分清晰：以特定的商业模式、行业选择以及产品或劳务的生产与销售为主导，以一定的竞争战略（如低成本战略、差异化战略和聚焦战略等）和职能战略（如研发、采购、营销、财务、人力资源等战略）为基础，以固定资产、存货的内在联系以及与市场的关系管理为核心，为企业的利益相关者持续创造价值。经营主导型企业应该最大限度地争取和保持核心竞争力。

（2）投资主导型企业的发展战略分析

资产结构中以投资资产为主的企业往往是规模较大的企业集团。投资主导型企业的发展战略内涵同样是清晰的：以多元化或一体化的总体战略或其他总体战略为主导，以子企业采用适当的竞争战略和职能战略，特别是财务战略中的融资战略（子企业通过吸纳少数股东入资、自身债务融资和对商业信用的利用等融资战略，可以实现在母企业对其投资不变情况下的快速扩张）为基础，以对子企业的经营资产管理为核心，通过快速扩张为企业的利益相关者持续创造价值。投资主导型企业可以在较短时间内通过直接投资或者并购实现做大做强企业集团的目标，或者在整体上保持企业的竞争力和竞争地位。

（3）经营与投资并重型企业的发展战略分析

经营与投资并重型企业实施的往往是积极稳健的扩张战略：企业既能通过保持完备的生产经营系统和研发系统来维持核心竞争力，又能通过对外控制性投资的扩张来实现跨越式发展。

经营与投资并重型企业通过保持自身经营资产，可以产生较大规模效应，占据一定的市场地位，从而最大限度地降低核心资产的经营风险，使固有的核心竞争力发挥到极致。与此同时，其对外控制性投资又可以通过投资产业与产品方向的多元化或投资地域的多样化来提高企业的竞争力或者降低企业的风险。有了上述分类，通过对任何一家上市企业的资产结构进行分析，我们均可将其归入三种类型中的一种，从而对企业的扩张战略及其效应进行分析与评价。也就是说，当我们跳出传统的会计思维，将企业资产概念与企业发展战略联系在一起时，资产结构就有了鲜明的战略含义。据此，我们进一步认为，资产的规模与结构就是企业资源配置战略的实施结果。

五、资本结构质量分析

资产结构及其质量体现了企业资源配置战略的实施及其产生的经济后果，那么，资本结构及其质量则体现了企业资本引入战略的选择以及带来的运行和治理效应。正是一个企业的资本结构决定了它的发展方向和发展前景，优质的资本结构成为企业长期持续发展的强大动力和根本保障。从根本上说，企业间的竞争不是企业产品的竞争、技术的竞争，甚至不是行业的竞争，而是资本结构以及资本结构所决定的战略格局和资源整合实力的竞争。

（一）流动负债的质量分析

流动资产通常指一年内可变性的资产项目，流动负债通常指一年内应清偿的债务。因此，在任一时点上，两者的数量对比关系对企业的短期经营均产生十分重要的影响。企业流动负债的质量分析应重点关注以下几个方面：

1. 流动负债的强制性

流动负债的强制性可以简单理解为流动负债的流动性，即需要偿还的压力和时间长短。流动负债各个构成项目的偿付期限与实际偿付压力并不一致，有的项目强制性较大，在一年甚至更短的时间内就要偿付；有的项目强制性较小，可以在很长时间甚至超过一年的一个营业周期以上的时间内清偿，如与关联企业往来结算而形成的其他应付款项。在判断一个企业的流动性风险时，应该把这些因素考虑在内。强制性较小的流动负债会在无形中降低企业的流动性风险。如果不对流动负债内部成分按照强制性进行区分与分析，往往会夸大企业的实际偿债压力。

在对流动负债的强制性进行分析过程中，应该特别注意应付票据与应付账款以及合同负债的规模变化与企业存货规模变化之间的关系。在企业存货规模增长不大，但企业应付票据与应付账款的规模增长较大，尤其是在账龄较长的情况下，这种应付票据与应付账款的规模增长在很大程度上代表了企业供应商的债权风险，当然，这对于本企业来说是一件好事，代表了企业面对供应商的议价能力。

一般来说，给企业带来现实偿债压力的是那些强制性较大的债务，如当期必须支付的应付票据、应付账款、短期借款、应付股利以及契约性负债等。对于预收款项、部分应付账款和其他应付款等，由于某些因素的影响，不必当期偿付，或者不必用现金偿付，实际上，它们并不构成企业短期付款的压力，属于非强制性债务。

此外，有些流动负债项目（如应付职工薪酬和应交税费）的期末余额在企业经营规模和经营业绩波动不太大的情况下会保持相对稳定，看上去会形成一定的债务"沉淀"，并未对企业形成实质性的偿债压力，我们也可以将其视为非强制性流动负债。

2. 企业短期贷款规模所体现的融资质量信息

一般来说，企业从金融机构获取的短期贷款（列入短期借款项目中）主要用于企业的经营活动中，即用于补充企业流动资金的不足。然而在实务中，企业资产负债表日短期借款的规模远远超过实际需求数量（即企业一边存有大量的货币资金，一边大规模地举债）。

在融资环境和不当融资行为等各方面原因导致企业融入过多短期借款的情况下，相对于其他短期资金来源短期借款的资本成本更高、偿付压力更大，会引起过高的财务费用，企业盈利压力倍增。而"短贷长投"现象更是企业应尽量避免的，因为稍有不慎就会因为资金链断裂而最终破产。

3. 经营性负债的规模、结构及其变化所体现的经营质量信息

经营负债又称商业债务，是企业通过经营活动所产生的各项债务，如

在采购和销售等经营活动中形成的对上游供应商和下游经销商的应付票据、应付账款、合同负债和预收款项等。经营负债的规模在一定程度上反映了企业对上下游的议价能力，即企业利用商业信用推动其经营活动的能力。要特别关注应付票据和应付账款的规模变化及其与企业存货规模变化之间的关系，这是因为应付票据和应付账款构成了存货的财务来源。由于应付票据和应付账款的财务成本并不相同（在我国商业汇票普遍采用银行承兑方式的条件下，应付票据通常是有成本的），企业通过应付票据和应付账款的相对规模变化，可以了解整个行业环境的变化，甚至可以了解企业的经营管理质量和相对竞争优势。

（二）非流动负债的质量分析

企业的非流动负债是形成企业的非流动资产和流动资产中长期稳定部分的资金来源，它的质量也会对企业的财务状况质量产生重要影响。企业非流动负债的质量分析应重点关注以下几个方面：

1. 投资项目带来的风险和收益

投资项目带来的效益越高、风险越小，贷款的资金安全性就越高，贷款利率水平就越低。总之，获取的利率水平越低，长期借款的质量就越好。从近几年上市企业年报中可以看出，能获得长期借款的企业越来越少，主要原因是金融机构出于风险控制的考虑，不会轻易提供较长期限的贷款。

2. 长期应付款的复杂性

长期应付款项目通常包括除长期借款和应付债券以外的其他多种长期应付款。由于其反映的内容比较庞杂，在实务中，有些企业会利用该项目达到各种目的。考察该项目的真实性就成为判断企业非流动负债质量的一个重要方面。有些企业无视合同或协议，或者根据不相关的合同或协议，虚列长期应付款项目的金额，之后再找机会套现资金、据为己有或挪作他用。

3. 预计负债的合理性

预计负债即便在最初入账时也是以履行相关现实义务所需支出的最佳

估计数为基础，在每个资产负债表日要对预计负债的账面价值进行检查，如有客观证据表明该账面价值不能真实反映当前最佳估计数，就应做相应调整。因此，该项目是否作为负债入账以及入账的金额有多大，后续金额如何调整，在很大程度上取决于人的主观判断，这就不可避免会出现企业利用该项目来操纵利润。是否有利用预计负债操纵利润的嫌疑，要根据财务报告中的其他资料以及企业历史资料进行判断。

（三）所有者权益质量分析

对资产负债表中所有者权益项目的分析是从静态的角度，侧重考察各构成项目余额之间的比例关系，挖掘每个项目的质量信息、对所有者权益变动表的分析则是从动态的角度，侧重考察所有者权益各构成项目的具体变动情况。具体地说，所有者权益变动表所包含的质量信息主要有以下三个方面。

1. 区分"输血性"变化和"盈利性"变化

"输血性"变化是指企业靠股东入股增加所有者权益，"盈利性"变化则是指企业依靠自身的盈利增加所有者权益。显然，这两个方面均会引起所有者权益的变化，但向报表使用者传达出不同的质量信息。"输血性"变化虽然会导致企业资金的增加，但因此而增加的资金的盈利性是不确定的，投资方向也难以预料；而"盈利性"变化既可以反映企业过去一年运营的最终效果，也可以展示企业的盈利能力是否能够为企业的未来发展提供充分的支撑。

2. 关注所有者权益内部项目互相结转的财务效应

所有者权益内部项目互相结转，虽然不改变所有者权益的总规模，但是会对企业的财务形象产生直接影响，如增加企业的股本数量（转增资本），或弥补企业的累计亏损（盈余公积弥补亏损）。这种变化虽然对资产结构和质量没有直接影响，但会对企业未来的股权价值变化以及前景预测产生直接影响。

3. 关注企业股权结构的变化与方向性含义

股权结构变化既可能是由于原股东之间股权结构的调整，也可能是由于增加了新的投资者。这种变化对企业的长期发展具有重要意义。企业股权结构变化会导致企业的发展战略以及人力资源结构与政策等方面发生显著变化。这样，按照原来的惯性思维对企业进行前景预测会失去意义。

（四）资本结构质量分析

资本结构质量分析不应局限于传统的对企业财务风险和偿债能力的考察，单纯强调资本结构对企业价值的影响，而应评价企业资本结构与企业当前以及未来发展的适应性。具体来说，企业资本结构质量分析应关注以下几个方面。

1. 资本成本与投资效益的匹配性

一般来说，资本成本是指企业取得和使用资本所付出的代价，主要包括筹资过程中的筹资费用和使用过程中的使用费用。从成本效益角度来分析资本结构质量，首先要关注资本成本与投资效益的匹配性问题，只有当体现企业投资效益的资产报酬率大于企业的加权资本成本时，企业才能在向资金提供者支付报酬以后获取适当的净利润。也就是说，从财务效应角度而言，质量较高的资本结构一般表现为企业在具体的资本结构下所发生的加权资本成本不能超过企业利用这些资本所获得的投资效益。

2. 资本的期限结构与资产结构的协调性

从期限构成角度来看，企业资本中的负债项目按照偿还期限长短分为流动负债与非流动负债，所有者权益属于企业获取的永久性资本。如果企业的资金来源不能与资金的用途相互协调，在用长期资金来源支持短期波动性流动资产的情形下，由于企业长期资金来源的资本成本相对较高，企业效益将会下降；而在用短期资金来源支持长期资产和永久性流动资产的情形下，由于企业的长期资产和永久性流动资产的周转时间相对较长，企业会出现"短融长投"现象，将承受较大的短期偿债风险。也就是说，一般情况下，当企业资本的期限结构与资产结构相互协调时，企业的经营和资金周转会比较顺畅，资本结构会表现出较高的质量。

3. 资本结构所决定的利益相关者之间的和谐性与公平性

企业的各资源提供者为增加企业价值这一目标而相互合作，构成了利益共同体。各利益相关者为了从企业获得更多财富，总是在界定产权的过程中朝着有利于自己的方向而努力，这一过程伴随着资源提供者向企业供给资源的增加或减少，伴随着资源提供者对企业控制权的此消彼长。利益相关者之间的和谐性与公平性决定了企业的长期持续发展。

（五）不同资本引入战略所带来的财务效应

抛开传统的资产负债表中负债和所有者权益的分类方式，对企业的全部资本按照融资渠道进行重新分类：经营负债资本、金融负债资本、股东投入资本、企业留存资本。对资本的重新分类将企业的融资结构和企业的战略紧密结合起来，使得资本结构具有深远的战略意义。处于不同发展阶段、不同竞争地位的企业，出于不同的考虑，可以选择不同的资本引入战略来支持企业未来的发展。

按照企业经营负债资本、金融负债资本、股东投入资本以及企业留存资本四类资本在负债和股东权益总规模中的比重大小，企业又可划分为以经营负债资本为主的经营驱动型、以金融负债资本为主的举债融资驱动型、以股东入资为主的股东驱动型、以留存资本为主的利润驱动型以及各类资本并驾齐驱的并重驱动型等。

在实务中，企业会灵活运用各类资本为自身发展提供充足的动力。不同的资本引入战略显示了不同类型的企业资本驱动模式，会给企业带来不同的财务效应。

1. 以经营负债资本为主的经营驱动型企业

以经营负债资本为主的经营驱动型企业，往往处于同行业竞争的主导地位，经营负债在负债中的占比较高。这类企业的战略内涵十分清晰：利用自身独有的竞争优势，最大限度地占用上下游企业的资金，以支撑企业自身的经营与扩张。

经营驱动型企业战略的财务效应是：第一，企业经营与扩张所需资金大量来自没有资金成本的上下游企业，从而最大限度地降低企业的资本成本。第二，由于应付账款完全是利用企业自身的商业信用形成的，没有固定的付款时间要求，而预收款项的负债规模包含毛利因素，有高预收款项的企业的实际负债规模并没有计算出来的资产负债率所显示的负债规模高,因此,利用这些经营负债所取得的资金会在一定程度上减轻企业的偿债压力。第三,在一定程度上固化了企业与上下游企业的业务与财务联系,使其成为经济联盟体。

2. 以金融负债资本为主的举债融资驱动型企业

以金融负债资本为主的举债融资驱动型企业,往往是能得到国家政策扶持的行业头部企业以及大型央企(电力、能源、交通、房地产等行业),其金融负债在负债总规模中的占比通常较高。这类企业要么处于快速扩张阶段,股东入资和经营负债难以满足其巨额的资金需求,要么得到政府的扶持,获得大量的政策性贷款。其战略内涵十分清晰:在一定的融资环境下,最大限度地利用企业的融资环境和融资能力,获得充足的资金来支持企业发展,尽可能使企业顺利维持下去而免于破产清算,或者在较短时间内快速壮大。举债融资驱动型企业战略的财务效应是:第一,向银行等金融机构举债或者通过资本市场进行债务融资,虽然可以有效解决企业发展过程中的资金问题,但会带来较大的偿付压力和财务风险。第二,由于各类金融性债务融资均存在一定的资本成本,利息负担会成为企业发展的一把"双刃剑",一些盈利前景看好的企业会借此驶入发展的快车道,而一些盈利状况堪忧的企业则会跌入万丈深渊。第三,为减小融资环境动态不确定性影响,企业极易出现过度融资问题。

3. 以股东入资为主的股东驱动型企业

以股东入资为主的股东驱动型企业,往往处于企业发展的初级阶段。比如,大量的创新创业企业和互联网企业在初创期都是靠风险投资得以存活,即采用所谓的"烧钱"模式。在这个阶段,企业债务融资活动和经营活动还难以带来企业经营与发展所需的资金,在资产负债表上的表现是:股东权益中的"实收资本(或股本)"和"资本公积"这两个项目占企业负债与股东权益之和的比重较大。在企业发展一段时间以后,这种状况会随着企业自身商业信用和盈利能力的提升而有所改变。

如果企业经营一段时间之后,资本引入战略仍然表现为股东驱动型,则意味着企业的产品经营不能持续获得理想利润，企业的债务融资能力较低，或者企业在债务融资方面没有作为。

股东驱动型企业战略的财务效应是：第一，由于股东投入资本的成本在很大程度上由企业的盈利状况决定，这种资本引入战略会极大地缓解企业的经营成本（主要是人工成本和资本成本）压力，这对于初创期企业持续经营尤为关键。第二，在非现金入资的情况下，股东入资资产估价的公允性会影响企业未来的资产报酬率和股权报酬率，也有可能在一定程度上改变股东间的利益关系。第三，股东入资所带来的资源优势和投资偏好，会显著影响企业的经营战略以及企业未来的发展方向。

4. 以留存资本为主的利润驱动型企业

以留存资本为主的利润驱动型企业，其盈余公积和未分配利润之和在企业负债与股东权益之和中的占比通常较高。出现这种情况通常是由于企业在行业中处于优势地位，盈利能力转强，在长期发展过程中累积了相当规模的留存收益。从本质上讲，用留存资本来支持企业的发展，等同于股东对企业的再投资。因此，利润驱动型企业的发展战略内涵与股东驱动型企业的发展战略内涵是一致的。利润驱动型企业战略的财务效应是：第一，在这类企业中留存收益成为企业资本的主要来源，可以大大降低企业融资的外部依赖性，在降低企业财务风险和经营压力方面所产生的效应是显而易见的。第二，这类企业通常盈利能力很强，在行业中具有较明显的竞争优势，在资本市场上也易受追捧。如果长期坚持这种资本引入战略而不积极增加债务融资和股权融资比例，则意味着企业的经营战略和融资战略过于保守，没有利用自身优势积极筹措资金以寻求更大、更快的发展，企业反而会成为收购对象（成为"野蛮人"捕获的猎物）。

5. 并重驱动型企业

均衡利用各类资本的并重驱动型企业是那些发展到一定阶段，综合利用各种资本进一步发展的企业。实际上，大多数优质企业均属于此类。在企业发展的不同阶段，不同类型资本的贡献度会有明显差异，因此，均衡利用各类资本的并重驱动型企业的发展战略内涵也会有所不同。

第二节 利润表质量分析

利润表概述

(一) 利润表的性质及其作用

利润表又称损益表和收益表,是反映企业一定时期经营成果的会计报表。它是把一定期间的营业收入与其同一会计期间相关的营业费用进行配比,以计算出企业一定时期的净利润或者净亏损。由于利润是企业经营业绩的综合体现,又是进行利润分配的依据,因此,利润表是会计报表体系中的主要报表。

既然利润表如此重要,它有哪些作用呢?简单来说,利润表的作用主要体现在以下四个方面。

1. 有助于正确评价企业的经营成果和经营业绩

利润表反映了企业在一定期间内的各种收入和各项成本费用的发生情况以及最终的财务成果状况。通过对利润表的分析,可以判断企业在这一会计期间是获得了利润还是发生了亏损,同时,通过不同环节的利润分析,可准确说明各环节的业绩,全面地分析和把握企业的经营状况。

2. 有助于及时、准确地发现企业经营管理过程中存在的问题

利润表集中反映了企业各项活动的收益和成本费用,而对企业各项活动价值进行判断,无非更多的是通过收益与成本费用的比较来确定。因此,通过对利润表的分析,可以了解企业生产经营状况,发现生产经营活动存在的问题,这有助于企业全面地改善经营管理,提高经营效益。

3. 有助于分析和预测企业的获利能力和发展潜力

利润表反映了企业一定时期内的经营成果,提供了营业收入、营业成

本、营业外收支、投资损益等明细情况，因此，对利润表的分析有助于分析企业损益的构成及比重，方便预测企业长期的盈利能力和未来的发展潜力。

4. 有助于做出合理的经济决策

投资者的投资决策，债权人的信贷决策，经营者的经营决策，员工的就业决策，甚至国家的宏观经济决策，都离不开利润表这一重要依据。

（二）利润表的基本结构

常见的利润表结构主要有单步式和多步式两种。在我国，企业利润表基本采用多步式结构，即通过对当期的收入、费用等项目按照性质加以归类，按照利润形成的主要环节列出一些中间性利润指标，分步计算当期净损益，通过营业利润、利润总额、净利润和综合收益四个层次来分步披露企业收益，详细地阐释企业收益的形成过程，以便使用者理解企业经营成果的不同来源。企业利润表对于费用列报通常按照功能可分为从事经营业务发生的营业成本、管理费用、销售费用、研发费用和财务费用等，有助于使用者了解费用发生的活动区域。

利润表一般由表头、表身和补充资料三部分构成。利润表的表头主要填制编制单位、报表日期、货币计量单位等。由于利润表说明的是某一时期的经营成果，利润表的表头必须注明"某年某月份"或"某会计年度"。表身是利润表的主体部分，主要反映收入、费用和利润各项目的具体内容及其相互关系。为了使报表使用者通过比较不同期间利润的实现情况来判断企业经营成果的未来发展趋势，企业需要提供比较利润表，就各项目再分为"本期金额"和"上期金额"两栏分别填列。补充资料列示或反映一些在主体部分未能提供的重要信息或未能充分说明的信息，这部分资料通常在报表附注中列示。

我国企业利润表的排列及各项目的含义受企业会计准则的制约，以上市企业为例，利润表的基本结构（主要指母企业财务报表结构）如表3-1所示。

表 3-1　利润表（主体部分）

编制单位：　　　　　　　　××××年×月　　　　　　　　　　单位：元

项目	本月数	本年累计数
一、营业收入		
减：营业成本		
税金及附加		
销售费用		
管理费用		
研发费用		
财务费用		
其中：利息费用		
利息收入		
加：其他收益		
投资收益（损失以"—"号填列）		
公允价值变动（损失以"—"号填列）		
信用减值损失（损失以"—"号填列）		
资产减值损失（损失以"—"号填列）		
资产处置收益（损失以"—"号填列）		
二、营业利润（损失以"—"号填列）		
加：营业外收入		
减：营业外支出		
三、利润总额（亏损总额以"—"号填列）		
减：所得税费用		
四、净利润（净亏损以"—"号填列）		
五、其他综合收益的税后净额		
六、综合收益总额		

对于利润表，笔者进一步分层次认识利润表和企业的经营成果。

（1）毛利。这是一个非常重要的概念，它反映企业的初始获利空间大小，往往与企业所处行业的特点和企业在行业中的竞争优势有关。毛利的计算公式为：

$$毛利 = 营业收入 - 营业成本$$

（2）核心利润。这是一个非常有分析价值的概念。核心利润用来反映企业自身的经营活动所带来的利润。核心利润的计算公式为：

$$核心利润 = 毛利 - 税金及附加 - 期间费用（销售费用、管理费用、\\ 研发费用、利息费用）+ 其他收益$$

营业利润。营业利润既包含经营活动所获取的核心利润，也包含对外投资活动所获取的投资收益和公允价值变动收益，还包含难以进行归类的资产减值损失、信用减值损失和资产处置收益。

$$营业利润 = 核心利润 + 利息收入 - 资产减值损失 - 信用减值损失 + \\ 投资收益 + 公允价值变动收益 + 资产处置收益$$

综合收益中包含各种未实现的利得或损失。综合收益总额项目反映净利润和其他综合收益扣除所得税影响后的净额相加的合计金额。现行会计准则在引入公允价值之后，把企业全部已确认但未实现的利得或损失也纳入利润表，从而能够更加全面地反映企业的经营成果。其他综合收益则是企业根据会计准则规定列示的未在当期实现的各项利得和损失。

（三）利润表中三大要素的概念和特征

1. 收入

收入是指企业在日常活动中形成的、会导致所有者权益增加的、与所有者投入资本无关的经济利益的总流入。企业应当在履行了合同中的履约义务，即在客户取得相关商品控制权时确认收入。取得相关商品的控制权，是指能够主导该商品的使用并从中获得几乎全部经济利益。这里的日常活动是指企业为完成其经营目标所从事的经营性活动以及与之相关的其他活动。企业代第三方收取的款项应当作为负债处理，不应当确认为收入。另外，投资收益和营业外收入并不是企业在日常活动中形成的经济利益，因此不应当作为收入处理。收入具有如下基本特征：

（1）收入在企业的日常活动中形成，而不是在偶发的交易或事项中产生,如工商企业销售商品、提供劳务的收入等。在判定一个企业的日常活动应该包含哪些内容时,通常以该企业的经营范围为基础。明确界定日常活动是为了将收入与利得相区分,因为企业非日常活动所产生的经济利益的流入不能确认为收入,而应当计入利得。

(2) 收入既可能表现为企业货币资产或非货币资产的增加,如增加银行存款、应收账款等,也可能表现为企业负债的减少(如以商品或劳务抵偿债务,但不包括债务重组),或兼而有之。

(3) 收入能导致企业所有者权益增加。企业收入扣除相关成本费用后的净额,既可能增加所有者权益,也可能减少所有者权益。由于通过发行股票之类的方式所引起的所有者权益的增加并不属于收入,将收入定义为一种与日常活动相关的能导致企业所有者权益增加的经济利益的流入。

(4) 收入只包括本企业经济利益的流入,不包括为第三方或客户代收的款项,如增值税、代收利息等。代收的款项不属于本企业的经济利益流入,不能作为本企业的收入,而应作为其他应付款等负债项目处理。

2. 费用

费用是指企业在日常活动中发生的、会导致所有者权益减少的、与向所有者分配利润无关的经济利益的总流出。它主要包括营业成本、税金及附加、管理费用、财务费用、销售费用以及所得税费用等。由于费用是为了取得收入而发生的,因此费用的确认范围与确认时间应当遵循配比原则,与相应收入的确认范围和确认时间相联系。另外,投资损失和营业外支出并不是企业在日常活动中形成的经济利益,因此不应当做费用处理。

一般情况下,企业为取得一项资产或者完成一项工作总要发生一定数量的支出,如为生产产品所发生的料、工、费等各种耗费,在所生产的产品出售之前,这些支出作为存货的取得成本固然在资产负债表上(作为存货资产),只有在产品已经销售(即带来了当期经济利益,之后,才将其转入费用(计入营业成本)。因此,一项支出是计为资产的成本还是利润表上的费用,取决于其带来的经济利益是不是在当期。那些能够带来未来经济利益流入的支出,一般情况下应计入资产成本反映在资产负债表上,

而只有带来当期经济利益流入的支出,才作为费用反映在利润表上,与当期收入配比的结果是产生当期利润。费用具有如下基本特征:

(1) 费用在企业的日常活动中发生,而不是在偶发的交易或事项中发生,如营业成本、税金及附加、管理费用、财务费用、销售费用以及所得税费用等。在判定一个企业的费用应该包含哪些内容时,通常以该企业收入的确认为基础,保证费用与收入无论是在确认范围上还是在确认时间上都相互配比。

(2) 费用既可能表现为企业货币资产或非货币资产的减少,如减少银行存款、存货等,也可能表现为企业负债的增加(如当期发生但尚未支付的各种费用),或兼而有之。

(3) 费用能导致企业所有者权益的减少。向所有者分配利润而引起的企业所有者权益的减少并不属于费用,因此,将费用定义为一种与日常活动相关的经济利益的流出。

(4) 费用只包括本企业经济利益的流出,不包括为第三方或客户垫付的款项,如代付运费、保险费等。代付的款项不属于本企业的经济利益流出,不能作为本企业的费用,而应作为其他应收款等资产项目处理。

3. 利润

利润是指企业在一定会计期间的经营成果。利润包括收入减去费用后的净额、投资收益以及直接计入当期利润的利得和损失等。利润是一个有不同结构和内涵的概念体系。利润按其构成的不同层次可划分为毛利润、核心利润、营业利润、利润总额和净利润。

利润是衡量企业盈利能力和判断企业质量优劣的一个重要标志,也是评价企业管理层业绩的一项重要指标,更是投资者等财务报告使用者进行决策时的重要参考。利润具有如下基本特征:

(1) 利润既包括企业在日常活动中产生的经营成果,也包括在偶发的交易或事项等非日常活动中产生的经营成果,它是企业当期业绩的全面反映。

(2) 利润既可能表现为企业货币资产的增加,也可能表现为非货币资产的增加,如应收账款、应收票据等。因此,企业"有利润不见得有钱"。

利润是以权责发生制为基础,将收入和费用相互配比之后所产生的结果。

(3) 利润会导致企业所有者权益的增加,相应地,亏损会导致企业所有者权益的减少。由于通过发行股票之类的方式融资以及向所有者分配利润等所引起的所有者权益的变化并不属于利润,利润是能导致企业所有者权益增加(或减少),但与所有者投入资本和向所有者分配利润无关的经济利益的净流入(或净流出)。

(4) 利润不可避免地带有一定的主观人为因素。由于在遵循权责发生制确认收入和费用的过程中,在确认时间和计量金额等问题上不可避免地需要一些人为的估计和判断,利润无论是在实现期间上还是在规模上均带有一定的主观因素和操纵空间,这是会计固有的局限性造成的。

(四) 利润表的项目质量分析

1. 营业收入质量分析

营业收入是企业收入的最重要来源,同时,它稳定性较强,金额最大,清楚直观地反映了企业的市场竞争力情况,表明企业的发展能力。从这个意义上讲,企业产品或者劳务的市场占有状况直接影响甚至决定该企业的生存和发展能力,可见,营业收入在企业收入分析中占有一席之地。我们可以从营业收入的品种构成及变动情况对营业收入进行分析。

(1) 对营业收入的品种构成及变动情况进行分析。

在多种经营条件下,营业收入由不同的商品或者劳务收入构成。可以通过不同商品或劳务的收入分析,判断企业的主打商品或者主要服务,预测企业的未来发展方向。营业收入的构成及变动情况如表 3-2 所示。

表 3-2 营业收入品种构成及变动情况

产品名称	上年数		本年度		差异	
	金额/元	比重/%	金额/元	比重/%	金额/元	比重/%
合计						

通过分析企业的营业收入，可以了解企业的营业业务构成及变动情况。企业应重点扩大其主要经营品种的销售，对其他收入比重较低的品种进行具体分析，做出合理的经营决策，从而有效把握消费者的偏好，及时调整产品结构，扩大市场份额，提高自身竞争力。

（2）对营业收入的地区构成进行分析。

通过对企业营业收入的地区构成进行分析，可了解企业的销售市场布局、顾客分布及变动等情况，有助于挖掘潜在市场，提高市场占有率。

2. 营业成本质量分析

营业成本是企业已销售产品或提供劳务的实际成本，也可以说是与营业收入相关的、已经确定了归属期和归属对象的成本。在不同类型的企业里，营业成本有不同的表现形式。在制造业或者工业企业，营业成本表现为已销售产品的生产成本；在商品流通企业，营业成本表现为已销售商品成本。

对企业来说，营业成本的高低直接关系到企业利润的多少。在其他条件不变的情况下，营业成本高，则营业利润、利润总额下降；相反，营业成本低，则营业利润、利润总额高。在制造业或者工业企业，产品的生产成本直接影响营业成本的多少；在商品流通企业，已销售商品成本直接影响营业成本的高低。

通过对营业成本进行分析，将实际成本和计划成本进行对比，本年度成本与上年度成本进行比较，分析成本的升降情况，企业可以了解成本管理中存在的问题，以便加强对产品或者服务的成本控制，为获取更多利润创造机会。

3. 期间费用质量分析

期间费用是企业当期发生的费用中重要的组成部分，是指本期发生的、不能直接或者间接归入某种产品成本的、直接计入损益的各种费用。这些费用容易确认其发生的期间和归属期间，但很难判断其应该归属的对象，因而，在发生的当期便从当期的损益中扣除。在我国，期间费用划分为管理费用、销售费用和财务费用。

(1) 对管理费用质量进行分析。

管理费用是指企业行政管理部门为管理和组织企业生产经营活动而发生的各项费用支出，包括由企业统一负担的管理人员的职工薪酬、差旅费、办公费、劳动保险费、业务招待费、职工教育经费、审计费、咨询费、诉讼费等。

尽管管理层可以对管理费用中某些支出采取控制或者降低其规模等措施，但是，这种控制或者降低会对企业长期发展不利，或者影响有关人员的积极性。另外，折旧费、摊销费等不存在控制其支出规模的问题。因此，一般认为，在企业业务稳定发展的条件下，企业的管理费用变动不会太大，单一追求在一定时期的费用降低，会对企业的长期发展不利。

对管理费用的分析，应该结合企业的资产规模和销售水平。销售的增长，资产规模的扩大，提高了企业的管理要求，要求增加管理人员和相应设备等，从而增加管理费用。

(2) 对销售费用进行质量分析。

销售费用是指企业在销售商品、材料以及提供劳务的过程中发生的费用。一般包括由企业负担的运输费、装卸费、包装费、保险费、销售佣金、差旅费、展览费、广告费、销售人员的职工薪酬以及专设销售或劳务机构发生的经常性费用等。

企业销售费用的高低，有的和企业业务活动规模相关（如运输费、装卸费、包装费、销售佣金、展览费、委托代销手续费等），有的和企业从事销售活动人员的待遇相关，有的和企业未来发展、开拓市场、提高品牌影响力等长期发展战略相关。从管理层对销售费用有效控制来看，这种控制或降低会对企业的长期发展不利，或者影响有关人员的积极性。因此，在分析财务报表时，应将企业销售费用的增减变动和销售量的变动有机结合起来，分析这种变动的合理性、有效性，而不是简单地认为销售费用低的好。

实务中存在的一个评判标准是可以借鉴的，即将销售费用的增减变动与营业收入的增减变动相结合进行分析。从长期来看，销售费用的变动与营业收入的变动应该是方向相同，变动幅度相近。当营业收入的增速超过销售费用的增速时，销售费用会显现出其必要性和一定的规模效应。

（3）对财务费用进行分析。

财务费用是指企业为筹集生产经营所需资金等而发生的费用，包括利息支出（减利息收入）、汇兑损失（减汇兑收益）、金融机构手续费以及与筹资相关的其他手续费等。经营期间发生的利息支出是企业财务费用的主要构成部分，其中贷款规模、贷款利息率和贷款期限决定了贷款利息水平的高低。

①贷款规模。概括地说，如果因贷款规模的原因导致计入利润表的财务费用下降，企业会因此而改善盈利状况。但是，还应该看到，企业可能会因贷款规模的降低而影响发展。

②贷款利率和贷款期限。从企业融资的角度来看，贷款利率的具体水平主要取决于以下几个因素：一定时期资本市场的供求关系、贷款规模、贷款的担保条件以及贷款企业的信誉等。在利率的选择上，可以采用固定利率、变动利率或者浮动利率等。可见，贷款利率中，既有企业不可控制的因素，也有其可以控制的因素。在不考虑贷款规模和贷款期限的条件下，企业的利息费用将随着利率水平发生波动。总的来说，贷款期限对企业财务费用的影响体现在利率因素上。

应该说，企业的利率水平主要受一定时期资本市场利率水平的影响，不应对企业因贷款利率的宏观下调而导致的财务费用降低给予过高的期望。

既然财务费用由企业的筹资活动引起，那么企业在进行财务费用分析时，应将财务费用的增减变动和企业的筹资活动联系起来，分析其变动的合理性和有效性，发现其中存在的问题，查明原因，对症下药，以控制和降低费用，提高企业利润水平。

4. 投资收益项目质量分析

一般而言，投资收益主要是由企业拥有或控制的投资资产所带来的收益，实务中具体构成变得越来越复杂，主要包括以下四种情况：

（1）投资资产的持有收益，即在其持有期间从被投资企业获取的一定形式的利润。

（2）投资资产的处置收益，即在处置投资资产时，售价与初始取得成本之间的差额。

（3）投资资产的转换收益，即投资资产在重分类过程中（例如，企业增持或减持被投资企业的股权达到一定程度后，要从一个投资资产项目转入另一个投资性项目进行核算）所产生的投资收益。

（4）债务重组收益，即债务企业在债务重组过程中以金融资产抵债或者债转股等情形获得的债权方折让所带来的收益，以及债权企业在债务重组过程中发生的折让损失。

投资收益是企业对外投资活动形成的经济利益的流入。投资收益主要来源于债权投资、股权投资，形成交易性金融资产、债权投资、其他债权投资、其他权益工具投资和长期股权投资等。企业对外投资形成的投资收益，一部分会形成货币资金，增加现金流入量；另一部分尚未形成现金流入量。

通过对投资收益进行分析，企业可以掌握一定时期内企业外对投资活动形成的净收益或净亏损。实务中，对非金融企业而言，对外投资活动与其主营业务关系不大，投资收益仅仅反映的是投资获得的报酬水平，一般将投资收益作为非核心损益来分析；对金融企业而言，对外投资是企业的重点业务，直接关系到企业的发展和盈利能力水平，一般将投资收益作为核心指标来分析。

5. 营业外收入项目质量分析

营业外收入是企业在非日常活动中发生的与其生产经营活动无直接关系的经济利益的净流入，主要包括非流动资产处置利得、非货币性资产交换利得、债务重组利得、政府补助、盘盈利得、捐赠利得等。

营业外收入能够增加企业利润，增强企业利润分配能力。但是，不得不注意到营业外收入的不稳定性，不能简单地依据该部分收入来预测企业的长期收入状况。

6. 其他综合收益项目质量分析

其他综合收益是指企业根据会计准则的规定未在当期损益中确认的各项利得和损失。简单地说，其他综合收益是建立在资产负债观的基础之上，反映报告期内企业与所有者以外的其他各方之间的交易或事项所引起的净资产的变动额。它突破了传统会计利润的实现原则，在引入公允价值之后，把企业全部已确认但未实现的利得或损失也纳入利润表，使公允价值作为计量属性的使用成为一种必然趋势。

其他综合收益虽然在当期属于未实现损益，既不纳入计税范围，也不会带来实际的现金流量，但会在未来影响企业的经营成果，因此，对信息使用者来说具有一定的预测价值。

（五）利润与企业战略吻合度分析

利润是财务报表使用者最关心的财务数据之一，具有较高的决策相关性。利润的质量体现为利润反映企业真实盈利能力和预测未来盈利能力的程度。在资本市场上，由于财务舞弊案件的发生最终几乎都归结为利润虚假，财务报表使用者对于企业报告的会计利润的质量深感忧虑。

企业在对利润进行会计分析时，可以考虑从以下五个方面评价利润的总体质量。

1. 利润的稳健性和会计政策的总体评价

会计政策的选择是否稳健经常被作为判断盈利质量的一项重要标准。财务报表使用者在对各项收入和费用的确认与计量进行会计分析后，可根据比较重要的会计政策的运用情况，对企业会计政策和会计估计的稳健性作出整体性评价。对利润确定比较重要的会计政策和会计估计，包括资产减值准备的计提、长期资产的折旧或摊销、研究开发支出的费用化、借款费用的资本化、收入的确认、公允价值计量属性的运用、所得税费用的计量等。人们通常认为，以稳健的会计政策和会计估计为基础确定的利润更为可靠。

会计政策和会计估计的变更也是判断盈利质量的重要标准。如果报告期的利润主要来自某项会计政策或会计估计的自愿性变更，则需要慎重评价利润的质量和持续性。

无论是会计政策选择还是会计变更，行业惯例和可比企业的会计政策与会计估计一般是比较合理的参考标准。

2. 利润的稳定性和增长趋势

通常情况下，净利润尤其是营业利润的稳定增长，能表示企业经营状况良好且业绩稳定的信息；如果利润大幅波动，就很难对未来的盈利趋势进行预测。稳定增长不等于快速增长。很少有企业能够持续多年保持快速增长，或者保持稳定不变的增长速度或收益率。各行业具有不同的生命周期并受到宏观经济环境的影响，企业的盈利增长趋势一般与所属行业的景气状况相符合。过于完美的增长趋势，尤其是对于初始发行股份并上市的企业（IPO），应合理怀疑其财务粉饰的可能性。

3. 利润的持续性

利润表中报告的净利润包括经营性利润和非经常性损益。如果净利润主要来自营业利润，或非经常性损益比例越低，净利润的持续性就越强，质量就越高。

经营性利润比例越大，利润质量越高。经营活动是企业为达成经营目标所从事的主要活动，核心利润是经营活动的成果，具有较强的稳定性和持续性。因此，核心利润占净利润的比例越高，企业的利润质量就越高。相应地，营业外收入和营业外支出是非经营活动的利得或损失，营业外收支净额占净利润的比重越大，利润可持续性就越低。

经营性利润是企业的核心利润，经营性利润越高，核心利润质量就越高；在经营性利润中，主营业务利润越高，核心利润的可持续性就越强。

4. 利润与资产、现金流量的匹配性

（1）利润结构与资产结构的对应关系。资产分为经营性资产和投资类资产，相应地，利润可以分为经营性利润和投资收益。一般情况下，经营性资产与扣除非经常项目损益后的营业利润具有对应关系，对外投资性资产与投资收益具有对应关系，投资收益受被投资单位经营业绩和市场价格的影响，具有更大的不确定性。随着收购兼并日益增多以及企业持有的金融性资产的增加，投资收益在利润中的地位越来越重要。如果一家企业的投资收益在营业利润中的比例不断提高，该企业应考虑是否调整资产配置结构或改变盈利模式。

（2）利润与现金流量的对应关系。利润表是以权责发生制为基础的业绩报表，收入和费用的确认以应计为基础，与现金的流入和流出在时间上存在差异。现金流量表以现金制为基础，反映了现金的流入和流出。如果经营活动正常运转和商业交易正常进行，收入与现金流量应具有较高的匹配性。

收入和利润的现金含量越高，利润质量就越高。如果经营活动现金流量净额大幅低于净利润，或者净利润为正数但经营活动现金流量净额为负数，通常表示企业确认的收入没有伴随现金的流入，甚至存在利润操纵的可能性。造成这种现象的原因很多，如企业放宽信用政策使得销售商品、提供劳务收到的现金低于确认的营业收入长期股权投资采用权益法核算，供应商收紧商业信用，虚记收入等。

5. 利润与企业战略吻合度的分析

资产分为经营性资产、控制性投资和其他投资。其中，经营性资产和控制性投资是分析利润与企业战略吻合度的重点。经营性资产在企业的经营活动中会直接获取核心利润，而控制性投资实际上就是子企业的经营性资产。因此，控制性投资所带来的经营成果体现为子企业的核心利润。

无论是企业自身的经营性资产，还是通过对外投资形成的子企业的经营性资产，在资产负债表、利润表、现金流量表中都有一条非常清晰的分析脉络：经营性资产—核心利润—经营活动产生的现金净流量。通过这条脉络，我们就能比较清晰地判断企业经营性资产的整体质量和利润质量。

但是，实务中存在一种特殊类型的企业——以控制性投资为主体的企业自身基本不开展经营活动，主要从事对外投资活动以及后续的投资管理工作，因此，这类企业报表中的资产项目主要有货币资金、其他应收款以及长期股权投资，而固定资产等常规的经营性资产项目金额相对较少。在子企业不分红的情况下，母企业的利润表中就无法显示投资收益。这种情况下，企业利润表中的营业收入规模会很小，而管理费用、销售费用、财务费用等期间费用却照常发生，结果导致母企业利润表中所显示的企业业绩非常差——净利润是一个惨不忍睹的负数。要想正确判断企业的资产质量和利润质量，就必须采用另一个脉络展开分析：母企业控制性投资资产—子企业的核心利润—子企业经营活动产生的现金流量。在母、子企业之间所发生的内部关联交易较少的前提下，子企业的核心利润是在合并报表中体现的，为合并核心利润与母企业核心利润之差。

以控制性投资为主体的企业，母企业（即投资企业）利润表的净利润不取决于子企业的效益，而是取决于子企业的分红政策。因此，在集团管理中，要想让母企业的报表业绩好看一些，子企业就应该保持持续稳定的现金分红政策。

第三节　现金流量表质量分析

一、现金流量表的概念与作用

（一）现金流量表的概念

现金流量表是以现金为基础编制的，用于反映企业在一定会计期间现金和现金等价物（以下简称现金）流入和流出情况的会计报表。其主要目的是反映企业会计期间内经营活动、投资活动和筹资活动等对现金及现金等价物所产生的影响。

分析现金流量表，首先要理解现金的概念。现金流量表中的现金是一个广义的概念，它不仅包括库存现金，还包括可以随时用于支付的存款以及现金等价物。现金具体包括以下四个方面的内容。

1. 库存现金

库存现金是指企业持有的可随时用于支付的现金，即与会计核算中"现金"账户所包含的内容一致。

2. 银行存款

银行存款是指企业存在银行或者其他金融机构、随时可以用于支付的存款，即与会计核算中"银行存款"账户所包括的内容基本一致，区别在于：如果存在银行或其他金融结构的款项中不能随时用于支付的存款，例如，不能随时支取的定期存款，不应作为现金流量表中的现金，但提前通知银行或者其他金融机构便可支取的定期存款，则包括在现金流量表中的现金概念中。

3. 其他货币资金

其他货币资金是指企业存在银行有特定用途的资金，如外部存款、银行汇票存款、银行本票存款、信用卡存款、信用卡保证金、存出投资款等。

4. 现金等价物

现金等价物是指企业持有的期限短、流动性强、易于转换为已知金额的现金和价值变动风险很小的投资。例如，某企业于2012年11月购入2010年1月1日发行的期限为3年的国债，购买时还有2个月到期，这项交易性金融资产应视为现金等价物。权益性投资变现的金额通常不确定，因而不属于现金等价物。企业应根据具体情况确定现金等价物的范围，一经确定，不得随意变更。

（二）现金流量表的作用

现金流量表反映了企业在一定期间内现金流入和流出的情况，编制现金流量表具有以下作用。

1. 固定期间内现金的流入和流出

现金流量表将现金流量划分为经营活动、投资活动和筹资活动所产生的现金流量，并按照流入现金和流出现金项目分别反映。如果企业当期从银行借入600万元，承诺归还银行利息5万元，在现金流量表的筹资活动产生的现金流量中分别反映借款 600 万元，支付利息 5 万元。因此，现金流量表能够反映企业现金流入和流出的原因，即现金从哪里来，又流到哪里去。

2. 企业的偿债能力和支付股利能力

投资者投入资金、债权人提供短期或者长期使用的资金，其原因主要是有利可图。盈利是企业获得现金净流量的根本源泉，而获得足够的现金则是企业创造优良经营业绩的有力支撑。企业获利的多少在一定程度上表明了企业的现金支付能力，但是，企业在一定期间内获得利润并不意味着企业真正具有偿债或支付能力。在某些情况下，某些企业虽然利润表上反映的经营业绩比较乐观，但可能存在财务困难，不能偿还到期债务；还有些企业虽然利润表上反映的经营成果并不乐观，但却有足够的偿付能力。会计核算采用权责发生制和配比原则所含的估计因素是导致这种情况的原因之一。现金流量表完全以现金的收支为基础，消除了由于会计核算采用的估计等所产生的获利能力和支付能力。通过现金流量分析，能够了解企业现金流入的构成，分析企业偿债和支付股利能力，增强投资者的投资信心和债权人收回债权的信心。同时，通过现金流量分析使投资者和债权人了解企业获取现金的能力和现金偿付的能力，为筹资提供有用的信息，也使有限的社会资源流向最能产生效益的地方。

3. 分析企业未来获取现金的能力

由于商业信用的大量存在，营业收入与现金流入会有较大差异，能否真正实现收益，还取决于企业的收现能力。分析企业的现金流量状况，有助于了解企业的收现能力，从而评价企业的资金运用的绩效。现金流量表从总体上反映了企业一定期间内的现金流入和流出的全部状况，说明企业现金从哪里来，又运用到哪里去。现金流量表中的经营活动产生的现金流量，代表企业经营活动创造现金流量的能力，便于分析一定期间内产生的净利润与经营活动产生的现金流量的差异；筹资活动产生的现金流量，代表企业筹资获得现金流量的能力。通过现金流量表及其他财务信息，可以分析企业未来获取或支付现金的能力。例如，企业通过银行借款筹得资金，从本期现金流量表中反映为现金流入，却意味着未来偿还借款时要流出现金。又如，本期应收未收的款项，在本期现金流量表中虽然没有反映为现金的流入，但却意味着未来将会有现金流入。

4. 分析企业投资和理财活动对经营成果和财务状况的影响

资产负债表能够提供企业特定日期的财务状况，它所提供的是静态的财务信息，并不能反映财务状况变动的原因，也不能表明这些资产、负债给企业带来多少现金，又支付多少现金；利润表虽然能够反映企业一定期间内的经营成果，提供动态的财务信息，但它只反映利润的构成，而不能反映经营活动、投资活动和筹资活动给企业带来多少现金，又支付多少现金，也不能反映投资和筹资活动的全部事项。现金流量表可以提供一定时期现金流入和流出的动态财务信息，表明企业在报告期内由经营活动、投资活动和筹资活动获得多少现金，企业获得的这些现金是如何运用的，能够说明资产、负债、净资产的变动原因，对资产负债表和利润表起到补充说明的作用。从这个意义上来说，现金流量表是联结资产负债表和利润表的桥梁。

二、现金流量表的基本结构

我国企业的现金流量表包括正表和补充资料两部分，基本格式如表 3-3 所示。

表 3-3 现金流量表

会企 03 表　　　　　　编制单位：　　　　　　　　　年　　月

单位：元

项目	本期金额	上期金额
一、经营活动产生的现金流量：		
销售商品、提供劳务收到的现金		
收到的税费返还		
收到其他与经营活动有关的现金		
经营活动现金流入小计		
购买商品、接受劳务支付的现金		

续表

项目	本期金额	上期金额
支付给职工以及为职工支付的现金		
支付的各项税费		
支付其他与经营活动有关的现金		
经营活动现金流出小计		
经营活动产生的现金流量净额		
二、投资活动产生的现金流量：		
收回投资收到的现金		
取得投资收益收到的现金		
处置固定资产、无形资产和其他长期资产收回的现金净额		
处置子企业及其他营业单位收到的现金净额		
收到其他与投资活动有关的现金		
投资活动现金流入小计		
构建固定资产、无形资产和其他长期资产支付的现金		
投资支付的现金		
取得子企业及其他营业单位支付的现金净额		
支付其他与投资活动有关的现金		
投资活动现金流出小计		
投资活动产生的现金流量净额		
三、筹资活动产生的现金流量：		
吸收投资收到的现金		
取得借款收到的现金		
收到其他与筹资活动有关的现金		
筹资活动现金流入小计		
偿还债务支付的现金		
分配股利、利润或偿付利息支付的现金		
支付其他与筹资活动有关的现金		
筹资活动现金流出小计		
筹资活动产生的现金流量净额		

续表

项目	本期金额	上期金额
四、汇率变动对现金及现金等价物的影响		
五、现金及现金等价物净增加额		
加：期初现金及现金等价物余额		
六、期末现金及现金等价物余额		

现金流量表正表是现金流量表的主体，企业在一定会计期间现金流量的信息主要由正表提供。正表采用报告式的结构，按照现金流量的性质，依次分类反映经营活动产生的现金流量、投资活动产生的现金流量和筹资活动产生的现金流量，最后汇总反映企业现金及现金等价物净增加额。在有外币现金流量及境外子企业的现金流量折算为人民币的企业，正表中还应单设"汇率变动对现金的影响"项目，以反映企业外币现金流量及境外子企业的现金流量折算为人民币时，所采用的现金流量发生日的汇率或平均汇率折算的人民币金额与"现金及现金等价物增加额"中外币现金净增加额按期末汇率折算的人民币金额之间的差额。

现金流量表补充资料包括三部分内容：①将净利润调节为经营活动的现金流量（即按间接法编制的经营活动现金流量）；②不涉及现金收支的投资和筹资活动；③现金及现金等价物净增加情况。

三、现金流量表项目内容及其分析

对报表阅读者而言，虽然不需要掌握现金流量表编制的具体方法和技巧，但对报表中各项目的内容应该了解和掌握，现在以表3-3为例来分析、说明现金流量表的各个项目是如何影响企业现金流量的。

（一）经营活动产生的现金流量

1. 经营活动流入现金项目

①销售商品、提供劳务收到的现金反映企业主营业务和其他业务的现金收入，一般包括收到当期的销售货款和劳务收入款、收回前期的销售货

款和劳务收入款以及转让应收票据所收得的现金收入等。发生的销售退回而支付的现金应从销售商品和提供劳务收入款中扣除。企业销售材料和代购代销业务收到的现金，也应在本项目中反映。②收到的税费返还：反映企业收到返还的各种税费，包括收到返还的增值税、消费税、营业税、关税、所得税和教育附加返还款等。③收到其他与经营活动有关的现金：反映企业除了上述各项目以外所收到的其他与经营活动有关的现金，如流动资产损失中由个人赔偿的现金、经营租金以及与经营活动有关的罚款收入等特殊项目，如果金额相对不大，可以包括在该项目中，如果金额相对较大，则应单列项目反映。

2. 经营活动流出现金项目

①购买商品、接受劳务支付的现金：反映企业主营业务、其他业务的现金流出，一般包括当期购买材料、商品、接受劳务而支付的现金（包括增值税进项税额），当期支付的前期购买商品的应付款，以及购买商品而支付的预付现金，扣除本期发生的购货退回而收到的现金等。②支付给职工以及为职工支付的现金：反映企业以现金的方式支付给职工的工资和为职工支付的其他现金。支付给职工的工资包括工资、奖金以及各种补贴等，以及为职工支付的其他费用如企业为职工缴纳的养老金、失业等社会保险基金和企业为职工缴纳的商业保险金等，企业代扣代缴的职工个人所得税，也在本项目反映。而支付给从事工程项目职工的工资、奖金等，应当列入投资活动。③支付的各种税费：反映企业按国家有关规定于当期实际支付的增值税、所得税等各种税款，包括当期发生并实际支付的税金和当期支付以前各期发生的税金以及预付的税金，包括所得税、增值税、营业税、消费税、印花税、房产税、土地增值税、车船使用税、教育费附加、矿产资源补偿费等，但不包括耕地占用税。④支付的其他与经营活动有关的现金：反映企业除上述各项目外所支付的其他与经营活动有关的现金，如经营租赁支付的租金、支付的罚款、差旅费、业务招待费、保险费等。

(二)投资活动产生的现金流量

1. 投资活动流入现金项目

①收回投资所收到的现金：反映企业出售、转让或到期收回除现金等价物以外的对其他企业的权益工具、债务工具和合营中的权益等投资收到的现金。收回债务工具实现的投资收益、处置子企业及其他营业单位收到的现金净额不包括在本项目内。②取得投资收益所收到的现金：反映企业因对外投资而分得的股利、利息和利润，不包括股票股利。③处置固定资产、无形资产和其他长期资产所收到的现金净额：反映企业出售固定资产、无形资产和其他长期资产所取得的现金扣除为出售这些资产而支付的有关费用后的净额。处置固定资产、无形资产和其他长期资产而收到的现金，与处置活动支付的现金，两者在时间上比较接近，且由于金额不大，可以净额反映。④处置子企业及其他营业单位收到的现金净额：反映企业处置子企业及其他营业单位所取得的现金，减去相关的处置费用以及子企业和其他营业单位持有的现金和现金等价物后的净额。⑤收到的其他与投资活动有关的现金：反映企业除上述各项目外收到的其他与投资活动有关的现金流入。比如，企业收回股买股票和债券时支付的已宣告但尚未领取的现金股利或已到付息期但尚未领取的债券利息，若其他与投资活动有关的现金流入金额较大，应单列项目反映。

2. 投资活动流出现金项目

①构建固定资产、无形资产和其他长期资产所支付的现金：反映企业为构建固定资产、购买无形资产而支付的款项，包括购买机器设备所支付的现金及增值税款、建造工程支付的现金、支付在建工程人员的工资等现金流出、企业购入或自创取得的各种无形资产的实际现金支出，不包括为构建固定资产而发生的借款利息资本化的部分，以及融资租赁固定资产支付的租赁费。②投资支付的现金：反映企业取得除现金等价物以外的对其他企业的权益工具、债务工具和合营中的权益投资所支付的现金以及支付的佣金、手续费等交易费用，但取得子企业及其他营业单位所支付的现金净额除外。③取得子企业及其他营业单位支付的现金净额：反映企业购买

子企业及其他营业单位出价中以现金支付的部分，减去子企业及其他营业单位持有的现金和现金等价物后的净额。④支付的其他与投资活动有关的现金：反映企业除上述各项目外支付的其他与投资活动有关的现金流出，如企业购买股票时实际支付的价款中包含已宣告但尚未领取的现金股利，购买债券时支付的价款中包含已到付息期但尚未领取的债券利息等。若某项其他与投资活动有关的现金流出金额较大，应单列项目反映。

(三) 筹资活动反映的现金流量

1. 筹资活动流入现金项目

①吸收投资收到的现金：反映企业通过发行股票、债券等方式筹集资金实际收到的款项，减去支付的佣金、手续费、宣传费、咨询费、印刷费等发行费用后的净额。②取得借款收到的现金：反映企业举借各种短期、长期借款所收到的现金。③收到其他与筹资活动有关的现金：反映企业除上述各项目外所收到的其他与筹资活动相关的现金流入，如接受现金捐款等。

2. 筹资活动流出现金项目

①偿还债务所支付的现金：反映企业偿还债务本金所支付的现金，包括归还金融企业借款、偿付债券本金等。②分配股利、利润或偿付利息所支付的现金：反映企业当期实际支付的现金股利、支付给投资单位的利润以及支付的借款利息、债券利息等。③支付的其他与筹资活动有关的现金：反映企业除上述各项目外所支付的其他与筹资活动有关的现金流出，如捐赠现金流出、融资租入固定资产支付的租赁费等。

(四) 汇率变动对现金的影响额

企业在生产经营过程中，会涉及各种各样的对外业务，所以，必然会使用外汇的支付。

1. 记账货币的选择

根据我国《企业会计准则》规定，企业在会计核算时，必须选择一种基本货币单位作为记账本位币，一般的企业都应以人民币作为记账本位币，而业务收支以外币为主的企业，也可以选定某种外币作为记账本位币，但在编制会计报表时应当折算为人民币反映。所以，企业一旦发生以记账本位币以外的货币进行的款项支付，往来结算等业务（即外币业务），就应选择一定的汇率，将外币原币金额折合成记账本位币金额计入相关账户。

2. 汇兑损益的形成

目前，我国采用外币业务核算的主要方法是月终余额调整法，该方法在发生外币业务时，应将有关外币金额折合成记账本位币金额，而折合汇率采用外币业务发生时的汇率（原则上为中间价）。当月份终了时，企业应将外币债权、债务等各种外币账户的余额，按照月末汇率折合成记账本位币金额。按照月末汇率折合成记账本位币余额与账面记账本位币金额之间的差额，作为企业汇兑外汇时的收益或损失单独处理。

因此，企业只要发生外币业务，一般都会由于汇率变化而形成外汇兑换收益或损失，简称汇兑损益。

3. 汇率变动对现金的影响

同样的道理，企业在编制现金流量表时，也应当将企业外币现金流量以及境外子企业的现金流量折合成记账本位币，而汇率变动对现金的影响，应作为调节项目，在现金流量表中单独列示，专门反映由于现金流量发生日使用汇率与编表日使用汇率不一致而形成的折算出的记账本位币的差额。

随着我国加入 WTO 和世界经济一体化进程的加快，企业涉及的外币业务越来越多。如果汇率变动对现金的影响额较大，则需要借助会计报表附注的相关内容分析其原因及合理性。

在实务中，确认汇率变动对现金的影响，也可不必像前面那样对当期发生的外币业务进行逐笔计算，而是在编制现金流量表时，通过对报表附注中"现金及现金等价物净增加额"数额与报表中"经营活动产生的现金流量净额""投资活动产生的现金流量净额""筹集活动产生的现金流量净额"三项之和的比较来确定汇率变动对现金的影响（即二者的差额）。

（五）关于补充资料的说明

除现金流量表正表反映的信息外，企业还应在附注中采用间接法披露净利润调节为经营活动现金流量的信息，同时包括不涉及现金收支的重大投资和筹资活动、现金及现金等价物净变动情况等方面的信息。

1. 将净利润调节为经营活动现金流量

现金流量表采用直接法反映经营活动产生的现金流量，除此之外，企业还应采用间接法反映经营活动产生的现金流量。间接法是指以本期净利润为起点，通过一系列调整，计算并列报经营活动产生的现金流量的方法。需要调整的项目主要包括：①实际没有支付现金的费用；②实际没有收到现金的收入；③不属于经营活动的损益；④经营性应收应付项目的增减变动。通过这些调整项目的列示，我们可以进一步了解企业净利润与经营活动现金流量之间产生差异的具体原因，有助于深入考察利润的质量。

2. 不涉及现金收支的重大投资和筹资活动

不涉及现金收支的重大投资和筹资活动，反映企业在一定期间内影响资产或负债，但不形成当期现金收支的所有投资和筹资活动的信息。这些投资和筹资活动虽然不涉及当期的现金收支，但对以后各期的现金流量可能会产生重大影响，例如，企业融资租入设备形成的负债计入"长期应付款"项目，当期并不一次性支付巨额的设备款及租金，但以后各期必须为此支付现金，这会在一定期间内形成固定的现金支出。这类活动还涉及债转股、一年内到期的可转换债券以及融资租入固定资产等。

四、现金流量质量分析

所谓现金流量的质量，是指企业的现金流量能够按照企业的预期目标运转的质量。具有较好质量的现金流量应该具有的特征：第一，企业现金流量的状态体现了企业发展战略的要求；第二，在稳定发展阶段，企业经营活动的现金流量应与企业经营活动所对应的利润有一定关系，并能为企业的扩张提供现金流量的支持。

因此，在对企业的现金流量质量进行分析时，不能仅仅关注现金流量的变化结果，更不能只根据各类活动产生现金流量净额的正负符号直接得出结论，而应该针对各类活动的现金流量变化过程分别展开分析。由于经营活动、投资活动和筹资活动在企业的资金周转过程中发挥不同的作用，体现不同的质量特征，因此，各项活动现金流量质量分析的侧重点也应有所不同。此外，不同的分析主体出于不同的分析目的，所关心的问题和分析的侧重点也会存在差异。

（一）经营活动产生的现金流量的质量分析

1. 充足性分析

经营活动现金流量的充足性是指企业是否具有足够的经营活动现金流量来满足正常的运转和规模扩张的需要。现金流量状况是影响企业生存发展的关键因素，经营活动是企业经济活动的主体，也是企业获取持续资金来源的基本途径。通常企业只有在某些特殊发展阶段（如初创期或转型期）或者某些特殊的经济环境下（如金融危机时期），才被允许产生负的经营活动现金净流量。在其他时期，如果企业的经营活动现金流量仍十分有限，那么一般会认为企业自身的造血功能不强，经营活动现金流量的质量自然不会太高。由此可见，充足性是经营活动现金流量的一大质量特征。在企业经营周期超过一年的某些行业（如房地产行业），企业各个会计年度的现金流量的分布会出现与核心利润分布有较大差异的情况。

从绝对量方面来说，企业经营活动现金流量的充足性主要表现为企业经营活动现金流量能够支持企业正常运营。企业若想仅靠内部积累维持目前的生产经营能力，其经营活动现金流入量必须能够抵补当期的以下支出和费用：①本期经营活动的现金流出量（包括购买商品、接受劳务支付的现金，为职工支付的现金，支付的各项税费以及支付的其他经营活动现金等）；②主要以固定资产折旧、无形资产和其他长期资产摊销额为表现形式的前期支付的须在当期和以后各期收回的长期资产支出。也就是说，企业经营活动现金流量净额不仅要远远大于零，还要大于经营活动所获取的成果（即核心利润）。只有这样，经营活动现金流量才属正常且具有充足性，现有规模下的简单再生产才可能持续。

2. 合理性分析

经营活动现金流量的合理性是指企业经营活动现金流入是否顺畅，经营活动现金流出是否恰当，结构是否合理，经营活动现金流入量与流出量之间规模是否匹配、协调。

（1）对经营活动现金流入进行顺畅性分析。

经营活动现金流入的主要项目是"销售商品、提供劳务收到的现金"，该项目的规模主要取决于企业营业收入的规模、所采取的信用政策和企业实际的回款状况等因素。企业领导者可以通过利润表中的"营业收入"以及资产负债表中的商业债权（"应收账款"和"应收票据"）、"预收款项"等项目的期初、期末余额的变化情况来分析和判断企业经营活动现金流入是否顺畅。当然，也要考虑企业所处行业的结算特点、企业与经销商和客户之间的议价能力以及市场竞争状况等因素对其造成的不同影响。

（2）对经营活动现金流出进行恰当性分析。

经营活动现金流出的主要项目一般是"购买商品、接受劳务支村的现金"，该项目的规模主要取决于企业营业成本的规模、采购规模、相应的采购政策和企业的实际付款状况等因素。企业领导者可以通过利润表中的"营业成本"以及资产负债表中的商业债务（"应付账款"和"应付票据"）、"存货""预付款项"等项目的期初、期末余额的变化情况来分析和判断企业经营活动现金流出是否合理，有无过度支付行为。当然，也要考虑企业所处行业的结算特点、企业与供应商之间的议价能力以及市场竞争状况等因素对其造成的不同影响。

（3）对经营活动现金流量结构进行合理性分析。

由于经营特点不同、管理方式不同，特定企业在年度之间以及不同企业之间在购买商品、接受劳务支付的现金，为职工支付的现金、支付的各项税费以及支付的其他经营活动现金等方面会有显著不同。例如，人工成本较高、外购原材料和燃料需求不高的企业，其购买商品、接受劳务支付的现金就会显著低于为职工支付的现金；反之，人工成本不高、外购原材料和燃料占生产成本比重较大的企业，其购买商品、接受劳务支付的现金就会显著高于为职工支付的现金。另外，在企业自身主要从事对外投资管理，而子企业的资金又由该企业提供时，支付其他与经营活动有关的现金则会成为经营活动现金流出量的主体。

在现金流入量方面同样存在合理性问题。在企业以产品经营为主，且主营业务的市场竞争力较强的情况下，其销售商品、提供劳务收到的现金就会成为经营活动现金流入量的主体。在企业以对外投资管理为主的情况下，其销售商品、提供劳务收到的现金一般没有太大的规模。

(4) 对经营活动现金流入和现金流出进行匹配性分析。

为尽量避免现金闲置或现金紧张的局面发生，采取有效措施实现现金流入与流出的同步协调也是极其必要的。实现现金流入与流出的同步协调，要求企业设计和采用恰当的信用政策，合理地安排供货支出和其他现金支出，能够有效地组织销售回款和其他现金流入，使经营活动现金流入和流出在规模和时间上尽量相互匹配、同步协调，这样才能最大限度地提高现金的利用效率，同时减轻企业在现金周转方面的压力。

3. 稳定性

经营活动现金流量的稳定性是指企业各会计期间的经营活动现金流量规模是否存在剧烈波动状况，内部构成是否基本符合所处行业的特征，以及是否存在异常变化情况。稳定是一家企业的持续经营并得以发展的前提，经营活动现金流量主要来自企业自身开展的经营活动，主营业务突出、收入稳定是企业运营良好的重要标志，持续平稳的现金流量是企业正常运营和规避风险的重要保证。

如果一家企业的经营活动现金流入结构比较合理（即企业销售商品、提供劳务收到流量的现金明显高于其他经营活动流入的现金），且稳定程度较高，一般情况下，这样的企业较容易进行现金预算管理，可以避免出现现金闲置或现金紧张状况，从而保持现金的顺畅周转状态，提高资金使用效率，这样的经营活动现金流量的质量较好。反之，如果一家企业经营活动现金流量的规模和结构经常出现明显波动，则说明企业主营业务的获现能力可能存在很大的不确定性，经营风险较大，这会增加企业现金预算管理的难度，增大企业现金短缺或闲置的可能性，这样的经营活动现金流量的质量就较差。如果维持运行和支撑发展的大部分资金由非核心业务活动提供，企业缺少稳定可靠的核心业务的经营现金流量来源，经营活动现金流量的质量就更差，这说明企业的核心竞争力较差或者主营业务的获现能力较差，财务基础较薄弱。企业若想维持正常经营，只能借助筹资活动来应对现金短缺的风险。

（二）投资活动现金流量的质量分析

投资活动现金流量与经营活动现金流量的特点不同，大部分投资的出售变现或者收益获取通常具有一定的滞后性，即本期投资引发的现金流出也许在当期并不能带来相应的回报。因此，各期投资活动现金流入量和投资活动现金流出量之间并不存在直接的对应关系，考察两者的匹配性和协调性是没有意义的。正确的做法是对投资活动现金流入量和流出量分别进行质量分析。对投资活动现金流量进行质量分析，应主要关注投资活动现金流量的战略吻合性和现金流入量的盈利性。

1. 投资活动现金流量的战略吻合性分析

从投资活动的目的来分析，企业的投资活动主要有三个目的：第一，为企业正常生产经营活动奠定基础，如购建固定资产、无形资产和其他长期资产等；第二，为企业对外扩张和其他发展性目的进行权益性投资和债权性投资；第三，利用企业暂时不用的闲置货币资金进行短期投资，以求获得较高的投资收益。其中，前两类活动将为企业未来的发展奠定基础，应该体现企业长期发展战略的要求。因此，企业投资活动的现金流量应与企业发展战略相吻合。这种现金流量的战略性是企业投资活动所具备的基本质量特征。

（1）对内扩张或调整的战略吻合性分析。

正如企业对经营性资产的结构安排体现了企业经营活动发展的战略要求，通过投资活动现金流出量中"购建固定资产、无形资产和其他长期资产支付的现金"与现金流入量中"处置固定资产、无形资产和其他长期资产收回的现金净额"之间的规模比较，也可以体现企业经营活动发展的战略要求。

若两者均具有较大规模，即"大进大出"，通常表明企业正处在长期经营性资产的大规模置换与优化阶段，这也许是企业战略转型的要求，也许是资产更新换代的要求，往往意味着企业技术装备水平的改善，产品适应市场能力的提高，企业核心竞争力有可能会因此有所增强。当然，这种转型或调整的实施效果如何，还要通过后期的核心利润和经营活动现金流量的表现来检验。

若前者远大于后者，通常表明企业在原有生产经营规模的基础上，试图通过对内扩张战略来进一步提高市场占有率和夯实主业的竞争力。在原有资产结构中经营性资产占主要地位的情况下，这种对内扩张态势在一定程度上表明了企业坚持经营主导型战略的信心和决心。

若前者明显小于后者，通常表明企业收缩主业经营战线和规模的战略意图，当然也有可能是企业在资金紧张或者市场前景暗淡情况下的一种被动选择。这种收缩行为的经济后果需要结合市场环境（如产品生命周期、竞争态势）、宏观经济环境以及对外投资的战略安排等因素做出具体分析。

(2) 对外扩张或调整的战略吻合性分析。

对外长期股权投资尤其是控制性投资这种对外扩张形式的持续拉动效应显现为，能够使企业以较少的资源撬动较多的其他企业的资产。因此，投资活动现金流出量的规模和结构分布可以揭示企业的战略信息。而通过投资活动现金流出量中"投资支付的现金"与现金流入量中"收回投资收到的现金"之间的规模比较，可以反映企业对外投资发展战略的实施和调整情况。

若两者均具有较大规模，且彼此规模相当［即"大进大出"，通常表明企业正处在对外投资的结构性调整（至少是投资品种调整）阶段］，应密切关注这种投资战略调整对企业未来盈利能力和现金流量的影响。

若前者远大于后者，通常表明当期企业的对外投资呈现总体扩张的态势，应关注企业新的投资方向是否会对企业行业竞争力的提升或者经营风险的进一步分散做出积极贡献，当然，这最终会体现在给企业未来盈利能力和现金流量带来的影响上。

若前者明显小于后者,通常表明当期企业的对外投资呈现总体收缩的态势,一方面,应关注所收回投资的盈利性;另一方面应关注这种收缩的真正意图,是在主动处置不良资产(主要指效益不好或发展前景暗淡的投资对象)还是企业在资金紧张等情况下的一种被动选择。当然,还要分析这种投资战线的收缩对企业未来盈利能力和现金流量的影响。

(3)对内对外投资相互转移的战略吻合性分析。

在有些情况下,企业可能会在对内投资和对外投资之间进行某种战略调整,要么在大规模处置固定资产、无形资产和其他长期资产的同时大规模进行投资支付,要么在大规模收回投资的同时大规模购建固定资产、无形资产和其他长期资产。这些情况的出现往往意味着企业对经营主导型与投资主导型等战略进行调整,以实现盈利模式的转变。分析时应结合行业市场环境和宏观经济环境等因素来判断其对企业未来发展的影响。

2. 投资活动现金流入量的盈利性分析

投资意味着发展,投资活动的最终目的是获取盈利。因此,盈利性是企业投资活动所具备的另一基本特征。简单地说,对于"购建固定资产、无形资产和其他长期资产支付的现金",要关注持续增加的固定资产对本企业营业收入与核心利润(效益)的贡献,关注在建工程规模的变化与固定资产规模变化之间的关系。对于对外投资尤其是控制性投资支付的现金,要特别关注合并报表中"购建固定资产、无形资产和其他长期资产支付的现金"与合并资产负债表中"在建工程""固定资产"的规模以及"营业收入"和核心利润之间的关联度。

企业投资活动引起现金流入主要有两个原因:一是收回投资成本或残值(包括对外投资本金和处置固定资产、无形资产和其他长期资产的变现价值);二是取得投资收益收到的现金。

(三)筹资活动现金流量的质量分析

筹资活动引起的现金流量可以维持企业经营活动、投资活动的正常运转。因此,筹资活动现金流量在总体上应该与企业经营活动现金流量、投资活动现金流量周转的状况相适应，在满足企业经营活动和投资活动现金需求的同时，尽量降低融资成本，避免不良融资行为。

1. 适应性分析

筹资活动现金流量与经营活动和投资活动现金流量周转状况的适应性，是指在企业经营活动和投资活动现金流量净额之和小于零、企业又没有足够的现金可以动用时，筹资活动应该及时、足额地筹集相应数量的现金，以满足上述两类活动的资金需求。而当经营活动和投资活动现金流量之和大于零、需要降低现金闲置余额时，筹资活动应适时地调整筹资规模和速度，并积极归还借款本金，在消耗上述两类活动积累的现金的同时，降低资本成本，提高企业的经济效益。另外，债务融资到期时，在没有足够的自有资金积累的情况下，企业应有能力适时举借新的债务或者通过其他渠道筹集资金，以保证到期债务如期偿还。因此，适应性应成为筹资活动现金流量的一大质量特征。

2. 多样性分析

企业筹资活动中需要考虑的一个主要问题是资本成本问题。目前，我国企业主要的筹资渠道及方式包括：吸收直接投资、发行股票和债券、银行借款、民间融资、融资租赁等。不同的筹资渠道及方式的成本和风险相差很大，要使资本成本降至较低水平，同时将财务风险保持在适当的范围内，企业必须根据自身实际情况，选择适合企业发展的渠道和方式，确定合理的筹资规模、期限和还款方式，实现筹资渠道和方式的多样化。因此，多样性是筹资活动现金流量的另一大质量特征。这里需要说明的是，从企业某一期间的现金流量表分析来看，筹资活动现金流量的多样性不可能体现得非常明显。因此，如果有必要，可以考虑将连续几个会计期间的现金流量表联系起来综合分析。

3. 融资行为的恰当性分析

融资行为的恰当性分析，是指考察企业是否存在超过实际需求的过度融资、是否存在企业资金被其他企业无效益占用等不良融资行为，进一步分析某种不良融资行为背后真正的融资动机。在筹资活动现金流量大于零的情况下，要着重分析企业的筹资活动是否已经被纳入企业的发展规划，是否与企业未来的发展战略相一致。当然，更要判断这是企业管理层以扩大投资和经营活动为目标的主动筹资行为，还是企业因投资活动和经营活动的现金流出失控而被迫采取的筹资行为。此外，对筹资活动现金流量的质量分析还包括对筹资成本（包括借款利息和现金股利）的现金支付状况、到期债务的偿还状况等方面的分析。

第四章

价值创造型企业财务战略

价值创造是投资者通过投资回报和企业价值增值获得高于资本成本的收益。企业创造价值越大，为投资者带来的资本收益就越高。创造价值的能力直接反映了企业的资本生产力和经济效益，是企业长期、可持续发展的保障，也是价值创造型财务管理模式顺利实施的关键。

第一节 企业价值创造概述

一、企业价值概述

岳群虎（2014）认为企业之所以能够持续发展，关键在于能够持续地创造价值。通常企业所创造的价值，涵盖了内部与外部价值、企业所有者与雇员价值、现在与未来的价值。只有这些价值实现统一，企业才能实现持续健康发展，价值的创造与协调，和企业的运营关系紧密。李倪（2017）以纵向为切入点来对财务战略进行深化探究，进一步突出价值管理思想，以价值创造为核心的财务战略管理，就是要在战略管理环节，严格根据价值创造理论，对财务战略加以评估，同时还需要进行相应的完善，进而满足动态变化的环境需求，由此显著提升企业的核心竞争力。

企业价值是企业整体价值，广义上是评价主体根据所采集的和企业以及市场有关信息、自身经验、企业经营现状，来对今后的现金流量进行判断，进而得出企业在今后可以预期的寿命年限范围、利用自身的经营产生的总价值。狭义上通常指的是股东价值，即评价主体结合自身经验、采集的有关企业各种信息，通过分析判断，得出企业在生命周期之内，为股东所提供的现金流之和，也就是企业业务减去债务价值所剩余的价值。

企业价值特征体现在：第一，企业价值有效率观属性，企业在生产经营活动中，投入与产出的对比关系，便是所谓的效率，它能够折射出生产要素投入量与产出量之间的对比关系。第二，企业价值能够展现出一种未来观。这种价值具有未来性，它的基础便是投资者对企业今后收益的预期，也就是说，该价值的决定因素为企业今后的盈利能力，而非当前的资产账面价值。第三，企业价值能够折射出能力观。在完善的市场经济体系下，企业市场价值，其最终的决定因素便是企业投资者与所有者双方所愿意支付的价格。投资者之所以购买人就是结合了他们自身的经验以及所采集的信息，分析判断该企业今后能够为自己获得高出购买成本的收益。

二、企业价值创造

当企业资本投入回报超过其本身就是所谓的企业价值创造。如果投入回报低于资本成本，即使当前企业的账面利润为正值，那么企业所处状态也为价值损耗。因此实现价值创造，就是实现企业价值最大化，也就是要追求更多的企业效益，于是企业就会不断地提高自身经营效益，从而提升自身的核心竞争力。在实现价值最大化目标指引下，企业的理财目标也应价值最大化，企业在经营环节始终注重价值创造：首先，价值创造型财务战略管理核心就是获取价值驱动要素，然后运用诸多方式来对这些要素进行管理，促使企业实现价值创造。其次，强化风险管理并将经营与财务风险约束在可控范围。承受一定风险并给予相应的补偿且能提高企业绩效，就是所谓的风险可控范围。最后，企业能够实现可持续发展。在价值创造理念之下，企业的理财行为将和可持续发展进行有机联系，同时企业的财务预测与管控也需要紧密联系。在价值创造过程中，要使得企业增加的价值实现最大化，如果仅仅追求某一时期的价值最大化，而对持续发展产生不利影响，那么这种方式就存在问题。所以，价值创造需要和企业可持续发展紧密联系。

三、价值创造与财务战略管理的关系

（一）价值创造与盈利能力

企业想要真正实现价值创造，最佳的方式就是构建竞争优势。目前，企业竞争优势源主要有：差异化、速度与成本领先。所谓的成本领先，是企业所从事的增值活动其累积成本要显著小于竞争方。在此策略之下，企业会获得更多的利润，而且其市场比例也会显著较高。所谓的差异化，是企业所提供给用户的产品或者服务，有独特属性，竞争方难以模仿，同时还能吸引用户在一定溢价基础上进行购买。所谓的异质化发展，是企业在同质大规模市场环境中，对其进行细化，使之产生更多特质化市场，进而为企业提供更多机遇。

企业必须敏锐地捕捉到特定消费群体的相关需求以及偏好，同时对竞争对象的行为进行深入分析并得出其优势和短板，以此为基础为用户提供更契合用户需求的产品或者服务，使之拥有更大的竞争优势。而企业持续保持这种竞争优势或者差异，就是企业战略的核心所在。与此同时，企业在此差异优势的支持下，所获取的溢价要大于保持这种差异所投入的成本，于是该差异性就能为企业带来超过行业平均水平的利润，从而实现价值创造。所谓的速度优势，是企业能够比竞争对手更快地为用户提供满足需求的服务或者产品。它涉及产品研制、生产和销售等诸多环节，甚至包括决策速度等。企业需要在很短时间内完成相应的经营活动，这样就能为用户带来时间价值，因此在时间上的速度优势，也能为企业创造价值。

（二）价值创造与竞争优势

企业提升自身价值的核心基础便是竞争优势。如果企业缺乏竞争优势，那么就很难为投资者带来价值。当然，并非所有优势项目都能为企业创造价值。企业在构建自身竞争优势时，需要注重提升企业的潜在机会。某项竞争优势能否为企业带来价值，主要决定因素有：第一，企业自身竞争优势的可持续性。第二，竞争优势所获取的收益与企业资金成本之间的关联性。只有企业的竞争优势具有持续性，而且企业所获得的收益超过了资本投入所获得的优势，这样才能为企业带来价值。

1. 企业价值可以对持续竞争优势进行检验

企业竞争优势本身具有动态性，而且该优势还有相应的生命周期。在其周期所属的不同阶段，该优势对企业价值的影响具有差异性。企业在运营过程中,需要借助不同措施获取竞争优势。优势在收获期给企业创造的收益,要超过维持该优势所需投入的成本。而在此之前,投入成本要远高于该优势所带来的收益,此时对应的是建设期。在收获期,企业所获取的利润,必须高于建设期的投入,这样才能确保该优势给企业创造相应的价值。如果该优势在竞争对象的模仿或者复制之下,导致该优势进入衰退期,该优势对企业价值的贡献度就会显著下降,企业收益也会逐渐低于行业均值。所以,在竞争优势的建设期和衰退期,该优势并不能给企业创造价值,只有在收获期,竞争优势可以借助超额利润,为企业创造价值。综上所述,对于某项竞争优势而言,它能否为企业创造价值,收获期维持时间的长短,将会起到决定性作用。

2. 企业价值可以对竞争优势的回报率进行检验

企业获取竞争优势需要一定的投资才能实现,也就是说,企业在赢得某项优势时,必须经过相应的人资、资金和时间的投入,才能成功构建。在该优势成功建立之后,企业就能取得更多的市场,溢价水平也会随之提升。然而,某项竞争优势给企业带来多大的利润,与该优势对客户价值的影响关系密切。对用户购买行为产生直接影响的服务和产品,构建的竞争优势,会使得企业利润获得大幅增长。此外,行业竞争水平以及竞争方的反应,也会对竞争优势获利能力产生影响。在竞争日益激烈的行业中,部分企业在赢得竞争优势之后,就容易被竞争方模仿,甚至会成为行业标准,那么企业借助该优势获得的收益就会下降。为此,可以借助企业价值的动态变化,对该优势的回报水平进行衡量。

四、价值创造的驱动因素分析

对企业价值起关键作用的是价值驱动因素。价值评估可以是预测、转换整体资产价值的估算过程,而价值评估主要是对相关标的进行价值判断。这些标的通常指的是股权、企业或者资产。评估价值的目的是企业在持续经营的前提下进行科学的财务决策,如融资与投资决策,这样就能实现财务战略管理目标。以企业折现现金流量模型为基础来分析可以得出价值创造的驱动因素。折现现金流量模型，能折射出现金流量风险的折现率，进而确定其资本化价值。该估价模型能够很好地展现企业价值本质，即企业今后的现金流量折现值能够量化企业经营管理。将现金流量折现模型应用于具体的企业估价其主要解决的问题，就是估计相应现金流量额度以及相应的时间分布以及明确相关的折现率。结合企业现金流量模型，企业价值的驱动要素包括：自由现金流量、企业存续期以及加权平均资本成本。在 t 时间之内，该现金流量越高，资本成本越低，相应的企业价值就越大。对于自由现金流量而言，影响它的相关决定性因素包括：固定资产投资、营业毛利率、销售增长率、所得税税率等。其中后三种指标，可以衡量企业的销售、生产与供给能力。而固定资产投资以及运营资本等因素，则能够衡量一个企业的应收款、规模扩张等决策能力。加权平均资本成本的决定性因素，涵盖了权益与债务成本，此外，还有资本结构。该决定性因素的高低水平，会对企业融资决策水平产生直接影响。

首先，企业价值最为核心的驱动要素是自由现金流量。它源于企业的经营活动，企业所流入的全部现金，减去支付费用、投资成本的剩余，就是该现金流。它也是企业将其分配给相关投资人的现金流。由此可见，该现金流就是企业价值的根源所在，它的变化可以展现出企业可控制支配的财富动态变化。企业价值本质，就是投资人员对这种现金流的索取权大小。而当期或者今后所能创造该现金流的能力，就能决定企业价值。所以，以价值创造为基础的财务战略管理，其本质就是获取长远现金流，而不是关注短期的收益。

其次，加权平均资本成本与企业价值之间呈现反相关。前者水平越低，后者价值越高。对于资本成本而言，不仅涵盖需要支付相关债权人所约定的利息，同时还需要支付股东一定的回报，而这些回报通常是那些用以补偿类似风险项目的机会成本。而企业的综合资本成本是所有资本源，根据各自筹集成本，以及市场价值作为权重的加权平均资本成本。

最后，企业存续期。该元素会时刻提醒人们将视角放在未来一段时间的现金流转，人们不再局限于某期或者数期的现金流的动态变化。只需在该存续期内，产生较为理想的现金流，该价值大小，就能很好地满足相关投资者或者债权人的需求。如此的存在就具有效率性，净现金流量时间维持得越长，企业所产生的价值就越高，它们之间存在明显的正相关性。只有确保正的净现金流量，企业才能不断获得相应的竞争优势。而维持该优势的时间，便是所谓的竞争优势时间。该竞争优势时间越长，企业所得到的回报就越高，对应的企业价值就越高。现金流是企业现金流入与流出的差值，它折射出企业、投筹资、股利分配以及经营活动结果，在决定企业价值的其他两个驱动因素得到明确之后，其现金流越大，对应的企业价值就越大。企业为了进行投资，取得资本市场资金，必须满足相应的投资收益率。如果企业资本收益率显著低于投资者所要求的收益率，那么在资本市场上就很难吸引投资人员。如果其他两个驱动因素得到明确，那么企业的资本成本越小，对应的企业增加的价值就越大。可持续性对应的就是竞争优势所持续的时间长度，也就是说，一项业务，其创造价值时间越长，企业投资所获取的正溢价时间越长，其所创造的价值就越大。这几个关键价值驱动要素的差异性组合，能够在差异环境中创造相应的企业价值。如果企业资本收益超过了资本成本，那么就能为企业持续创造价值。

第二节 价值创造型财务战略框架构建

在财务战略管理过程中，企业要考虑财务战略制定与财务战略实施的关系，两者配合的越好，财务战略管理越容易获得成功；两者之一若出现了问题，就会影响整个财务战略的成败。财务战略实施与财务战略制定同样重要。在实践中，如果财务战略实施无效，则很难判断企业所制定的财务战略的质量。因此，企业财务战略的实施及其评价有十分重大的意义。

在借鉴企业价值管理框架的基础上，提出了基于企业价值的财务战略实施框架，框架由目标层、桥梁层、运行层和支撑层构成，通过实施框架的建立可以有效地解决财务战略实施过程存在的有关问题，并保障已制定财务战略的有效实施，最终实现企业价值增加的目标，如图 4-1 所示。

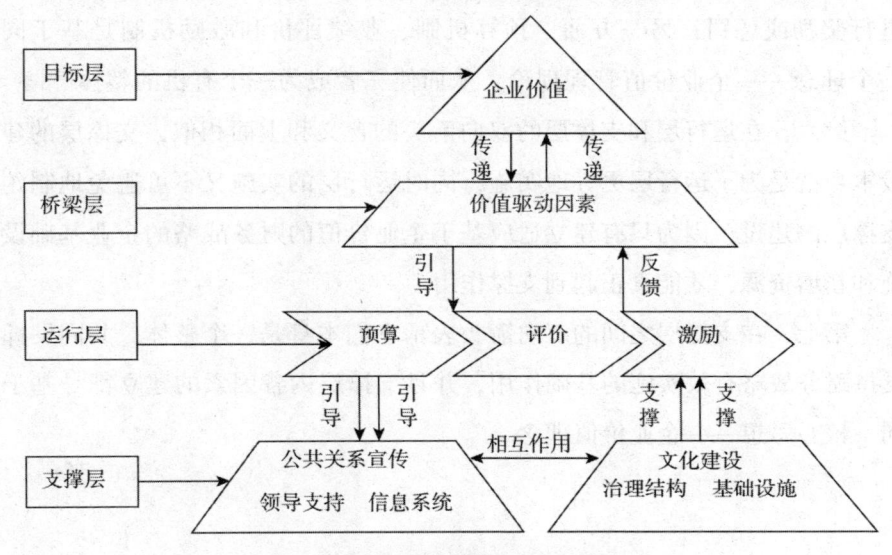

图 4-1 价值创造型财务战略实施框架

各个层次、模块所表达的含义如下：

第一，财务战略实施作为财务战略管理中的重要环节，其目标必将与整个财务战略管理系统目标相一致，财务战略的目标是"企业价值最大化"，财务战略实施过程中，其目标层也应如此。

第二，在目标层和桥梁层的双向箭头，表示目标层不但通过桥梁层指导运行层，还通过桥梁层受到运行层反馈的结果。

第三，桥梁层和运行层之间的箭头，表示运行层的实施受关键价值驱动因素指导。为了便于业务层的操作，必须将目标层进一步细化分解成可操作性的指标或活动才能指导财务战略的实施，这就是关键价值驱动因素网络。

第四，把运行层归为预算、评价和激励三个模块，它们正与财务战略实施的事前控制、事中评价、事后反馈的要求相契合，贯穿于企业财务战略实施的全过程。

第五，运行层三个模块之间的双向箭头，表示它们之间是相互关联且彼此影响的。一方面，预算、评价、激励本身就是相互制约的，企业一般根据事先预算的标准和战略实施的结果进行评价，又根据评价结果进行奖励或惩罚；另一方面，预算机制、业绩评价和激励机制是基于同一个理念——企业价值管理理论，从而使三者成为一个有机的整体。

第六，在运行层和支撑层的双向箭头的含义和上面相似，支撑层的建设本身就是为了运行层更好地实施，同时运行层的实施又不可避免地制约支撑层的建设，因为只有建立适应基于企业价值的财务战略的企业基础设施和新增资源，才能真正起到支撑作用。

第七，在支撑层之间的双向箭头表示它们本身是一个整体，共同发挥支持财务战略有效实施的基础作用，并且支撑层内各因素的建立都是基于同一核心思想——企业价值理念。

第三节 价值创造型的企业财务路径

一、企业价值创造的基本途径

企业价值的三个驱动因素，即自由现金流量、资本成本和持续时间，这三个价值驱动因素为企业实现价值增长，进行价值创造提供了三条很好的途径。一是通过持续良好的投资决策及实施来增加现金流量；二是通过科学合理的融资管理来降低资本成本；三是通过实施价值创造的战略来保持更长的竞争优势期间。

（一）增加自由现金流量

企业价值是由产生现金流量的长期能力驱动的，企业现金流量的产生能力又是由长期增长率和相对于资本成本的投入资本收益率所驱动的，因此可以从以下 3 个方面来增加自由现金流量：

（1）提高现有资本的盈利水平（即提高投入资本收益率），在预期营业利润增长率相同的情况下，投入资本收益率越高，自由现金流量就越大。

税后投入资本收益率＝营业利润率×资本周转率×（1－所得税率）

因此，通过下列活动的管理可以提高企业的税后投入资本收益率：提高营业利润率，可由每单位销售产生的最大经营利润来完成；加快资金周转，占用较少的资本量产生最大的销售额（提高资本的使用效率可以通过加快应收账款的回收，提高存货周转速度和高效率使用固定资产来完成）；减少实际税率，通过税收优惠政策和税收筹划活动来完成。

（2）确保新增投入资本的收益率超过加权平均资本成本，这涉及企业的投资决策，良好的投资决策是企业创造价值的源泉。从比率的角度看，企业新增投入资本的回报率必须超过平均资本成本才能创造价值，否则会损害企业价值。

因此，企业是否创造价值主要取决于所投资项目的税后投资资本回报率与加权平均资本成本之间的差额。企业在选择投资项目时必须注意：充分收集信息，对项目的可行性进行反复论证；用多种方法对项目进行评价，避免评价方法本身的缺陷对项目评估结果的影响；综合考虑各种因素，确保在分析中包含那些能削弱或增强现存或其他潜在项目价值的经济因素所产生的影响。

（3）提高增长率，但以新增投入资本的收益率超过加权平均资本成本为前提，只要新投入资本的收益率大于用来对现金流量折现的加权平均资本成本，增长率越高，价值就越大。如果收益率正好等于加权平均资本成本，那么增长率的提高既不会创造价值，也不会毁损价值。如果新投入资本的收益率低于加权平均资本成本，那么增长率的提高实际上是在毁损价值，投资者最好把资本投到其他方面。企业提高增长率的途径为：对各个业务单元进行评估分析，出售或清算不能创造价值的业务单元，使企业整体价值提升；寻找发展机遇，建立强大的品牌，开发新的产品；增加广告投入，提高营销水平，促进销售额的增长。

(二) 降低加权平均资本成本

有效的筹资政策能够合理地确定企业各项资本的来源以及其在总资本中所占的比重，从而使得企业维持在一个较低的加权平均资本成本水平。根据加权平均资本成本的计算公式，可以从以下两个方面来创造价值：

1. 降低个别资本成本

资本成本是选择资金来源、确定筹资方案的重要依据，企业力求选择资本成本最低的筹资方式。股票筹资的资本成本比较高，长期借款筹资成本较低，长期借款利率一般低于债券利率，且由于借款属于直接筹资，筹资费用也较少。短期负债筹资的成本较低，其利率低于长期负债。企业应根据自身生产经营状况，权衡风险因素，选择适当的筹资方式，降低个别资本成本。

2. 优化资本结构

资本结构对企业价值创造有重大影响，因为债务的资本成本要比股权资本成本低得多，因此，较多地使用债务，企业的加权平均资本成本将趋于下降，就可以实现价值创造。但是，负债率的提高会增加企业的财务风险，进而提高投资者对企业的报酬率要求，造成资本成本的提高，因此提高资产负债率反而不会为企业创造价值。关键途径在于根据企业的经营状况维持适度的债务资本与权益资本结构比，强调企业资本结构优化、融资管理、资金管理能力持续提高。在实践中，企业往往是在探寻一个最佳资本结构区间，以便使企业的加权平均资本成本最低，同时实现企业价值创造的目标。

3. 保持更长的竞争优势期间

企业价值创造要求企业必须可持续发展，保持更长的竞争优势期间，仅追求某一时期内的现金流量最大化对企业价值的创造并无益处，没有企业的可持续发展，就无法真正实现企业价值创造。

保持更长的竞争优势期间可通过以下两条途径：

（1）创造比竞争对手更多的现金流量

企业价值最大化在一定意义上取决于企业现金流量的最大化，因此要求管理当局及其相关利益群体力争增进企业的现金流量，通过开发新产品、降低成本、增加现有商品的附加价值等方法来创造比竞争对手更多的现金流量，当这些努力超过竞争对手时，企业价值就会增加。

（2）尽量延长获得正净现金流量的时间

长期保持竞争优势的企业要同时实现不低于竞争者对消费者剩余的满足，又能获得更大的销售利润。决定创造价值的消费者效用价值和生产成本又取决于企业在市场竞争中的产品差异化定位、成本定位及经济规模定位。如果以更低的生产成本达到相同或者更高的消费者效用价值，就要根据市场变化情况制定相应的差异化战略、成本领先战略、重点集中战略。只有这些战略制定得当并认真执行才能延长获得正的净现金流量的时间，保持企业长期竞争优势期间。

二、企业价值创造的财务路径

企业价值创造的财务路径可以从两个角度进行研究，一是基于财务管理循环的视野，即企业投资、筹资和经营活动；二是基于财务管理职能的视野，即价值规划、价值控制和价值评价。

（一）财务管理循环

企业的财务管理循环包括投资、筹资以及经营活动，企业正是通过这三类活动来影响企业的价值驱动因素创造价值，从而实现企业价值最大化。良好的投资活动和经营活动会增加企业的自由现金流量并延长企业竞争优势期间，从而提升企业价值。

投资活动是企业一切经营活动的源头，投资决策的成功与否将从根本上决定企业发展的命运。投资活动包括长期投资决策和短期投资决策，即资本预算决策和营运资本决策，资本预算决策至关重要，它将决定企业的持续发展能力，也指导企业运营的方向，企业综合考虑多种因素，运用正确的评价方法，从而做出正确决策。营运资本决策主要是选择现金、有价证券、应收款和存货的水平以及各种短期筹资的水平及结构，即安排好流动资产和流动负债，使资金得到有效使用，从而提升企业价值。

经营活动是企业创造价值的源泉，也是企业正常运作的关键，根据企业业务单元的特点，要规划出与企业价值驱动因素相对应的关键绩效指标，从而指导、衡量和评价业务单元的价值创造。竞争战略的选择和价值链的优化是经营活动的主要任务，良好的竞争战略决定了企业基本的价值创造模式，从而决定了企业长期获取现金流量的能力和保持长久竞争优势的可能性。价值链是由一系列诸如设计、生产、营销、服务等基本活动及各种辅助活动联合构成的价值流程系统，也可以视为实现价值传递与增值的链条，优化价值链可以提高所有相关流程的净增加值，从而增强企业的价值创造能力。

融资活动会影响企业的资本成本，企业必须制定合理的融资决策，即明确融资规模、融资方式、融资成本、融资时机等，努力降低个别资本成本，优化企业资本结构，从而增加企业价值。负债融资与权益融资的资本成本是不同的，企业要根据实际情况，选择最佳的筹资方式，从而增加企业价值。企业只要在客观上存在一个最佳的资本结构，就需要对股权融资与债务融资比例进行调整，达到资本成本与风险的最佳配置，从而最大限度地提高企业的价值。

（二）财务管理职能

价值创造型财务管理模式还可以从财务管理职能的视角来分析，其与财务管理循环是相互渗透、相互联系的，财务管理循环的每一种活动都包含着规划、控制和评价的过程，两者的核心均是价值创造，只是研究视角不同罢了。

价值规划是从价值衡量的角度探讨该项规划能创造多少价值以及规划的制定必须以价值创造为核心，它包括两个方面，即价值重组分析和价值流程优化。通过价值重组分析可以寻找到企业内部的重组机遇，发现价值创造的可能途径。价值流程优化是在重组分析的基础上，识别出增值流程与非增值流程，并提出优化的策略。

价值评价是财务管理职能的最后环节，它包括基于价值的绩效评价体系以及与之密切联系的激励制度。绩效评价体系是管理部门进行管理的重要工具，对其进行恰当的选择和正确的实施有助于价值创造活动的开展。

基于价值的激励制度是通过奖励管理者和员工所创造的价值，激励其达到最优的努力水平，设计良好、实施得当的激励制度是创造和保持企业竞争优势的重要措施。

第四节 价值创造型财务管理模式应用

一、价值创造型财务管理模式的实施步骤

价值创造型财务管理模式的实施主要包括四个步骤：一是确立明确的价值理念；二是经营价值驱动因素/关键绩效标准；三是在经营全过程实施的价值创造；四是实现领导和员工价值的沟通。

（1）确立明确的价值理念，是价值创造型财务管理模式实施的第一步。企业经营管理要对企业追求的价值作出清楚的界定，以此来确立企业上下行为的依据，确立企业的灵魂。企业根据明确的价值选择，才能确立自己的使命、事业领域、战略及策略、制度设计，以及引导员工行为的方式方法。对于一个经营中的企业来说，只要明确企业价值的准确定位，并按照这一标准对企业经营管理的方方面面认真审视，就会发现企业中的哪些环节是影响价值创造的因素。企业可以通过成立价值创造型财务管理模式实施小组，设计价值创造衡量指标并制成表格，定义基本经营价值驱动因素，关键业绩指标，培训高层及中层管理者，从而为价值创造型财务管理模式的实施奠定基础，使企业的管理者和普通员工充分理解价值创造的概念。

（2）经营价值驱动因素/关键绩效标准，是实施价值创造型财务管理模式的秘诀。价值驱动因素是实现价值创造的一些具有战略意义的创造性活动，只有通过这样一些活动，价值理念才能具体化。奈特认为，价值驱

动因素是对经营活动和财务运行效果有重大影响的运行因子,这一定义不仅仅限于运行效果,还包括所有决策得以实施的动力机制,价值驱动因素存在于企业的各个领域,包括产品开发、生产、营销以及人力资源的开发和利用等。这个定义既强调了价值驱动因素对价值创造的决定性意义,又强调了它是企业经营管理中的一个动态变量。把握和有效经营价值驱动因素,也就为价值最大化提供了有效载体和具体的方式。经营业绩优异的企业非常注意把企业的价值理念外化为价值驱动因素,非常注意从战略的高度确立明确的价值驱动因素,并把对价值驱动因素的管理作为基本的经营策略。

(3)在经营管理的全过程实施价值创造,是价值创造型财务管理模式的关键。价值创造型财务管理模式既是为了实现价值最大化,又是为了持续创造价值。所以,价值创造不是一次或一段时间完成的任务,而是贯穿于企业经营管理的全过程,并与企业的生存发展相始终的管理工程。它与企业的战略选择、资源分配、内外部竞争、薪酬制度等紧密联系在一起。例如美国经济学家弗兰克·奈特说,价值管理不仅要求管理者确立以价值创造为前提进行决策的理念,最重要的是把这一理念融入日常管理和决策实践中。企业可以建立或改进管理流程,将价值规划、价值控制、价值评价有效地协调起来,最重要的是价值评价,用价值指标来衡量单位及个人的业绩并公布结果,将企业注意力集中于业绩不好的单位,轮换最好的经理去实现成长机会或改造不良单位,将薪酬待遇与价值的创造联系起来,激励员工创造价值,加大业绩好与不好员工间的待遇差距等。

(4)领导与员工的价值沟通,是实施价值创造型财务管理模式的基本保障。价值创造型财务管理模式说到底需要通过一系列的行为实现,这就涉及企业的领导者及管理者应该如何与员工在对价值目标的认识上形成共识,所以,企业的领导者、管理者与员工之间的价值沟通是价值创造型财务管理模式的重要一环。沟通的目的是帮助企业员工形成一种价值思维,也就是帮助他们形成一种用价值的眼光来审视自己所从事的工作的习惯。要形成价值思维,企业应当制订一个培训和沟通方案来帮助员工了解价值创造的重要性和价值创造型财务管理模式的基本概念。企业员工需要经过专门的培训才能在日常决策中应用这些基本概念理解经济利润的基本内容，而沟通这一重要的反馈环节，可以帮助员工知道哪种行为是有效的，哪种行为是无效的，这样他们就可以了解自己的行为如何影响企业的价值，并通过调整自身的行为来创造更多价值。

二、价值创造型财务管理模式的成功因素

成功实施价值创造型财务管理模式，使企业成为价值创造型企业有五个关键因素：

（一）高层管理人员的支持

为了成功实施价值创造型财务管理模式，企业高层管理人员的认可和支持是至关重要的。否则，价值创造型财务管理模式是不可能实现的。在CEO的带领下，高层管理人员必须积极主动贯彻实施价值创造，在一些重要管理活动诸如战略规划、资源配置、绩效评估、薪酬设计等中体现价值导向。

（二）员工的教育与培训

持续有效的教育与培训是实施价值创造型财务管理模式的关键成功因素之一。价值创造型财务管理模式本身就是一种管理变革，员工必须解放思想，接受新知识、新理念，为变革做好准备。为了使教育和培训更加有效，高层管理人员必须积极参与，给予人力、物力、财力的支持和保障。培训与学习应以管理案例和角色扮演为主，提高企业员工的价值增长意识与管理技能。

（三）价值激励与薪酬设计

成功实施价值创造型财务管理模式有赖于根据价值评估指标为管理人员和员工制定薪酬规划。没有有效的财务与非财务相结合的激励机制，价值创造型财务管理模式只会是水中花镜中月。因此，高层管理人员必须为每个组织层次制订一套有效的薪酬体系来评估和激励基于价值创造的管理行为。

(四) 与相关利益群体沟通

企业相关利益群体是指能影响企业活动或被企业活动所影响的人或团体，股东、债权人、董事会、经理层、员工、供应商、消费者、政府部门、相关的社会组织和社会团体、社会公众等都属于相关利益群体范畴。与相关利益群体沟通，对于长期提升企业价值至关重要，尤其是股东和债权人，要向他们解释企业的战略和行为以及这些战略和行为对价值创造的作用，向他们提供企业年报、中期报告以及相关财务分析信息，加强企业管理层与他们的日常联系和沟通。

(五) 价值创造与增长型企业文化的塑造

在企业文化塑造中，融入价值创造的思想，重视价值创造的导向作用。在企业内部，培养和塑造价值创造与增长型企业文化，鼓励创新，激励创造，形成一套基于价值增长的管理理念、管理制度和管理方法，引导企业走持续、健康的价值创造之路。

三、我国企业推行价值创造型财务管理模式的具体措施

我国企业通常强调销售收入及利润增长，忽略资本生产率的重要性，资源（资金、优秀人才）稀缺，战略规划、经营规划、资本规划、人力资源规划等管理流程还有待优化，企业难以将整体的业绩与一线的行动联系起来。而价值创造型财务管理模式可以帮助我国企业解决这些问题，以价值创造为核心进行经营管理，提高企业的竞争能力，但价值创造型财务管理模式的实施有严格的条件，在我国企业中推广与应用不是一蹴而就的，需要分阶段逐步实施，还有很长的路要走。

(一) 第一阶段要获得企业管理高层的支持，并对企业全体员工进行培训

高级管理人员的承诺和支持是非常重要的，因为要借此教育所有其他管理人员以形成整个组织的价值创造承诺。价值创造型财务管理模式的成功实施，需要管理高层用语言并且最终用行动来支持。另外，管理高层还必须使实施价值创造型财务管理模式理由简单、清楚而且令人信服。

对全体员工进行培训的最终目的，是让企业每一个员工都养成思考三个问题的习惯，即：①这个项目或活动需要投入多少？②回报将是多少？③所得到的回报是否足以补偿所承担的风险？只有当员工经常思考这三个问题时，他们才具备价值创造的意识。

（二）第二阶段在企业财务管理活动的全过程实施价值创造

企业的财务管理活动包括投资、筹资和经营活动，其中投资活动和经营活动是价值创造的源泉。投资活动必须遵循净现值法则，只有未来现金流量的净现值大于零的项目才能投资，企业的投资活动必须为投资者创造价值，即考虑投资者的资金成本。筹资活动必须考虑资本成本及企业的资本结构，应选择资本成本最低的筹资方式从而最大化企业价值；经营活动要考虑企业的竞争战略及价值链管理，要将企业价值驱动因素，关键绩效标准与竞争战略联系起来，不断优化价值链，从而为投资者创造更大的价值。

（三）第三阶段以价值创造为核心重新设计组织的管理程序

1. 价值规划

企业应当使用以价值为基础的分析和计划方法（如 DCF 和 EP）来评估战略主动权和现有的经营业务。评估的一个作用就是帮助全体员工认识价值创造的驱动要素或关键绩效标准和价值创造的过程。评估的另一个重要作用就是帮助企业全体员工增强对于企业当前的价值创造状况、当前的财务状况以及实现企业目标时对利益的认识。

2. 价值控制

以价值创造为核心，编制基于价值衡量的预算体系，并以此为标准进行有效的财务控制。科学地编制财务预算，并据此进行有效的财务控制，是实现理财目标的重要途径和措施。基于价值的预算管理就是通过价值驱动因素来进行资源配置管理。财务控制要以价值创造为核心，任何一项业务活动都要以其对价值产生的影响出发进行控制。

3. 价值评价

在完成评估之后，企业开始重新设计企业的管理程序。统领企业管理程序设计的思想就是如何帮助企业更有效地创造价值。其实施过程中需要注意如下内容：

第一，业绩评价。根据业务单元来设计业绩评价方法。不同的业务单元有不同的特点，如处于成长期的业务单元和处于成熟期的业务单元同是业务增长相同的比例，处于后者的管理者和员工可能要付出数倍于前者的努力。因而，业绩评价方法就要考虑到不同业务单元间的差别，保证能客观地评价员工的付出和成绩。

业绩评价中应当把财务指标和非财务指标相结合。企业竞争力的一些指标，如顾客的满意度、新产品的开发能力等都不能用财务数据来显示，因而，财务指标并不能完全反映企业的经营状况，漂亮的财务指标也不是企业运转良好的完备条件。所以，企业应当设定一些非财务指标，保证企业能够健康地发展。

业绩评价中应将长期指标和短期指标相结合。短期指标对于企业的业绩评价是非常重要的，因为短期指标可以反映被考核单位一个时期的业绩，允许被考核单位根据自身的表现进行调整。长期指标可以使企业不再只重视短期业绩，而是把短期绩效与企业的长期、可持续发展结合起来。

第二，薪酬方案。薪酬方案的设计原则就是要为企业中各层级员工的价值创造提供足够的激励。

这种激励将企业的价值创造和业绩评价紧密联系在一起。因而，薪酬方案是企业价值创造和业绩评价之间的联系纽带。由于各层级员工的职责不同，业绩评价的标准不同，他们的薪酬方案的着眼点也有所不同。高级管理人员应根据投资者回报以及经济利润等指标作为激励的基础，中层管理人员即业务单元经理应以息税前利润和资本利用率作为薪酬的激励基础，一般员工应以各自的关键绩效标准为依据进行激励。

（四）第四阶段把价值创造上升为企业的一种文化

这是价值创造型财务管理模式实施过程中最为重要的一步，也是决定企业能否强于竞争者至关重要的一步，因而企业要认真对待这一阶段。在这一阶段，企业必须将价值创造纳入企业文化中，并且使之成为员工生活的一部分。这就意味着企业必须努力让企业所有员工明白其在企业价值创造中所起的作用。这些努力始于企业的高层并需要贯彻于整个企业，这样每个员工才能理解如下问题：企业如何创造价值？员工作用以及员工日常的决策如何影响价值的创造？当员工们能够清楚地回答这些问题时，说明企业正在朝着将价值创造转变为企业文化的方向前进。

要达到这一层次，企业要投入大量的资源提供必要的培训和反馈来帮助员工理解他们在价值创造中所起的作用。因为把价值创造上升为企业文化不是一蹴而就的事情，它需要通过有关价值创造的培训和反馈来不断地深化员工对于价值创造的认识，只有这样员工才能真正参与到企业管理程序的优化和价值创造中，并在实践中不断提高自身价值创造的能力，从而进一步提高其对于价值创造的认识。只有当这一过程能够得以不断地循环，价值创造才能真正上升为企业文化，企业的价值创造能力才能不断提高。

第五章

基于企业生命周期的企业财务战略模型构建

企业作为一个具有生命的有机体,从其创建伊始,就是以生命周期为线索,沿着一定的生命周期轨迹运行的,按照企业生命周期理论研究企业财务战略,能够使得企业的财务战略选择具有较强的目的性。作为企业战略管理平台的财务战略,其有效的设计、实施和执行,对企业具有重要的现实意义。

第一节 基于企业生命周期的财务战略理论

一、企业生命周期理论

(一) 企业生命周期理论发展历程

企业生命周期理论是近年来国际上流行的一种管理理论。在马森·海尔瑞(1959)最早提出"企业生命周期"概念后,现在企业生命周期理论已经有几十种。其中,属爱迪斯的研究最为系统。爱迪斯(1989)在其著作《企业生命周期》(Corporate Lifecycle: Howand Why Corporate Growand Dieand Whatto DoAboutIt)中,明确了企业生命周期的概念,描述了企业生命周期各个阶段的行为特征,并提出了预测、分析及诊断企业文化的工具(PEEI 和 CAPI)以及改变企业文化的爱迪斯诊疗法。他在书中指出企业的生命周期要经历成长阶段(包括孕育期、婴儿期、学步期、青春期与盛年期)与老化阶段(包括稳定期、贵族期、官僚前期、官僚期与死亡期)。企业的成长与老化主要通过灵活性与可控性这两大因素之间的关系表现出来。他认为"企业年轻时充满了灵活性,但控制力却不一定很强;企业老化时,关系变了,可控性增加了,但灵活性变小了"。灵活性强,企业变革相对容易,但控制水平较低;控制力强的企业往往缺乏灵活性,缺乏变革的意向。在不同的阶段,企业可能会陷入不同的陷阱中。例如在学步期，企业容易陷入创业者陷阱；在青春期，面临新人与元老的矛盾。[1]

我国著名企业管理专家陈佳贵教授也进行了企业生命周期的研究，并提出了企业生命周期理论。他于1988年和1995年就企业生命周期问题发表了两篇专门论文。陈佳贵教授通过对正常发育型企业进行研究，探讨了企业成长各个阶段的主要特征，并专门对企业衰退期进行了研究。他认为企业进入衰退期后，存在两个前提：衰亡和蜕变[2]，并分析了衰亡和蜕变的本质区别，重点对处于衰退期之后的企业的各种蜕变进行了深入分析，具有很强的针对性和实践价值。

此后，还有很多学者从不同的角度对企业生命周期进行了研究。李业（2000）按照企业的销售额把企业发展分为初生、成长、成熟和衰退四个阶段；周三多、邹统钎（2002）按照企业的经营战略将企业成长历程总结为专业化、多元化和归核化三个阶段；韩福荣等（2002）提出了基于灵活性、可控性和企业规模的三维生命周期模型；任佩瑜（2003）[3]更是从复杂性科学的角度分析了企业生命周期的复杂过程，揭示了企业发展变化的内在机理。

（二）企业生命周期的含义

企业生命周期的研究是多方位、多角度的，这就决定了其内涵的丰富性。其一，企业所处的生命周期受多种因素的影响，有内部因素与外部因素、短期因素与长期因素、定量因素与非定量因素等。在每个生命周期，这些因素都对企业发展产生了或大或小的影响。其中，有些因素对企业发展影响很大，还有一些因素对企业发展影响很小。在对其内涵进行研究时，应把握那些影响较大，具有显著特征和意义的因素，研究其发展变化和所代表的含义，因为企业生命周期不是简单的时间序列。其二，企业生命周期的表象非常复杂，一般性的规律并不能代表所有企业，不同的行业，企业生命周期的特点也不一样。其三，随着经济和科学技术的发展，

---

[1] 伊查克·爱迪思，赵睿. 企业生命周期 [J]. 新浪潮，2004（8）：121.
[2] 陈佳贵. 关于企业生命周期与企业蜕变的探讨 [J]. 中国工业经济，1995（11）：5-13.
[3] 任佩瑜，林兴国. 基于复杂性科学的企业生命周期研究 [J]. 四川大学学报，2003（6）：35-39.

企业生命周期变化的频率不断加快，因而研究的手段、方法、工具都需要不断改进。基于此，对企业生命周期的含义可以概括为，企业生命周期是通过描述企业存续时间及其存续时间内各个发展阶段所表现出来的特征，反映企业的发展过程，诊断企业发展中的问题，制定科学的发展战略，进而促进企业健康发展的一种管理方法。❶

（三）企业生命周期阶段划分和表现

学者对于企业生命周期理论进行研究的一个基本前提是企业像有机体一样具有生命。所以，学者们一般都是按照企业的生存和发展阶段以及每个阶段伴随的特征及规律进行研究的。不同学者对企业生命周期有不同的阶段划分。当斯（Kowns）、李皮特（Lippitt）、周三多、邹统钎等人划分为三个阶段，奎因（Quinn）、李业等人划分为四个阶段，路易斯（Lewis）、卡布罗斯（Galbraith）、陈佳贵等人则划分为五个阶段，爱迪斯（Adizes）划分的企业生命周期阶段则多达十个。尽管不同学者划分的企业生命周期阶段存在非常明显的差异，但是其中还有很多相同的地方，如内容的论述都表明企业的生存与发展总有大致相同的模式，所有企业生命周期曲线都有相似的形状，各个阶段都沿着生命周期曲线有一定的先后顺序。因此，在对上述研究进行归纳提炼的基础上，将企业生命周期分为四个阶段：初创期、成长期、成熟期和衰退期。

1. 初创期

创业阶段企业特点如下：①利润是企业的生命线，没有利润，企业无法生存。要想盈利，其前提就是市场开发和渠道拓展，提高市场占有率与产品知名度。②新产品开发的成败以及未来企业现金流量的大小都具有较大的不确定性，因此经营风险非常高。事实上，创业期的企业大部分是亏损的。③研究开发能力不足。一般来说，创业期企业还没有能力雇佣一支强大的科研开发队伍，而且由于资金缺乏，还不具备科研开发所需的雄厚资金实力。④高层管理者对企业起着至关重要的作用。高层管理者把握企

---

❶ 李水峰，张明慧．论企业生命周期［N］．太原理工大学学报，2004-9-22（3）．

业的全局，制定企业的发展目标与远期规划，做出的决策直接决定企业能否在短期内生存下去及获得长期的旺盛生命力。此外，创业期高层管理者的领导方式，决定一个企业在以后发展中的管理特点及企业文化。

2. 成长期

成长阶段企业特点如下：①成长期企业的产品逐渐被市场接受，销售能力增强，生产规模扩大，业务迅速增长，发展速度加快。②在成长阶段，企业往往需要较多的现金投入。企业产生的现金主要用于企业发展，而不是大比例地作为薪酬发放。但是，企业又非常需要吸引有才干的经营者。因此，该阶段企业在利润分配方面经常采用高比例的长期激励形式代替现金奖励和分红。③研究开发投资较大。成长阶段的企业已经具备主导产品竞争力，有一定规模的销售收入和现金流量，因此具备了研究开发的能力。拥有一支业务素质较高的研究开发队伍是成长期企业走向成熟的关键。④在成长期，企业的经营现金流和投资现金流经常是负数，所以在这个阶段企业除了依靠自身经营积累外，还要积极拓展融资渠道，筹措资金，以保障企业的发展。因此，企业需要不断完善管理制度、更新未来发展规划，提高对市场的应变能力，以保证自身的快速成长。

3. 成熟期

成熟阶段企业特点如下：①在成熟阶段，企业的经营活动相对稳定，战略目标及竞争优势已显现出来，在行业中的地位基本稳定。②企业产生现金的能力较强，但对现金的需求却相对较弱，因此有支付现金薪酬的能力，在这个阶段，企业在利润分配方面会采用现金股利的分配形式。③拥有竞争力很强的产品群和企业核心竞争力。经过成长期的研究开发与成熟期的发展，那些技术成果已经转化为企业的产品优势。此时，企业产品的市场占有率很大但增长缓慢，已经达到了发展的高峰。④企业的研究开发能力逐渐减弱。对一种产品的开发能力是有限的。成熟期的产品开发能力已经接近（或达到）极限，创新的空间越来越小，难度越来越大。⑤企业走入正轨，现金流量比较稳定，经营风险相对下降，管理制度趋于完善，企业价值不断增加。成熟期时企业利润的高低及其实现程度并不取决于产品的价格，而是取决于产品的成本。因此，企业在成熟期时的成本控制极为重要。

4. 衰退期

企业不可能永远处在成熟阶段，迟早进入衰退期。衰退期的企业长期发展能力减退（或大幅下降），短期盈利能力大幅下降，市场占有率骤减。该阶段的管理者更趋向于维持企业现状，不愿意在既定行业中选择有风险的方案，企业发展余地很小，几乎不存在长期激励的需求。当然，企业也可能同时在谋求新的发展空间，这时企业的生命周期进入一个新的循环。

（四）企业生命周期的判定

企业的发展可以从宏观和微观两个角度来分析。从宏观方面看，就是创造价值多少，可以用现金流量来计算；从微观方面看，就是企业收益的变动和规模大小，可以用销售收入增长率来说明。同时，为了更加确定生命周期阶段划分的准确性，可以从现金流量组合法和销售收入趋势法两个角度出发对企业生命周期进行阶段划分。

1. 现金流量组合法

现金流入量减去现金流出量就是现金流量金额。从经营、投资、筹资现金流量三个方面分析可以直接反映出企业的资金流向，主要对现金流量净额的正负值进行分析，不同的正负值对应不同的生命周期❶。具体判定方法如表5-1所示。

表5-1 生命周期划分依据

现金流类型	初创期	成长期	成熟期	衰退期
经营活动现金流	−	＋	＋	＋
投资活动现金流	−	−	−	−
筹资活动现金流	＋	＋	−	＋

处于初创期的企业经营活动现金流为负，投资活动现金流为负但是筹

---

❶ 明影. 基于生命周期理论的企业成长期财务战略研究 [D]. 上海：东华大学，2019.

资活动现金流为正，这准确反映了企业在初创期一般很少获得投资收益或者经营收益，在这两者上现金流量净额为负是无法避免的，但在这个时期更多的是进行融资筹资来维持和扩展自身企业经营范围和能力，因此可以看出此时的筹资现金流净额为正值。企业一旦处于成长期，此时的企业发展速度和规模明显提升，正常情况下此时的企业通过经营活动可以获取很多收益，企业会将资金用于再生产，再次扩大自身的销售份额，因为企业处在快速发展阶段，此时仍会有大量的融资行为。由此可以看出企业在此刻只有投资部分的净额为负值，其他两项都为正值。从成长期进入成熟期，企业此时有了稳定的经营环境和能力，盈利能力健康，企业内部会有盈余积累，在一定程度上对外部资金的依赖没有之前多，这个阶段的企业不仅会从自身主营业务获取回报，也会将关注点放在外部投资上，会加大自身对外投资力度形成多元化的投资战略。因此，此时的投资和融资现金流量净额为负，经营流量净额为正。很多企业在后期会由盛入衰，当企业进入衰退期时，竞争能力明显减弱，在市场中的生存空间明显减小，大部分企业在此时都会出现亏损，然后减少投资活动，可能连基本的业务都难以维持。总的来看，企业内部只有融资方面的现金净额为正值，其他两项都为负值。

2. 销售收入趋势法

企业在发展过程中销售收入逐渐提升，代表企业的实际经营状态良好。或者企业占据一定市场后，在规模效应的情况下产生的成本降低效果，所以公司的销售额数量这一数值能够代表企业所处的不同阶段，也可以了解企业实际的成长情况，然而销售额并不是最直观的数据展示，无法展现增长速度的实际情况，所以要以增长速度的相对数指标作为主要评判，在这里能够真正展现企业的实际变化和所属行业的波动情况，进而分析企业所处的阶段。❶

企业在发展的不同阶段选用的经营方式会有所不同，所以销售收入的

---

❶ 王莉舒. 生命周期视角下 HF 企业财务战略研究［D］. 沈阳：沈阳农业大学，2019.

增长很有可能会呈现不同的发展趋势。如图 5-1 所示，初期开始创立时，大多数消费者对产品的了解不够深入，所以企业会通过降低销售额的方式进一步拓展市场，但后续在成长过程中销售额与日俱增，会使企业在销售方面达到良好效果，但成熟时期销售额会逐步达到顶峰，然而会引发一定程度的速度放缓，甚至逐步下降，在进入衰退期之后，销售额还有可能出现负值。

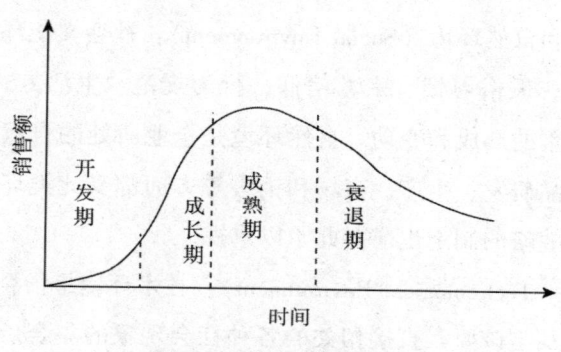

图 5-1　销售收入趋势法

二、基于企业生命周期的财务战略理论

（一）基于企业生命周期的财务战略的环境分析

正是由于基于企业生命周期的财务战略具有上述特点，影响企业财务战略调整的一个关键因素就是财务战略环境的变化。财务战略环境包括外部环境和内部环境，而外部环境又分为外部宏观环境和微观环境。只有通过对企业内外环境进行分析，适时地调整财务战略，才能充分发挥企业的优势，扬长避短，提高企业的竞争能力和应变能力，使企业的人、财、物适应环境变化的需要，优化资源配置，从而保证财务战略的实施效果。

1. 外部环境分析

（1）宏观环境分析——PEST 分析。政治法律环境（Political Environment）：政治法律环境是指那些制约和影响企业的政治要素和法律系统及其运行状态。政治环境包括国家的政治制度、权力机构、颁布的方针政策、政治团体和政治形势等要素。法律环境包括国家颁布的法律、法规、法令、国家执法机构等要素。安定、和谐的政治法律环境是企业生存发展的基础，也是企业财务战略得以实现的必要前提。

经济环境（Economic Environment）：经济环境是指影响企业财务战略活动及其生存发展的客观经济条件和经济因素的多维动态系统，主要由经济体制、社会经济结构、经济发展水平、经济体制、宏观经济政策等要素组成。企业受经济因素的影响最大、最直接。

社会文化和自然环境（Social Environment）：社会文化环境是指企业所处的社会结构、风俗习惯、宗教信仰、行为规范、生活方式、文化传统、人口规模等因素的形成和变动。自然环境是企业所处的自然资源和生态环境。企业的产品研发、生产、市场和销售等方面都受此类环境的影响和制约，因此财务战略的制定也应对此予以重视。

技术环境（Technological Environment）：技术环境是指企业所处的环境中的科技要素及与该要素直接相关的各种社会现象的集合。包括社会科技水平、社会科技力量、国家科技体制和国家科技政策。当前，随着科技的进步，产业及产品升级越来越快，产品升级及科技含量的提高直接影响企业的利润来源和可持续发展，所以，技术环境也成为财务战略制定与实施必须面对的环境之一。

（2）微观环境分析。行业环境：企业的经营状况受行业整体发展状况和企业在行业中的竞争地位的影响。行业分析主要包括：行业寿命周期分析、行业规模结构分析、行业技术状况分析和行业内竞争结构分析。这样可以了解企业现有的竞争优势，确定企业的竞争地位，从而做好各种投资组合，避免过高的财务风险，提高整体盈利水平。

市场环境：市场规模的大小、市场增长率以及产品生命周期对财务战略的形成都有影响。例如市场规模的大小表明一种产品从市场获得收入去补偿投入的成本的可能性。而较高的市场增长率意味着较好的前景和机会，市场增长率影响企业的投资方向。

（3）金融环境分析。金融环境是企业财务活动最直接的外部环境，金融机构的种类和数量，金融业务的范围和质量，金融市场的发展程度等对企业筹资、投资和经营活动都有十分重要的作用。企业财务战略必须适应金融环境的变化和要求，促使企业资金均衡、有效地流动。

2. 内部环境分析

（1）企业资源。企业资源是企业生产经营过程中的各种投入品，包括有形资源、无形资源和人力资源。这些条件对企业生存与发展有重要影响，决定一个企业是否能以最少的投入获得最大的效益，对于财务战略的选择具有重要作用。

（2）企业文化和经营理念。企业文化是指一个企业在长期的生产经营活动中形成的特定的价值观念、道德规范、文化体系、传统习惯及与此相联系的生产观念和经营哲学。经营理念决定企业选择的财务战略模式。因此，一个良好的企业文化和正确的经营理念对于企业财务战略的制定和实施，并取得预期效果是至关重要的。

（3）经营管理环境。它是指企业的经营管理水平，包括物资采购、物资供应能力和产品销售能力等。如果经营者、生产者、财务管理三方面能够协调一致，那么企业的经营管理水平就比较高，就可以确保企业生产经营活动综合效益的实现。

（4）企业的生命周期。企业在不同的生命周期具有不同的现金流量特点，将企业生命周期理论和波士顿矩阵相结合就能够研究企业经营环境的变化对企业现金流量乃至财务战略的影响。大多数情况下，针对企业的初创期、成长期、成熟期和衰退期与波士顿增长份额矩阵中的问题，将这两种方法相结合，可以综合地反映企业经营环境与企业财务战略的关系。这不仅可以了解处于不同生命周期企业现金流量的特点以及应当采取的财务战略，而且可以结合企业的经营环境特征及自身发展阶段，对企业未来资金需求和供给有整体把握，适时适当地调整财务战略。

（二）基于企业生命周期财务战略研究的必要性

财务战略研究与企业生命周期研究之间存在诸多方面密切的联系。因为分析企业的生命周期是为了更好地了解企业的正常发展过程，从而找到延长企业寿命的方法，而制定财务战略的宗旨是增强企业的竞争实力，保持企业健康可持续发展，不断创造企业价值。很明显，二者之间存在联系，生命周期阶段的界定对其财务战略的选择有重要作用。

首先，在现实经营活动中，很多企业家还停留在经验管理和主观确定战略阶段，对财务战略与企业整体竞争合作战略的关系体会不深，因此频繁出现筹资、投资等方面的重大财务失误问题，有的企业因此而倒闭。有些企业在初创期取得成功，多是由于创业者本人在经营某项资产方面具有一定的能力和优势，从而将自有资本投资于这一领域，并通过自身的资产经营优势在激烈的市场竞争中脱颖而出，其成功的秘诀是创业者勇敢果断地抓住机遇，并善于经营。但是，经营一段时间以后，尤其是进入成熟期后，不注重技术创新，不重视人力资源开发，不关心价值链优化，只依靠资本运营"圈钱"等方式扩大企业规模，这很容易导致财务危机。企业为了迅速发展壮大而在资本市场上大量"圈钱"，不注重核心竞争力的培育，必定会引发巨大的财务危机。

其次，企业在其生命周期的不同阶段，应该采取不同的财务战略来指导企业良性发展。一个企业的财务战略，应该根据企业的总体经营情况、外部经济环境、竞争对手等情况，采取与企业生命周期相适应的财务战略。如果企业能正确制定并有效实施财务战略，那么就能增加企业的价值。如果财务战略运用不当，就会给企业带来生存危机。

因此，基于企业生命周期进行财务战略的研究就显得尤为必要。只有正确地划分企业所处的阶段，才能选择适合的财务战略。只有正确运用财务战略，才能保证企业蓬勃发展。

第二节　基于企业生命周期的财务战略选择期

一、初创期财务战略

（一）初创期经营风险

企业在初创期会面临很多风险，由于技术、工艺不成熟，产品质量不稳定，销售渠道不完善，与供应商的合作关系不稳定，企业及产品在社会上没有知名度，市场份额不高，企业在生产及销售方面都会面临较大的困难。因此，初创期企业的抗风险能力很弱。

企业在初创期主要面临的风险有：

（1）财务风险。由于厂房的建造、设备的购置、新产品的开发、市场的拓展等都需要企业从外部资本市场上筹措大量的资金来保证企业所需各种资源的及时投入，企业的经营活动、投资活动现金净流量多呈现负数。由于企业尚未建立一定的市场地位，信用度不高，金融界对企业还缺乏信任感，这使得企业的外部筹资能力十分有限。而此时企业方面需要大规模举债经营，企业的负债筹资成本较高。另外，企业新产品的价格、销售量都比较低，资金回报率低，企业内部资金积累还需要一个过程。这些都使企业存在很大的财务风险。因此，初创期企业一般以自有资金为主，借入资金为辅，加大内部投资力度，或者依靠风险资本来满足其对资金的需求。

（2）管理风险。企业初创时期，由于企业规模小、员工少，企业的管理人员职责不清，企业更缺乏一套系统和科学的授权体系。企业的控制力比较弱。众多不确定因素使得企业抵抗环境变化的能力非常脆弱。如果宏观经济环境高速增长，会给企业带来较多的机会；但如果宏观经济环境不景气，则会给初创期企业带来较大的冲击，企业在严酷的市场竞争中会缺乏竞争力。

（3）信息风险。初创期企业对生产经营活动、外部环境缺乏了解，知识和经验均不足，因而无法快捷地获取社会资源以求得迅速发展。这样企业便面临相当大的不确定性与创业风险。在这种信息风险下，企业难以找到适合自身特点的业务方向，难以正确地进行市场定位。

（二）初创期财务特征

在初创期资源有限且不足的条件下，如何在企业财务战略的指导下，使企业的资源配置最优化，从而使企业生存下来，是企业初创期面临的基本问题。首先，企业应根据有限的资金，选择所能达到的投资规模，通过资源在一项业务中的高度集中，增加其主要业务的销售量，提高市场占有率，从而为企业发展进行原始资本积累。其次，企业应根据未来偿债能力选择可以接受的融资方式。处于初创期的企业融资渠道比较少，往往通过留存收益来提供资金。在募集新的长期资金方面可以在资本市场上发行更多股票或者从银行贷款，但在利润不足的情况下，企业很难获得资金支持，资金成本高。最后，初创期企业收益低且不稳定，实现的税后利润应尽可能多地留存，充实资本，为企业的进一步发展奠定物质基础。因此这一时期的股利政策一般采用非现金股利政策。

（三）初创期财务战略的选择

在初创期，大多数企业认为经营风险比财务风险更重要。因此，从总体上看，创业期企业的财务战略安排应是关注经营风险，尽量降低财务风险。企业在该阶段应采取以下财务战略：

从筹资战略看，企业初创期适宜通过权益资本筹资，建立牢固的财务基础，以保证企业的生存和未来的成长。初创期企业一般不宜采取负债筹资，这是因为一方面，初创期企业发生财务危机的风险很大，债权人出借资本要以较高的风险溢价为前提条件，从而企业的筹资成本会很高；另一方面，初创期企业一般没有或只有很少的应税收益，利用负债经营不会使企业产生节税效应。而对于权益筹资，由于初创期企业盈利能力较差，投资有完全失败的潜在可能,因此风险投资者在其中起很大作用。风险投资者之所以愿意将资本投资于企业,是因为预期企业盈利能力未来会出现高增长。

从投资战略看,企业初创期适宜采取集中化投资战略,即通过内部获得发展,以开辟自己的根据地市场,争取获得一种优势地位。初创期企业注重的是生存和进行初步的积累,企业没有稳定的市场份额,因此需要开辟市场。通过实施集中战略,主攻某个特定的顾客群,某产品系列的一个细分市场或某一地区市场,重点投资于特定目标,以更高的效率为某一狭窄的战略对象服务,有利于最大限度发挥企业的能力,提高学习效益,使企业获得稳定发展。

从收益分配战略看,由于企业初创期的收益较低且不稳定,融资渠道不畅,留存收益是很多企业唯一的资金来源,企业出于稳健考虑需要进行大量积累,因此适宜采取不分配利润的股利政策。

二、成长期财务战略

(一)成长期经营风险

如果说初创期企业的主要任务是使企业生存下来,那么成长期企业的主要任务则是扩大市场规模,并在市场上处于领先地位,因此一般会采用积极的财务战略。成长期企业也会面临许多风险:当企业没有敏锐地抓住市场机会时,就会丧失成长的良机;当企业快速成长时盲目多元化经营,就会忽视自己的核心竞争力;当企业贪图规模的扩大时,就会忽略企业可持续发展的目标,等等。同时企业为了获得投资回报,会注重投资项目的赢利性,而相对忽视项目的风险性。这些都会使企业陷入失去控制的局面。此时,企业的有形资源已具有一定规模,无形资源也在急剧增加;企业的产品或服务已打入市场,逐渐在目标市场上有了一定知名度;产品的销售数量呈现稳步上升态势。

(二)成长期财务特征

企业的经营活动现金流量增加,使得企业有了进一步扩张的实力。此时，企业外部融资变得相对容易，企业不仅有机会进入股票证券市场获取大量资金，还有很多商业银行主动向企业提供贷款。企业融资的渠道比较多：上市、配股、增发、发行可转换债券、申请授信额度、贷款等方式都被企业认真研究和选择。在成长期，企业资产规模的快速扩大，往往使企业的资产收益率在较长时间内处于相对的低水平，因为收益的增长相对于资产的增长总有一定的滞后性。因此企业成长期的财务战略应以增加财务杠杆利益为出发点，采用积极的筹资策略，大量提高债务比重，同时降低资金成本，减小筹资风险，提高企业的权益资本收益率，仅发放少量现金股利，而送股、转增股的使用较为普遍。

（三）成长期财务战略的选择

企业在成长期应采取以下财务战略：

从筹资策略看，由于风险投资者要求在短期内获得因冒险投资成功而带来的高回报，一旦产品成功推向市场，他们就开始着手准备新的风险投资计划。如果企业原始资本中存在风险资本，则企业必须找到其他适宜的外部融资来源将其取代，并为企业下一阶段的发展提供资本储备。在这一时期，经营风险仍然很高，因此财务风险较低，这就意味着新的替代资本和增资融入仍应通过权益筹资方式筹集。由于企业的产品已经经受了市场的考验，而且企业经营相对比较稳定，新投资者较之风险投资者承担的风险要低，企业有可能从较广泛的潜在投资群体中搜寻新的权益资本。当然，权益筹资方式也包括提高税后收益的留存比率。如果两种融资途径都不能解决企业发展所需资金，最后可考虑采用负债融资方式。

从投资策略看，企业成长期适宜采取一体化投资战略，即通过企业外部扩张或自身扩展等途径获得发展，以延长企业的价值链或扩大企业规模，实现企业的规模经济。通过实施一体化战略，企业可以充分利用自己在产品、技术和市场上的优势，根据物资流动的方向，在现有业务基础上不断向深度和广度发展，以获取更多战略利益，实现快速扩张。

从收益分配战略看，企业成长期收益水平有所提高，但现金流量不稳定，同时拥有较多有利可图的投资机会，需要大量资金。为增强筹资能力，企业不宜采取大量支付现金股利的政策，而应采取高比例留存、低股利支付的政策，在支付方式上也宜以股票股利为主导。

三、成熟期财务战略

（一）成熟期经营风险

随着成长期的成功结束，企业进入其生命周期的成熟期阶段。很明显，在这个阶段，经营风险会再次降低。由于成长阶段在市场营销方面的大量投入，进入成熟期的企业有相对高的市场份额。在整个成熟期阶段，主要经营风险与该阶段稳定发展的持续时间以及企业能否在财务状况看好的基础上保持强有力的市场份额有关。在此期间，保持现有的市场份额和提高效率，就成为成熟期企业的主要经营风险。

（二）成熟期财务特征

企业进入成熟期，企业资源投入达到一定规模后保持相对稳定，资源结构趋于合理，企业在市场中已经取得比较稳固的地位，产品开始进入回报期，市场份额相对稳定，持续不断地给企业带来净现金流入。此时企业的技术、工艺已经成熟，产品质量稳定，生产效率达到最高点，成本降到最低点，利润也随之达到最高水平，但利润率开始大幅下降。此时企业突出的特征是经营活动出现正的现金流量，投资活动出现的现金流量开始由负变为正，融资活动不再给企业带来净现金流入，开始表现为净现金流出。因此应该把延长企业寿命作为财务战略的主要内容。

（三）成熟期财务战略的选择

与成熟期的风险特征相适应，企业在该阶段应采取以下财务战略：

从筹资战略看，企业成熟期可采取积极的筹资战略，即采用相对较高的负债率，以有效利用财务杠杆。企业进入成熟期，经营风险相应降低，从而使得企业可以承担中等财务风险，同时企业开始出现大量正现金净流量，这些变化使企业开始使用负债而不单单使用权益筹资。对成熟期企业而言，只要负债筹资导致的财务风险增加不会产生很高的总体风险，企业保持一个相对合理的资本结构，负债筹资就会为企业带来财务杠杆利益，同时提高权益资本的收益率。

从投资战略看，企业成熟期可采取适度多角化投资战略，即将企业集聚的力量通过各种途径加以释放，以实现企业的持续成长。通过实施多元化战略，企业可以选择进入新的、与原有业务特性存在根本差别的业务活动领域，更多地占领市场和开拓新市场，或避免经营单一的风险，突破生命周期的制约，寻找继续成长的路径。

从收益分配战略看，企业成熟期现金流量充足，筹资能力强，能随时筹集经营所需资金，资金积累规模较大，具备较强的股利支付能力，而且投资者收益期望强烈，因此适宜采取高股利支付比率的现金股利政策。

四、衰退期财务战略

（一）衰退期经营风险

由于市场对产品的需求最终将逐渐衰退，企业经营业务的减少和产品的最终消亡无法避免。企业进入衰退期后，虽然与之相关的经营风险比成熟期有所降低，但仍然存在。这主要表现在其产品的寿命剩余期和所保持市场份额还能持续多长时间，企业还能维持多久。在这个期间，企业面临两种出路，一是产品生命期结束、市场份额损失殆尽，企业随之消亡；二是在衰退初期，企业实时调整经营战略，在基本保持其市场份额和所销售的产品仍能带来正现金流量的情况下，寻找新的市场，推出新的产品，开发新的利润增长点，以免企业经历衰退期而消亡，开始"二次"创业，实现新的腾飞。

（二）衰退期财务特征

企业进入衰退期后，企业的产品市场出现萎缩，利润空间越来越稀薄，企业开始最大限度地转让、变卖专用设备、厂房，或另外开发新产品、新市场。此时，经营活动和投资活动都产生巨额的现金流入，而融资活动的净现金流出也达到了历史高位。这个阶段，企业往往没有能力更新设备、创新产品，致使企业工艺落后、产品过时、生产萎缩、效益低下。企业的内外环境不断变化，原本有利的环境经过一段时间的经营后，能够容纳许多企业发展的行业可能会因为进入衰退阶段而无法为企业提供最低的经营报酬，或是企业为了进入新的业务领域而需要大量的投资和资源的转移，等等，这使企业竞争力很弱，死亡率很高。

（三）衰退期财务战略的选择

从总体上看，适应衰退期的风险特征，企业在该阶段应采取保守的财务战略：从筹资战略看，企业衰退期仍可继续保持较高的负债率，而不必调整其扩张型的资本结构。一方面，衰退期既是企业的夕阳期，也是企业新活力的孕育期。在资本市场相对发达的情况下，如果新进行业的增长性及市场潜力巨大，则理性投资者会甘愿冒险，高负债率即意味着高收益率。如果新进行业并不理想，投资者会对未来投资进行自我判断，因为理性投资者及债权人完全有能力通过对企业未来前景的评价，来判断其资产清算价值是否超过其债务面值。因此，这种市场环境为企业采用高负债融资创造了客观条件。另一方面，衰退期的企业具有一定的财务实力，以其现有产业做后盾，高负债筹资战略对企业而言是可行的。

从投资战略看，企业衰退期可考虑实施并购重组或退出战略。如果企业在市场中处于较强的竞争地位，则可以考虑通过兼并小的竞争对手来重组行业，直到拥有市场份额的控制权。通过市场控制权，企业可以获得比重组前更大的财务回报。采用这种战略，企业首先要确定某一局部市场在衰退期仍能有稳定的或者下降很慢的需求，而且在该市场中还能获得较高的收益。企业应当在这部分市场中建立自己的地位，以后再视发展情况考虑进一步的对策。当然，这种情况下，企业需要进行一定的投资，但投资成本不能太高。对于那些不盈利而又占用大量资金的业务，企业则可采取剥离或清算等退出战略，以增强在需要进入新投资领域中的市场竞争力。

从利润分配战略看，一旦进入衰退期，企业通常不想扩大投资规模，折旧不会再用来重置固定资产，企业自由现金流量可能超过披露的利润额，因此可以向股东支付很高的股利。这种股利回报既作为对现有股东投资机会的补偿，也作为对其初创期与发展期"高风险—低报酬"的一种补偿。当然，高回报率以不损害企业未来发展所需投资为最高限。

对以上不同生命周期的阶段特征重点总结概述如表 5-2 所示。

表 5-2 企业在不同的生命周期阶段特征

类型	初创期	成长期	成熟期	衰退期
经营风险	极高	高，有所下降	降低，中等	最低
财务风险	极低	变低	提高到中等	最高
筹资结构	权益融资>债务融资	权益融资>债务融资	权益融资+债务融资	权益融资>债务融资
投资策略	集中投资	一体化投资	多元化投资	退出市场
股利分配方式	零利润分配	低分配率	稳定高分配率	高分配率
财务战略选择	稳健型	激进型	稳健型	防御型

总之，企业在不同的生命周期阶段对于资金的需求也不一样，在进行财务战略选择时要充分考虑企业的经营风险和财务风险的搭配，主张"反向搭配原则"，寻找生命周期各阶段"风险—收益"最佳临界点。除此之外，企业生命周期是多种因素共同作用的结果，不仅取决于核心竞争力等内部因素，也取决于市场结构等外部条件，企业在做出财务战略选择的同时也应提出在不同的生命阶段对筹资、投资、股利分配采用适当的方法，保持企业健康发展。[1]

---

[1] 郑永艳. 基于企业生命周期的财务战略选择研究 [J]. 时代金融, 2014 (2): 96-97.

第六章

大数据背景下企业财务战略管理

在大数据发展的不断推进下，企业在市场中面临的竞争愈演愈烈，同时企业提供了海量的数据，以此支撑其制定相对合理且科学的投资管理。在企业中其最为关键，并能作出决策的内容之一即是投资策略。其实为了能够使其预期的投资目标成为现实，通过某些特定的程序再加上科学的理论、方法和手段，对投资活动中重大的问题进行相应的分析与判断，同时选择符合的方案，以此提升企业利用大数据而获得财务投资决策能力。

第一节　大数据背景下企业投资管理

一、企业投资、投资项目与项目管理

所谓投资，可以说其涉及的范畴相当广泛。但是在这一范畴中却存在各种各样的投资活动，无论是国家性投入，还是购买记账，只要是从不同的角度观察，就会有不同的依据来对应相应的投资。

企业投资也是如此，倘若将投资看作一种系统的社会经济互动，在这个系统中，最主要的要素就是基于投资概念的规定。通常投资目标都在于长远的收益，利用系统投入的货币及其等价物，使资本系统产出，其必须经历一个相当漫长的转化过程。

（一）投资项目特征

所谓的投资项目，其实就是投资与项目，投资指的是将一次性投资活动，运用一种基本形式与方法将其落实；而项目指的是一种特定的项目，其主要是将投资内容作为核心。因此，投资项目就是投资与项目的一种结合体，其主要包含以下四种特征。

1. 一次性

由于任何一个投资项目都具备一个独立完整的特定系统，投资项目的

一次性特征通常与常规性的投资活动存在一定的差异。一般情况下，这种系统中都会存在自己特定的内容与使命，而绝不会在另一个系统中存在或重复。从本质上看，投资项目是一种个体化的系统，而针对管理项目的主要任务是为了使这种投资项目中特定的系统有所认识，并将其鉴别与界定，一般都是针对其范围与内容，以及目标与限定条件等来进行。

2. 目标性

这种特征会导致投资项目的成果性目标与效率性目标很难结合为一体，换言之，只能将这两者同等看待，将其归结为经济效益目标，在投资项目中，其主要的目的就是使两者都达到最佳的适应效果，因此不能对任何一个有偏向或单纯性的强调。在投资项目管理中必须同时注意两点内容：第一，在项目保证合理功能的前提下，使项目投资尽可能地降低；第二，使项目在一定投资前提下，尽可能地提升合理功能。

通常项目的使用功能与项目的运营效益有所不同，其主要是为了将项目投资效果反映出来。一般的投资项目所涉及的领域极为广泛，参与其中的主体也相对较多，是专业性的且较强的复杂活动，因而要想落实投资目标就有些困难。倘若不能实现目标，在传递过程中，就会发生变化或误解，也可能会遇到失真的情况，这无疑导致投资失控，因此，将目标明确并简单化就很容易让人理解并将其落实。不仅如此，还必须及时地进行检查评价并落实项目管理的责任，从客观的测度方法用户标准出发，从而避免出现主观随意性或猜测性现象。

3. 周期性

使项目活动有明确的起点与终点，同时在整个过程中还会存在阶段性的变化特性，通常被称为项目的周期性。这在项目活动中，其与持续性活动有不同之处，这也是最主要的一个方面。

4. 限定性

不管是什么样的项目，都具备一定程度的限定条件，而在某种程度的限定条件下才能使项目目标实现，一般都有时间限定或投入资金的限定，或者是质量标准的限定等诸多限定。当然，在不同的项目中，其限定的条件也略有不同，而限定的尺度也存在差异，此时管理者就应当灵活地并有重点地进行相应管理。

（二）项目管理思想和项目管理方法的主要体现

1. 投资项目前期市场需求管理的基本思路

通常来说，在项目投资前期，市场需求管理都是积极运用市场经济规律，首先根据科学的方法方式，针对前期的投资项目拟建阶段，通过分析其主要需求并从中获取能够满足于市场的需求，从而系统认真地对相关需求的各种表象进行调查与分析，预测与管理。然后利用前期研究项目中拟定未来满足市场需求的载体，其一般在管理活动中的营销方案都是怎样进行的，以此来实现市场需求管理进行项目前期的拟建规划。如此一来，可以看出最关键的市场需求活动管理，主要是由于一开始对市场需求认识的确立，必须在探索与分析并选择相关需求等各种基础的前提下，再从认识市场到找寻出其需求逐步着手，利用市场细分进行相应的需求选择，从而有针对性地确定具体目标在市场中的特定需求，利用满足需求的产品或服务作为载体进一步经市场管理后，不仅可以使需求双方共赢变为可能，还可以通过终极目标使社会能够平稳可持续地发展。

2. 制定项目管理目标

一般都会从四个要素来考虑项目管理的目标，即范围、时间、质量和成本。所谓的项目就是在工作范围内完成的，在一定制约下，通过一定的时间、成本和质量来完成一件事。倘若项目工作范围内的工作通过 TQC 的制约能够完成，那么这个项目就算完成了。

3. 进行任务分解

不管任何形式的项目，不管其是否繁杂，同样可以对其进行相应的任务分解。一般都会将一个简单的或较为复杂的系统逐层进行分解，一直分解到不能或不再需要分解为止，最终再将其利用工作分析结构图体现出来。利用这种形式的任务分解，不仅可以将一些较大的项目系统转化成逐个小的任务单位，同时还将一些较为复杂的问题变得更加简单，从而使事情更加具体化、明确化，对该项目所要实施的具体工作更加明确。

4. 分配责任

在企业中，通常一项任务需要一个团队来共同完成，因此管理者针对这一点，首先要善于利用人力资源配置，使任务更加明确，使每一个员工都充分发挥主观能动性，根据权责明确的原则，确保每一个员工都分配到具体的工作，只有这样才能大大提升团队绩效与工作协作能力。然后利用网络图将工作的先后顺序与相互关系表达出来，并从中将关键的工序与路线找出来，最后通过对网络计划不断改进找出一个最佳的方案并实施。一般在计划执行过程中，利用有效的控制与监督，就可以合理地确保人员或财物的使用，最终促其实现预期目标。在此之后，通常开始计划时间与成本，以及其质量问题。一般都会运用甘特图，也就是 GANTT 图来进行简单的时间或进度安排。这种 GANTT 图是由美国管理专家 Gantt 率先提出的，有时也称为横道图，其主要是用来标注任务的名称，同时通过横道图的标示来把握时间。GANTT 图可以很好地将任务罗列出来，能达到任务计划一目了然的效果。

最后，进行控制与调整时间、成本及其质量。通过监测与检查，分析项目的时间或进度，以此对整个计划的完成情况有所了解，并及时采取相应的补救措施。关于费用的开支，必须严格把握，倘若出现支出费用过快的情况，必须及时作出调整，对其进行相应的控制。要按照预期的质量要求来完成工作，倘若这期间出现质量问题，及时采取相应的补救措施，确保目标顺利实现。

5. 项目完成后评价

项目完成之后，需要对其进行相应的评价。此时通常都会委托相关独立的第三方来实施评价，有的时候也可以自己进行评价，从中找出不足之处，总结经验教训，以便在日后的工作与生活中更好地改进。

（三）企业投资项目内部控制与管理的建议

1. 使项目管理思想融入企业管理者的生活与工作中

信息化与全球化时代背景下，企业管理者每天都面临着同一个问题，那就是信息的处理数量逐渐增加，而需要管理的事情也在不断增多。在企业中最常见的就是管理者，尤其是管理者的办公桌上会有各种各样的资料等待审核或批阅，或者等待决策，不仅如此，还有很多突发事件需要管理者解决，并随时准备迎接上级领导的检查，同时布置新的任务。由此可见，管理者们都会因此而陷入一种怪圈中，相对地待处理事务越来越多。因此，在很多企业中，管理者由于事务繁重而显得格外力不从心。一部分管理者会因此对自己的能力产生怀疑，有所困惑或感到相当疲惫，甚至会对自己的职业定位有所疑虑从而进行重新审视。

在中国，有那么一部分创业者与其管理团队会将工作当成一种乐趣，将工作看作一种生活方式，倘若能将项目管理思想作为前提，将其与企业管理者的工作与生活相结合，那么就会在这些企业家中产生一种新的生活方式。换言之，人是相当丰富的，也是鲜活的，因此人们不能只局限于僵化式的生搬硬套，而应适当地凭借项目管理思想将其与企业管理相融合，使企业的管理者可以从生活或工作中改观其现状。

2. 企业进行项目投资时要做好项目的可行性评估，建立完善的内控流程

通常企业对项目进行投资时，会针对其进行项目可行性研究与评估，同时聘用相关专家作为该项目的咨询对象，倘若出现超出企业领域的状况，就会利用聘请人员来进行技术或领域的评估，以此使企业投资项目尽可能地将前者风险降至最低。一般运用科学的决策或评估体系，可以将企业中所面临的风险控制在一定范围内。但是还会有那么一部分企业经过项目投资可行性评估之后，在进行项目投资时依然会失败，这完全是由于其内控流程还没有更好地将其完善，企业必须将这些内部控制更好地完善，才能确保企业投资项目更加优质，使项目投资顺利进行。通常会从项目投资之前的可行性评估，项目开始之后的内部控制流程，以及项目结束时的盈亏平衡进行分析或跟踪流程分析，以上几个步骤都是企业在进行内部控制流程时必须做好的设置，只有这样才能使项目顺利进行且在预期范围内获得更大的投资回报率。

3. 项目管理的工作与生活方式给企业管理者带来绩效改进

由于在企业日常管理中渗透着项目管理思想，管理者的工作与生活不断发生变化。不管做任何事情都必须有目标，还要有计划，同时要分工明确，按照计划进行每一个事项，并实时地对其进行相应的控制与调整，此时企业管理者就可以从繁忙的事务中脱身，并转变成主动进行工作安排。

一般管理者只需很少的时间就能将每天的项目管理计划完成，使其通过可视化进行相应的管理。而这样的工作模式，并不会让管理者感到疲惫，同时还能使其在主动工作的情况下获得更大的满足感，让管理者在轻松愉悦中将工作顺利完成，有效提高工作效率。

如若是在投资项目或事务性的项目管理计划进行时，就必须按照项目管理的工作方法，根据项目管理计划制订每一个环节，再对其进行一定程度的相关内容安排。当明确了这一系列的步骤之后，就可以顺利地开展任何一个事务。在整个执行过程中，必须将计划作为基础条件，然后将项目管理目标定为导向，团队成员各司其职，通过对其进行相应的控制与调整有条不紊地将一项重要工作顺利完成。

除此之外，项目管理中的危机管理也是至关重要的一项。倘若是针对每一天的项目管理计划，那么就可以更新应急预案，然后规定一定的时间解决突发事件，最后对预先时间或进度进行相对滚动式的调整；倘若是极为重大的项目管理，就必须制订相应的应急预案，确保有组织保证与人员安排，同时制定处理方式与措施。

4. 合理设置投资项目的岗位分工，确保项目实施过程中职责分明

对于项目投资过多的企业而言，必须创建相应的投资部门与企业发展部门，还有内部审计部门与税收策划部门等各种部门，然后利用这些相关部门进行投资项目中企业的统筹工作，同时将项目之前的评估做好，还必须做好项目后的跟踪分析与监控，再有就是对项目完成之后的清理工作，必须对项目及时进行权衡评估，以此来保证企业面临的投资风险处于可控范围内。与此同时，以这个为基础，必须保证企业能够在合理分配的情况下，每一个相关人员的责任都明确，而他们相应的岗位也必须符合该企业

投资项目的实际状况,其主要是对项目可行性的研究与评估,还有对项目进行监督与管控。

在目前的企业中,其不只局限于某一个具体的领域中,通常都会牵涉很多领域,而且要求这些投资部门的人员必须具备专业素养,同时涉及像财务或法律,以及金融或投资等诸多领域,只有这样才能确保企业投资项目能够顺利进行下去。不仅如此,企业还必须针对项目的审批授权创建相对的程序,通过这些程序来设定相应的专业投资人员,然后凭借实践的论证,使应有的职能更好地发挥出来。尤其是针对投资项目中的监督问题,以此使投资建设的整个过程得到保障,并在投资部门的监督下能够顺利完成。

5. 企业负责人应当关注国内的宏观经济环境和相关政策,及时更新投资观念

管理者与领导者决定一个企业能否长远地发展下去。企业的领导者与管理层必须用前瞻性的眼光,同时要对企业进行战略性部署,只有这样才能确保企业对外投资项目获得投资收益。通常企业外部的竞争状况都取决于国家的宏观经济环境,倘若一个企业没有对宏观经济环境进行相应的分析与认知,那么就会导致企业在进行战略性部署时存在差异,这无疑会使企业未来的发展趋势及其宏观经济发展受到影响。

如今国家颁布的政策决定着未来经济发展的趋势,因此企业必须事前了解这一趋势才能更好地掌握自身的战略发展。由于投资模式与投资理念不断更新换代,企业管理者要顺应这一形势适当对自身的投资理念进行改进,并在进行项目投资时积极采用新的投资模式,以此将获取的投资新知识运用到企业中,并使其在行业中能占据领先地位,并且在拥有行业领域前瞻性的同时,促进企业在各种形式的投资项目中及早发现具有前瞻性的投资项目,从而提供帮助,促进企业净利润能够通过投资收益有所提升。

二、大数据背景下企业投资决策竞争情报的需求与服务

在大数据时代背景下,对于企业竞争情报的获取与存储,以及组织与分析,还有决策需求的提升,无疑导致竞争情报的模式不再局限于传统的情报分析型服务,而是成为当前的情报预测型服务,同时逐渐转换成情报智慧型服务。

(一)大数据给企业竞争情报能力的提高带来机遇

由于信息化技术的迅猛发展,尤其是在现如今大数据与云计算的推动下,中国的经济与教育乃至民生等诸多层面,同样受到了深刻且全面的影响,这在全球众多的发达国家中,大数据时代的发展趋势有所认识。中国凭借大数据的竞争战略,科技水平跻身世界前列。但是倘若将大数据与竞争情报结合在一起,那么在企业或各种组织中,就会获得新的数据共享与价值分析体验,不仅如此,还会因此而为情报服务的理念与模式,及其方法与技术提供新的思维方式,同时提供有效的决策支撑,有助于中国的企业发展与竞争。

通常新技术到理念的创新会体现在以下三个层面。

(1)大数据给企业提供了各种各样且具有极高价值的竞争情报。大数据的整合具有各种类型的数据,因此就具备了较强的关联性与结构性,如此一来就提供了更加多元化的来源为竞争情报所用。一般企业都会在分析挖掘中获取需要的信息,以此来促进竞争情报工作者能够及时获取用户情绪变化,同时更好地了解市场时下走向,进而使企业更加主动地进行市场营销战略的制定。

(2)大数据的运用使企业在分析产业竞争情报时,存在一定的真实性与准确性,同时进一步提升了实效性。通常大数据都涵盖诸多来源不同的数据,而这些数据一般会从不同角度对情报进行相应分析,并提供基础来确定其真实性、精确性和实效性。换句话讲,大数据技术的存在,为企业竞争情报研究提供了更加真实的来源,使数据质量的准确可靠性能够通过多层次或全方位的情报搜集得到保障,从而尽可能减少云计算技术应用中

带给企业分析的压力。

（3）大数据的不断推进，促使竞争情报更加贴合企业时下的需求，同时还为企业提供了不少商业机会，因此，必须制订相应收集或使用，以及对其数据保护的计划，才能保证企业在这海量的动态异构数据中及时挖掘并展开分析。

（二）大数据环境下企业对竞争情报的需求

1. 企业制定竞争战略的需要

企业要想在如今竞争激烈的市场中保持优势，首先要正确地判断出市场当前的变化，同时对其及时进行相应的竞争战略调整，如此一来，才能在日趋激烈的市场竞争中一直占据优势。因此，企业必须格外重视竞争情报的工作，同时在当前的市场环境中制定相应的竞争战略。大数据的分析能够提供重要的参考依据为企业竞争战略所用。

2. 企业实现创新与发展的需要

企业必须不断进行创新与改进，才能更好地发展，因为企业的发展离不开创新的推进。因此，从国际上观察，目前苹果企业正在飞速的发展中，其离不开强大的创新能力。由此可见，将新技术应用到企业中，将新产品开发应用到企业中，必将脱离不了竞争情报对其的支持作用。企业通过对竞争对手情报的搜集与分析，就能够从中及时找出与其的差距，并通过创新改进找到突破点，从而获得更好的发展。

3. 开拓市场的需要

市场决定企业的生存与发展的进度，当企业针对市场制定开拓策略的时候，就必须将自身产品的实际情况与之结合，然后对获取的竞争情报进行相应的产品定位，并制定市场开拓决策，因而企业利用竞争情报的支持决定其战略决策的制定。

4. 寻求合作发展的需要

企业之间的合作交流在经济全球化的形势下逐渐增加且日趋繁杂。此时，企业就必须在进行合作发展之前制定相关的合作策略，与此同时，必须做的工作就是对竞争情报的搜集和分析，因此在企业双方的合作过程中，能够顺利发展并获得共赢，使其处于至关重要的位置。

（三）大数据背景下企业投资决策竞争情报服务

1. 大数据下的竞争情报服务模式

目前在大数据时代的不断推进下，吕慧琳的情报研究方法就采用了将事实数据与工具方法及专家智慧相结合的形式，利用工作实践的结合并举例介绍了这种方法在实际应用中所获得的成效，同时还从未来发展方向的层面进行了思考，从而探索出一条大数据背景下开展情报工作的新路径。张兴旺等就提供了一种新型的竞争情报服务模式，其主要针对面向企业竞争情报，以及在大数据基础下企业所提供的各种按需求的服务等。如若从内容研究去审视，这些类型的竞争情报服务凭借的都是现有的数据处理分析方式或工具，以此来提供情报需求服务帮助企业创建新型竞争情报服务模型。一般情况下，服务模型都会牵涉三个部分的情报领域，分别是网络竞争情报、企业竞争情报和产业竞争情报，由此可见，当下的研究中已经存在一部分理论基础。尽管如此，由于现有的数据挖掘技术与信息处理技术还不完善，其不能够精确地获取处理用户服务需求，同时在平台的监管与信息安全及服务选取程序的开发等诸多层面也相对过少，必须有一定的平台支撑，才能顺利创建竞争情报服务模式。

2. 企业竞争情报创新发展的策略

（1）系统化改进以往情报搜集研究与综合服务模式

这种模式主要体现在初始阶段，通过对特定的企业核心产品市场的销售情况进行观察，并在同类型产品上运用现有的投资管理模式，然后对其进行管制且实效考察验证，而这种模式从整体上就与分散动态模式的竞争情报分析工作领域相似。此外，在相关的企业中，当在今后方案环节进行多元化投资决策的时候，就必须将内外部环境数据信息及时地加入其中，有需要时就可以采用将非结构数据与创新工具方法及专家智慧相结合的方式，并以云计算为基础单元来进行相应构建。不仅如此，还可以从以下五个方面来进行简单分析。

①提高情报部门的数据处理能力。通常在大数据中，存储的问题是在

其处理过程中最为重要的一项，在如今大数据时代环境中，其存在的信息量最少的也已经是 TB 级别，这无疑提高了数据库软硬件的要求。同时在这种情况下，不再像以往那样局限于传统数据库对非结构化数据的分析，而是有实效性地提升了情报分析能力，并从中获得非结构化数据之间的关联与潜在联系。时下要想让专业人员的技能有所提升，也不单单是对 IT 人员或信息专家个体而言，已经转化成将这两者相结合，然而大数据时代背景下的专业人员，也必须具备多方面的技能与背景，这其中包括生态学或统计学，也有可能是社会行为学等诸多方面，只有这样才能够及时从中找出其潜在联系，从而对数据结构进行合理构建，最终提供准确情报信息。

②创新情报搜集研究方法。在当下对于信息的分析是大数据产生价值实质性环节中最为重要的一点，根据大数据目前所具有的全新特征，可以看出传统的竞争情报研究必须做出相应的改变，将其从原本单一的领域情报研究中逐渐转化为五个层面的内容，其主要把控有全领域情报研究，还有就是综合利用多种数据源，再有就是强调情报研究的谨慎性与情报研究的智能化，以及注重新型信息资源的分析。例如，从市场情报角度分析，大数据时代的不断普及，使其从原本单纯地对项目产品市场的调查，逐步扩展到代替产品或同类产品，对分散的动态竞争情报进行了更多的分析，不仅如此，还增加了对预测性情报的分析，以此来提升大数据对情报分析的准确性，同时不断从不同类型情报间增加关联分析。

③提高对大数据时代的认知程度。如今各种智能终端与社交网络在大数据时代环境中随处可见，这有利于企业有效地研究与分析消费行为或竞争对手的动向。因此，企业必须创建一套完整的大数据竞争分析体系，同时使大数据的认知程度有所提升。倘若忽视了大数据的作用，就会导致企业在竞争激烈的时局中止步不前，甚至出现倒退。

④创新服务方式。目前，传统的互联网已经远远落后于中国移动互联网的发展脚步，到前几年为止的数据，在移动互联网中的使用用户早已超出了宽带上网的用户量，而这其中有 60% 的用户都是利用手机来接入互联网的。

随着智能手机与平板电脑的不断普及，在企业中投资决策通常都会采用团队的形式来进行，如今是移动互联网时代，通常进行大数据情报搜集分析时，都会利用跨平台的方式连续推送，而那些相对零散的动态数据就会利用协作云端平台随时共享。

⑤加强信息安全制度。伴随着现如今逐渐进步的信息技术，在数据进行存储与处理已经不受任何限制的时候，大数据就成为企业得以生存并逐步发展的基础，与此同时，大数据的到来也使大量黑客或病毒及数据盗窃等诸多不良行为接踵而来，倘若此时企业中有任何信息被泄露，毫无疑问会对企业的经济状况甚至生产造成严重的打击。因此，企业必须十分关注大数据的安全问题，在避免遭受外来威胁入侵的情况下，创建相应的信息安全制度或信息加密等相关制度，以此保证企业中核心的商业数据不外泄。

（2）科学培养大数据专业化分析人才

目前，在中国企业中，尽管其发展过程中会需要各类精确数据指导性的支持，可是内部专业型控制人才的短缺却造成企业日后进行投资决策时并没有光明的指引道路。海量的数据与人才的匮乏形成了一种巨大的鸿沟，使企业开发与利用数据所潜在的价值受到阻碍。通常大数据分析人才都会通过与企业共同组建大数据竞争情报分析团队，不管是产业经济学专业还是投资专业，或者是金融专业、统计专业，乃至情报学专业诸多种类的专业研究人员，同样都将通过彼此对专业技能的渗透，从而形成某一方面优势的各种形式，以此来让大数据进行复合分析时，其绩效成果能够得以保障。

大数据时代，不只是在各行各业中，甚至是在企业的各个领域中，他们在使用数据的时候无疑都会受到严重的影响，并使其发生一定程度的改变。企业竞争情报工作者也因此而面临着大数据所带来的极大挑战，故而必须从三个层面将大数据充分应用到企业竞争情报中，使大数据将优势发挥出来，并从中挖掘出大数据的有用价值，以此来提供智力支持使企业竞争力有所提升。

①从宏观层面看，必须健全并完善相关的法律法规，以此来确保大数据中的企业竞争情报可以被合法应用。由于现在社会各个层面都存在对大数据的获取与分析及其应用，但是中国时下对数据的收集与使用仍然存在法律方面的空白，因此，必须制定相关的法律法规，才能使大数据的健康发展有所保障，同时在处理政府与企业信息公开和公民隐私权利保护之间矛盾的时候更加妥善，并不断推动大数据进一步发展。

②通常创建大数据企业竞争情报体系都是通过情报意识，还有组织模式以及人才队伍等多个角度来进行的。

首先，必须具备大数据情报意识。也就是说，企业必须让竞争情报人员从自身开始就要学习并接受新鲜事物，同时充分掌握大数据相关的分析技术，只有这样才能在开展竞争情报工作时更加完善，以此确保能够及时获取市场行情与竞争动态。

其次，必须根据大数据的竞争情报体系来建立相应的组织模式。也就是说，身处于大数据环境中，不能只局限于现有的竞争情报系统架构或组织体系与资源配置，必须将它们进行重组，然后将主导位置设定为大数据管理与分析的竞争情报职能部门，与此同时，进行组织设计竞争情报体系框架，在大数据竞争情报体系的前提下进行构建，最终达到整体把握大数据的目的，以此为企业提供更加动态且实时有效的科技情报。

最后，必须根据大数据的分析创建相关的专业人才团队。在大数据时代背景下，将大数据转化为具体的竞争情报是企业中最为关键的一部分，但是这部分必须在拥有大数据分析人才的前提下才能实现。因此针对这一点，企业要尽可能培养相关人才，并不断增强大数据分析人才团队建设。

③从微观角度去分析，要想提高企业竞争情报工作效率，就必须利用适用于目前大数据环境变化分析工具的开发。如今面临海量数据，企业必须跟上时代的需求，在以往的技术基础上再加以创新与研究，并获得新的方法，从而开发出更具扩展性且存在容错性与并行性的分析工具，并将其应用在实时性技术与分布并行算法技术，以及统计分析技术等诸多技术层面中，最终使数据挖掘与分析的效率得到有效提升，尽快适应大数据的变化与发展。

三、大数据在投资决策中的应用价值

在资产投资决策中，利用大数据与云计算平台所具有的多方面优势，并且在实际应用时，还可以尤为突出其价值所在，促使企业在进行投资决策时可以更加科学有效。

（一）大数据背景下企业的固定资产投资决策框架

在大数据背景下企业进行固定资产投资，特别是针对那些新建生产设备而言，通常需要一定时间才能获得投资回报，相对资金占用量也会较多，由于这种模式的影响会直接造成企业未来发展与生存存在一定的问题，企业必须在投资决策的最初阶段，通过大量的调研与数据分析，保证更加科学且合理的实施决策。由此可见，企业在实施固定资产投资决策时，数据占据至关重要的位置。

1. 投资准备阶段

企业固定资产的投资决策在大数据时代影响下，在投资项目前期准备管理中最为重要的一点就是对前期市场进行预测，如此一来，就能第一时间把握市场先机，有助于在进行项目创建时发现存在条件的现实与潜在的需求，以此进一步促进其尽可能满足产品或项目，从而减少非真实市场需求中所产生的或不能在未来一定时间内支撑项目生产，以及运营条件需求的那些虚假需求。

首先，必须有明确的投资目标，比如了解投资项目需求的市场情况，或消费者的购买能力，还有同行业的销售状况等诸多外部信息。

其次，必须明确选择的投资方向，不仅要根据企业内部的历史数据情况，同时还要将其与市场环境状况相结合等，然后对这些外部因素进行相应的筛选，最终决定所要投资的方向。

除此之外，在了解市场容量现状和前景的同时，还必须预测可替代产品，还有那些可能引起市场扩大的情况，并进一步了解在这个项目中可能存在或潜在的替代产品，它们会对其产生怎样的影响；还必须调查市场供求情况下长期发展趋势如何，以及目前市场与项目投资市场的饱和状况，不仅如此，还要了解该项目产品在市场的占有率大小。

2. 制订投资方案阶段

当进行投资项目决策的时候，企业会利用云会计平台从中获得内外部大数据，并对其进行科学且宏观的分析。在这其中一般根据可行性制定投资方案的方式，再进行相关数据的方案评估。其可能会牵涉到的可行性分析包括概率分布或期望报酬率，标准离差或标准离差率，以及风险报酬率等多项数据，但是必须在企业能够承受的范围内再进行投资的可行性说明。

针对生产设备的新建与扩建以及对其的改良，通常不仅会对产品的成本与定价产生一定程度的影响，同时还决定着企业未来的发展方向，以及企业在未来竞争市场中所占据的战略地位。

3. 投资实施阶段

在经济全球化的时代背景下，不断增强自身竞争实力，新建或扩建及改良生产设备，是目前很多制造业企业采取的主要方式。然而企业在国际市场环境中，其结构化数据或半结构化数据及非结构化数据一般都会在企业投资过程中产生一定影响，因此这也是战略资产中必不可少的一项。

通常数据源是企业的固定资产在进行投资决策时的依据，利用云会计平台，通过多种媒介的形式从企业内部或外部市场与银行等诸多相关的投资决策中获得。与此同时，再利用大数据处理技术与方法，使获取的数据信息得到规范化处理，并利用数据分析与数据挖掘技术，在企业中将那些需要的固定资产投资决策所需的财务与非财务数据提取出来，然后有针对性地对企业进行新建或扩建，以及进行改良生产设备的投资决策中每一个步骤，并提供有利的数据支持。

在投资实施阶段进行监控或调整时，首先考虑的是企业实际的现金流量与收益，以及其与预期之间的对比，还有企业的可控范围内是否能适应于其实际所承受的能力。倘若相差，甚至企业不能控制，就要将导致差异存在的因素及时找出，并对相关数据进行适当的分析处理，同时对投资决策方案进行适当调整。

一般情况下，在企业日常财务活动中，固定资产的投资是至关重要的一个组成部分，同时也是企业能够正常运转、进行生产经营与维持生存发展的基础部分。通常企业中数据的来源都牵涉多个利益相关者，不仅如此，其来源渠道也是极为广泛的，大多数都是非结构化数据，并且各类数据之间的标准一般都不统一，故而很难将其兼容。由此可以看出，大数据时代都是在云会计平台获取各种数据的基础下，再进一步进行企业整个投资决策流程，然而通过各种相关技术对各类数据进行分析处理，并存储在企业的数据中心等，利用这种方式可以促进企业在整个投资决策过程中，其数据能够提升完整性、及时性和可靠性，以此达到高质量的企业投资决策需求。

（二）应用价值

1. 大数据下的投资决策更加科学

目前，在现代企业的经营过程中，通常会遭受内部或外界各种因素的影响，导致固定资产进行投资决策时难度增加，而且在短时间内，固定资产投资也不能获得资金回流，因此，就会导致企业在进行固定投资时的风险增加。当管理者进行决策的时候，凭借云会计平台进一步了解企业财务信息与生产设备，还有生产流程等各项内容，这样一来，不仅可以更加及时地获取数据，还能使数据信息更加可靠，再加上很多云会计平台都有相当强的睦能特征，其可以与电子商务系统有效融合，有助于企业及时了解市场动态状况，然后企业就能在其中获取很多相对有价值的信息，这种形式投资决策的调整与制定会更加科学，最终达到挖掘固定资产价值最大化的目的，从而促进企业健康发展。

倘若从企业内部角度去审视，通常固定资产投资决策都是利用云会计平台来获取相关的大数据，根据生产设备的扩建与改良促使企业在以往的经营过程中更加准确且快速地获取产品生产数量与产品市场占有量，还有现金流动等各种财务信息，不仅如此，还能获得与投资项目相关部门业务与人事关系，以及仓库存储量等各类非财务数据，通过对投资决策影响范围的分析比较，还有在企业后期经营中所产生的利益与风险，从企业内部的经营情况与现金流量方面进一步审视投资决策的可行性。针对生产设备的新建而言，企业必须充分了解市场目前的发展趋势，掌握新建生产设备所需的各项财务数据，其主要有资金筹备与企业的负债比重，以及现金流量与偿债能力等，以此来确定投资决策与企业未来长久的发展战略是否符合。当下利用云会计平台，能够使企业很好地避免内部数据的分散与信息的不对称，同时企业还将所有子企业与部门之间的财务数据与非财务数据有效整合，从而帮助企业科学且完整地进行决策，提高决策的准确率。

倘若从企业外部的角度去审视，通常企业都是通过与电子商务系统的接口，在利用云会计平台的同时，获取市场中的各种外部数据，其中包括公允价值和定价，以及顾客和数量等，然后对于消费者有关的产品购买状况，销量由于商品价位所受到的影响，以及产品的替代商品数据进行相应分析。一般情况下，产品在市场中的占有量与日后销售的群体都取决于消费者的偏好，因此，企业可以利用从云会计平台获得的消费者购买习惯、产品所畅销的地区和畅销时间段等各项数据，以此为基础提供更有效的决策价值，进而新建或扩建或改良生产设备。在此之后再对收集的数据进行相应分析，根据市场中占有量的情况来确定这个投资项目的评价是否符合其饱和度，是否在一定范围内存在产品价格的变动情况，以及由于产品与可代替商品价格而产生的差异是否有利等各种问题，由此可见，对于固定资产投资决策而言，这些来源于企业外部的数据尤为重要。企业必须事先掌握周围市场情况，了解与投资项目相关的产品信息，还必须了解与消费者相关的数据或政府的经济政策，以及环境的相容度等各类数据，才能进一步确定合理且有效的投资决策。

2. 大数据下的投资决策风险更可控

如上所述，由于云会计平台可以直接影响固定资产的投资决策，有效利用云会计平台进行固定资产投资决策，就可以使风险在一定管控中，确保企业投资活动中的安全性有所提升。通常可以从投资决策的分析中得出主要造成项目活动风险产生的因素，这完全是由于在进行投资项目活动的时候，决策者并不能对其变化情况进行一定预估，同时在获取数据信息时也存在一定程度的问题等，然而这些投资风险一般都是不可避免的。

企业利用云会计平台一般通过互联网或移动互联网，以及物联网或社会化网络等多种渠道媒介，以此处理与分析收集的数据，然后对多种投资风险进行相应的控制，其中包括企业面临的债务风险、估算风险和市场风险等。在投资决策实施过程中，利用云会计平台，将企业实际的现金流量同收益与预期的现金流量与收益作比较，并从中找出不同，根据这些分析差异所存在的因素，及时对其作出相应的投资调整。当企业运用云会计平台来实现各个信息系统的无缝衔接之后，就可以使数据及时地共享并传递，此时如若出现任何人的工程质量或工程进度在现金流量方面不足等诸多情况，就能够对投资项目的目标方向与工程施工时间及时地采取相应的措施，同时决定该项目是需要调整还是需要中断，甚至决定放弃，从而使投资总额与投资期变动中所带来的风险降至最低。

一般情况下，主要都是通过对固定资产进行改良或新建与扩建来实现固定资产投资，这种形式的投资通常其变现能力会相对略差，但是其存在的投资风险却比较高，一旦存在其中的风险超出了企业的承受范围，那么企业就将面临破产的窘境。利用云会计平台就可以对决策者投资项目中的各项数据进行相应分析，如此一来，就对投资中所存在的风险与相关问题进行了一定程度的预估，以此来让决策者通过各项信息合理地调整决策方向与活动内容，并有效降低所带来的风险损失。

通常投资风险都是在企业进行投资之后，受到内部或外部各种不确定因素的影响，使实际使用的投入资金与预期目标的结果不相符。一般投资决策中存在的风险都是因为企业信息匮乏，企业中的决策者对未来变化等因素并不了解所致，从而造成在投资决策中，不管是什么形式同样都有各种各样的风险决策。在企业项目投资中，其投资风险表现主要是经营风险，包括产品需求的变动，产品售价与成本的变动，固定成本的比重与企业的投资管理能力，以及经营环境的变化等。不难看出，在固定资产投资中，其主要形式就是对固定资产的新建或扩建与改良，但是由于其存在的投资变现能力相对较差，而其投资风险却相对较高。因此，如若投资进行时其风险超出了所能承受的范围，就会造成企业不能继续正常运转，最终导致其破产。决策者利用云会计平台对数据进行可行性分析，根据可能出现的风险因素进行相应的分析与评估，然后借助大数据不断地调整信息资源的战略目标与投资方向，以此来尽可能降低决策风险造成的损失。

倘若从客观因素的角度去审视，在目前全球经济化时代背景下，随之而变动的不仅有市场需求与消费者的偏好，还有货币政策与通货膨胀的情况，这无疑在一定程度上影响消费者的购买能力。因此，企业利用可行的方法就能最大限度将投资风险降低，这也是目前企业在进行投资决策时所面临的最大挑战。

四、大数据背景下企业投资决策的优化

如今大数据技术的不断发展，不仅提供了对瞬息万变的数据与信息的定量分析方法，同时还提供了更加真实有效的决策依据，以此使企业进行投资决策，从而使企业战略决策的质量得以提高。

（一）投资决策情报至关重要

1. 企业投资决策流程及情报需求特点

在大数据时代，企业中的投资决策竞争情报搜集与分析，以及其利用都随之发生了一定程度的变化，因此大数据所带来的机遇与挑战是在目前竞争情报咨询机构与企业中必须积极响应的。如今必须将大数据的特点充分研究之后，再经过不断创新竞争情报的分析方法，只有这样才能在大数据提供的这一全新的信息生态环境与竞争舞台中，获取由大数据转化而来的大智慧。通常会根据大数据的情报分析来决定企业重大问题所采取的决策行为，其主要包括企业对投资的必要性，或者暗示投资目标与投资规模，还有投资方向与投资结构，以及投资成本与收益等诸多方面。由此可见，如今大数据被当作企业中至关重要的资产，越来越受到企业的格外关注，但是由于大数据是一把"双刃剑"，随之而来的全新机遇也会为企业带来更多挑战。

目前，企业决策是一项十分重要的竞争力，凭借成功的决策可以让企

业在新项目建设中领先于竞争对手,并占据一定的市场地位。不论是数据分析能力的提炼,还是对情报分析能力的利用,在大数据环境中,企业这种形式的投资决策竞争力同样是十分重要的。在企业经营生产过程中,企业的投资决策不仅是在进行某一个项目之前所要进行的研究、分析和方案选择,同时还是在企业中一项重大的事件。伴随大数据而来的是可利用的海量数据资源,同样能够获取数据资源的渠道也越来越多,如此一来,为企业投资决策情报的获取与处理及利用带来更多改变。

2. 大数据给企业投资决策带来的机遇与挑战

大数据时代,每一个领域的企业都因其特征而受到很大的影响,因此,也发生了一定程度的变化,改变企业内外部情报环境,如此一来,企业就必须在现有的情报搜集与利用模式下重新审视,并采取一定措施使大数据转换成大智慧。

(1) 带来的机遇

①大数据为企业获取精准情报提供了沃土。在企业投资决策中必须尽可能避免失误,因此,在这其中必不可少的一点就是要有精确的情报支持。如今海量的数据再加上多样化的来源渠道,不管是统计分析还是互相验证的过程中,使大数据更加有意义,不仅如此,还提供了很好的支持为各种投资分析进行模型创建。因此,大数据环境中的企业就可以利用科学的情报分析方法来对海量的数据进行相应处理、组织和解释,其中主要包括产品市场数据、竞争对手上下游数据,以及项目财务数据等各项数据,从而将其转化为更加有利的精准情报。

②大数据使投资决策情报更加细化、更有价值。目前大数据已经对传统模式的情报进行了更有价值的延伸,同时还对这部分数据进行了相应的加工处理,以此来帮助并指导企业投资决策流程中的任何一个环节,这有利于企业能够更加明智地制定决策。尤其是在如今移动互联网时代,各种智能手机与平板电脑不断普及,致使大量的大数据领域产品随处可见,而那些传统的文字与图片逐步发展成为现在的位置信息,以及链接信息或二维码信息等各种新类型的数据。

（2）面临的问题与挑战

现在企业中大数据所带来的内外部情报环境极为繁杂，数据来源呈现多元化，数据类型形式多样，并在不断更新增长中，其存在的这种形式的动态毫无疑问地影响企业数据情报搜集的分析能力。

①大数据处理专业人才的缺乏。一个能称得上合格的大数据专业人才，通常具备几个条件：第一，必须对企业内部资源的禀赋与发展战略有深入的了解；第二，必须了解项目投资中所能牵涉到的经济与产业分析方法；第三，必须充分掌握数据探勘统计应用知识，同时熟悉数据分析所能用到的相关工具和操作。必须满足以上三个条件，才能让企业中的专业人才将大数据中的价值激活，并重新让数据之间的关系建立起来，同时赋予新的意义，最终达到投资决策所需的竞争情报转换而成的目的。

②面临重新整合企业竞争情报组织模式的挑战。目前绝大多数企业之前的竞争情报组织模式，通常都是由企业自有情报分析部门和独立的第三方情报咨询机构同时完成的。两者之间分工明确，而且一直都是单一的合作模式。因此，现有的合作模式也将因大数据时代中数据对反映速度的要求，从而带来极为强大的挑战。

③现有竞争情报分析方法不能适应大数据时代的要求。到现在为止，现有的竞争情报分析方法都是在静态或结构化数据的基础上进行的。但是大数据中具备的特征却是分布式、非结构性与动态性。不仅如此，现有的分析方法也由于信息格式的差异，不能在获取情报时进一步创建信息之间的关系。故而，必须要不断创新，尤其在数据的处理量、数据类型、处理速度和方式方法方面尤为重要。

（二）大数据对企业固定资产投资决策的影响

在投资决策评价中最为重要的几个影响因素是决策效率、决策质量、决策成本。当企业进行固定资产投资决策时，其科学性与合理性在一定程度上受到这些因素的影响。因此，在进行决策相关大数据分析时，利用云会计平台就可以提供更加科学、全面、及时的数据支持，以此来制定企业的固定资产投资决策。

1. 实现智慧投资决策

在企业中投资决策不单单是所有决策中最关键的一项，同样也是至关重要的一项，在目前众多企业情报需求中还是要求最高的一种，而且具有极高的复杂性。时下研究企业现阶段自身的资源禀赋，还有企业目前拟投资项目的可匹配性，同样都是最主要的投资决策核心内容。伴随着大数据时代的到来，在企业投资决策的每一个环节中，都逐渐由大数据深入其中，并成为其中重要的生产因素。因此，在日新月异的科学技术发展时代，在市场竞争日趋激烈的环境中，企业必须让决策评价体系更加完善，才能更有效地指导企业资本投资项目。

如今，大数据时代的财务信息系统，早已从原本的模式延伸到企业的外围，同时提供了市场同类项目的相关风险，以及与其收益等诸多情况，然后将其与企业内部不论是投资总额预算模型，还是项目选择排序结构，都进行一定的匹配，从而预测资金短缺状况，并及时设置一定的融资方案，最终使投资决策评价体系更加完整。伴随大数据不断发展、成熟的脚步，企业在未来进行投资决策时，将会在财务信息系统融入外部市场风险分析，从而使财务人员能够实现智慧投资。

2. 提高企业的投资决策效率

目前，固定投资决策由于经济全球化和企业规模化的影响，日趋繁杂化，而其在企业生产经营活动中产生的影响，也在不断增大。企业在以往的固定资产投资决策中，通常会因为数据采集或处理与分析技术在各方面都受到局限，必须耗费大量时间才能收集与整理数据，并对其进行对比，不仅如此，还必须耗费一定的时间对其进行实地考察或调研，如此一来，就要用相当长的时间制定投资决策，这无疑降低了决策效率。

在云计算与大数据技术逐渐普及应用的时代，企业凭借云会计平台就能直接获取与固定资产投资项目有关的财务数据与非财务数据，不仅如此，还能使企业中的业务流程、财务流程和管理流程结合在一起，以此来避免部门之间数据孤立现象的出现，并避免了传递过程中存在缺失或时间拖延情况。然后利用企业各个子企业中的业务系统，以及企业管理系统与云会计平台之间的无缝衔接，就可以提供海量数据使企业进行固定资产投资决策，这样一来就能节省一定的时间，有利于投资决策进行数据获取。最后，凭借大数据技术对相关的海量决策数据进行整理、对比和分析，从而使企业进行固定资产投资决策的效率有效提升。

3. 保障企业投资决策的质量

在大数据时代背景下，企业固定资产投资决策基于云会计平台，不仅可以提高其工作质量，还能使企业的投资成本得到有效控制。一般情况下在传统的投资决策方案中，进行数据收集的阶段往往都是利用现有的数据资源，通过工作人员进行相应的采集与整理来获得数据信息，这也是在传统的企业中进行固定资产投资决策的工作。通常这种形式下都会有很大的数据量，但在当下的企业中其数据信息往往比较分散，因此，工作人员在进行数据信息收集的时候，就必然会存在一定程度的误差或错误，如此一来，在今后的工作中就会影响企业固定资产投资决策，同时也会使固定资产投资决策的科学性遭受严重影响。

然而根据投资决策者之前的经验，传统模式下都是通过工作人员收集并整理数据信息，然后从自身的工作经验主观地进行判断，企业在进行固定资产投资决策时就会依赖于此。只不过由于其中的主观因素恰恰会造成相对严重的投资风险，决策质量也会相对降低。传统的企业固定资产投资决策尽管会有很多因素，在一定程度上影响其可行性，但是在大数据时代，通常企业都会基于云会计平台进行固定资产投资决策，然后利用计算机网络来获取并整理数据信息，同时将其及时地进行相应处理，这样一来，就可以将传统由于人力工作产生的误差问题，在如今的企业固定资产投资决策中进行相互弥补，进而促进企业固定资产投资决策工作中其数据信息的准确性大大提升。

4. 减少企业的投资决策成本

在企业中，通常固定资产的新建、扩建和改良都会涉及很多部门，其中包括销售部门、库房存储部门、财务部门、生产制造部门等多个部门参与其中，像实地考察或纸质资料的收集与整理，再就是利用电子邮件或电话等各种途径透视在传统投资调研中采用的方式,这种形式都需要有大量的人力与物力支持才能完成。

如今企业都会基于云会计平台,凭借其需求购买相应的软件服务,然后利用互联网或数据端口,再与所有部门与子企业联结在一起,继而从硬件与设备上尽可能降低成本,由此,当企业需求对市场或周围环境进行实地考察或评估时,不需要再耗费大量的调研人员就能实现。时下,利用云会计平台,不管是企业产品的结构化数据,其中包括市场的销售现状、投资环境和消费者偏好,或者相似产品的市场占有量;还是那些半结构化数据或非结构化数据,其中半结构化数据包括与产品相关的图片或视频,或者文本或文档等诸多数据,企业在对它们进行收集、整理和分析时都会十分便捷。因此,企业在对固定资产投资决策中有关的大环境进行分析时,利用云会计平台,不仅使企业投资决策中大量的人力成本有所降低,同时硬件设备的购买、维护与后续维修所产生的费用都有一定程度的减少。

(三) 利用大数据加强和优化投资项目管理

1. 大数据挖掘与工程项目管理分析

所谓的工程项目管理,指的是将工程项目作为主要对象而进行的一种系统管理方法,然后通过工程项目中全部的动态管理过程来实现目标。目前大数据时代的到来,无疑迎合了工程项目中的系统性与动态性及其时代需求,同时为工程项目带来了新的发展方向,由此一来,就可以使工程项目管理中的每一个环节或其整体的信息处理效率都能得以提升,并提供了更加有效的信息参考给工程项目进行决策,从而使项目效益能够实现增值。

在大数据环境中,那些传统的工程项目管理早已经落后,而且和当前科学化的管理要求并不相符,但是数据挖掘却提供了新的路径以供工程项目进行管理。一般可以针对工程项目目前的状况,从而建立大数据挖掘管理层次,还可以建立与之相对应的制度结构,再有就是大数据挖掘的项目组解决方法。在大数据时代背景下,利用大数据进行管理,如今的数据仓库不单单将现有数据或历史数据进行及时收集,同时对孤立的数据而言,还能对其进行初步处理与转换，进而在它们之间形成互相关联的统一数据集，这样就可以进一步提供一个透明的信息平台，为项目中的各个数据使用者所利用，最终尽可能地将信息流通中所带来的那些虚假信息及其交流障碍等各种因素中存在的风险降至最低。

2. 大数据时代背景下工程项目管理困境

伴随大数据时代的不断推进，多元化需求不断发展，工程产品所面临的最大挑战就是生产必须贴合市场的个性化需求。现如今在工程设计与评估过程中，都存在一定的固有刚性与惯性，致使现在的市场需求高度与实际情况不相符。

从目前的状况来看，市场需求将因大数据的拖动逐步转化为各种类型的数据，倘若对这部分数据不能及时且科学地处理，那么就很有可能出现以下困境：一是在这种形势下，数据并不能被完全解读，从而使工程设计与评估跟目前的市场并不贴合，也就是说，产品最终不能以最好的状态展示在市场中；二是在这种形势下，会出现数据误判，这使工程设计与评估根本就不在市场需求的范围内，导致其产品最终不能被市场所认同。

从上述可以明显看出，时下市场需求的多元化已经导致数据呈直线上升并不断增长，对于工程项目管理来讲，就特别容易迷失在海量的数据中，因此而陷入困境。由于经济环境正飞速变化，无疑存在很多不确定性，致使工程项目管理随时都面临着风险。由于技术也在不断更新换代中，随之增加的就是社会经济环境的突发状况，继而给保障工程项目的进度与成本或质量与安全带来相当大的挑战。

3. 大数据对工程项目管理优化路径

（1）构建大数据挖掘的管理层次和制度结构

首先，必须根据集中控制与分层管理的思路进行回路模式的确定，其主要包括项目企业作为数据的收集者，以及集团企业作为数据的决策者。在企业中，通常将数据作为控制载体，然后项目企业再根据集团企业的数据要求进一步准确且及时地进行数据采集。对于集团企业而言，就会将总体数据作为依据，从而进行数据进度与成本、质量与安全诸多方面的分析与决策。一般这里的总体数据，不单单是项目企业所采集的内部数据，同时还要有集团企业所采集的外部数据，以此来保障数据的完整性。

其次，企业必须根据数据集中、业务集中、管理集中、控制集中的原则，来进行数据处理中心建设，以及业务审批与项目施工，还有相应的企业决策层数据沟通制度。通常在项目部和施工现场人员之间会产生各种数据，然后由项目部进行相应的整理与识别，之后再将其录入信息系统中心，最后数据处理中心将这些数据进行相应的挖掘，以此来帮助企业决策层进行决策，而各个职能部门此时就能够随时调用管理这些项目数据，有助于项目部利用这些数据指标与提示进一步对施工作业进行相应的管理。

（2）构建大数据挖掘项目组，解决项目管理中的主要问题

通常企业会在一定资源制约的前提下进行大数据挖掘项目组建设，从而在降低一定成本的同时达到最佳的质量效果，尽量使工程项目的速度有所提升。因此，在项目管理中必须解决以下主要问题。

第一，必须创建工程进度数据挖掘项目组。通过数据挖掘创建有关的控制体系，与此同时，还需要整合资金数据、供应商数据和工程计划数据，以及施工基础数据等诸多数据，使工期进度能够得到有效保障。

第二，必须创建工程质量数据挖掘项目组。为了避免出现不规范的物料管理或工程验收有隐藏的现象，再或者因不科学的计划安排而造成盲目抢工期等诸多问题，当然这其中也不乏会存在数据本身缺陷导致的质量失控等各方面问题，因此，必须建立相应的控制体系，同时进行整合施工基础数据与质量检测数据，以及物流仓储数据与工期进度数据等。

第三，必须创建相应的成本控制数据挖掘项目组。通过建立的数据挖掘控制体系，再加上整合的物料数据与成本核算数据，质量控制数据与工程进度数据，以及资金数据等诸多数据，以此事先避免工期拖延或质量控制不当等各种问题。

第二节 大数据背景下企业财务决策管理

大数据打破了企业传统数据的边界，改变了过去商业智能仅仅依靠企业内部业务数据的局面，使数据来源更加多样化，不仅包括企业内部数据，也包括企业外部数据，尤其是和消费者相关的数据。大数据背景下企业所面临的问题不仅仅是大数据的技术问题，更是管理问题。未来的新型管理模式将会充分利用大数据、系统集成、计算实验、仿真等方法，提高顶层设计和战略体系的科学性，凡事都用数据说话。

一、大数据与企业竞争力

企业作为国民经济的细胞，是市场运行系统的直接参与主体，其生存和发展直接受到来自产业或市场竞争力量的挑战。在大数据时代，企业分析竞争对手的透彻程度取决于企业大数据获取渠道的广度和大数据运用能力。大数据竞争力强的企业能够借助大数据资源库和技术处理平台，对竞争对手的相关数据进行挖掘和分析，从而评估竞争对手在市场策略、产品选择、营销方案等方面的优势和劣势，进而制定出能给企业自身带来相对优势的针对性竞争策略。

(一) 大数据提升企业竞争力

大数据能够帮助企业预测经济形势、把握市场态势、了解消费需求、提高研发效率，不仅具有巨大的潜在商业价值，而且为企业提升竞争力提供了新思路。笔者下面从企业决策、成本控制、服务体系、产品研发四个方面进行简要讨论。

1. 企业决策大数据化

现代企业大都具备决策支持系统，以辅助决策。但现行的决策支持系统仅搜集部分重点数据，数据量小，数据面窄。企业决策大数据化的基础是企业信息数字化，重点是数据的整理和分析。首先，企业需要进行信息数字化采集系统的更新升级，按各个决策层级的功能建立数据采集系统，以横向、纵向、实时三维模式广泛采集数据；其次，企业需要推进决策权力分散化、前端化、自动化，对多维度的数据进行提炼整合，在人为影响起主要作用的顶层，提高决策指标信息含量和科学性；在人为影响起次要作用的底层，推进决策指标量化，完善决策支持系统和决策机制。大数据决策机制让数据说话，可以减少人为干扰因素，提高决策精准度。

2. 成本控制大数据化

目前，很多企业在采购、物流、储存、生产、销售等环节引入了成本控制系统，但系统间融合度较低。企业可对现有成本控制系统进行改造升级，打造大数据综合成本控制系统。一是在成本控制的全过程采集数据，以求最大限度地描述事物，实现信息数字化、数据大量化；二是推进成本控制标准、控制机理系统化，量化指标实现成本控制自动化，减少人为因素干扰，细化指标以获取更精确的数据；三是构建综合成本控制系统，将成本控制所涉及的从原材料采购到产品生产、运输、储存、销售等环节有机结合起来，形成一个综合评价体系，为成本控制提供可靠依据。成本控制大数据化以预先控制为主、过程控制为中、产后控制为辅的方式，可以最大限度降低企业运营成本。

3. 服务体系大数据化

品牌和服务是企业的核心竞争力，服务体系直接影响企业的生存发展。优化服务体系的重点是健全沟通机制、联络机制和反馈机制，利用大数据优化服务体系的关键是找到服务体系中存在的问题。首先，加强数据收集，对消费者反馈的信息进行分类分析，找到服务体系的问题，然后对症下药，建立高效服务机制，提高服务效率；其次，将服务方案移到线上，打造自动化服务系统。快速分析、比对消费者服务需求信息，比对成功则自动进入服务程序，实现快速处理；比对失败则转入人工服务系统，对新服务需求进行研究处理，并快速将新服务机制添加至系统，优化服务系统。服务体系大数据化，可以实现服务体系的高度自动化，最大限度地提高服务质量和效率。

4. 产品研发大数据化

产品研发存在较高的风险。大数据能精确分析客户需求，降低风险，提高研发成功率。产品研发的主要环节是消费需求分析，产品研发大数据化的关键环节是数据收集、分类整理和分析利用。企业官网的消费者反馈系统、贴吧、论坛、新闻评价体系等是消费者需求信息的主要来源，应注重从中收集数据。同时，可以与论坛、贴吧、新闻评价体系合作构建消费者综合服务系统，完善消费者信息反馈机制，实现信息收集大量化、全面化、自动化，为产品研发提供信息源。然后对收集的非结构化数据进行分类整理，以达到精确分析消费需求、缩短产品研发周期、提高研发效率的目的。产品研发大数据化，可以精准分析消费者的需求，提高产品研发质量和效率，使企业在竞争中占据优势。

（二）大数据时代对企业核心竞争力的挑战

1. 产业融合与演化

企业运用财务战略加强对企业财务资源的支配、管理，从而实现企业效益最大化目标。其中，最终的目标是提高财务能力，以获取在使用财务资源、协调财务关系与处理财务危机的过程中超出竞争对手的有利条件，主要包括以下条件或能力：

（1）创建财务制度的能力、财务管理创新能力和发展能力、财务危机识别的能力等。

（2）通过财务战略的实施，提高企业的财务能力，并促进企业总体战略的支持能力，加强企业核心的竞争力。

伴随大数据时代的到来，产业融合与细分协同演化的趋势日益显现。一方面，传统上认为不相干的行业之间，通过大数据技术有了内在关联，对大数据的挖掘和应用也促进了行业间的融合；另一方面，大数据背景下企业与外界之间的交互变得更加密切和频繁，企业竞争变得异常激烈，广泛而清晰地对大数据进行挖掘和细分，找到企业在垂直业务领域的机会，已经成为企业脱颖而出占据竞争优势的重要方式。

在大数据时代，产业环境发生深刻变革，改变了企业对外部资源需求的内容和方式，同时变革了价值创造价值传递的方式和路径。因此，企业需要对行业结构，即潜在竞争者、供应商、替代品、顾客、行业内部竞争等力量进行重新审视，进而制定适应大数据时代的竞争战略。

2. 数据资源的重要性

大数据时代，数据成为一种新的自然资源。对企业来说，加入激烈竞争的大数据之战是迫切的，也是产出丰厚的。但是数据如同原材料，需要经过一系列的产品化和市场化过程，才能转化为普惠大众的产品。企业利用大数据技术的目的是为增强企业决策管理的科学性，实质是新形势下人机结合的企业战略决策系统。通过企业内部决策系统的采集、分析、筛选、服务、协调与控制等功能，判断企业及所在行业的发展趋势，跟踪市场及客户的非连续性变化，分析自身及竞争对手的能力和动向，充分利用大数据技术整合企业的决策资源，通过制定、实施科学的决策制度或决策方法，制定较为科学的企业决策，保证企业各部门的协调运作，形成动态有序的合作机制。

另外，将企业的决策系统与企业外部的环境结合起来，有利于企业制定科学合理的经营决策，从而保持企业在市场上的竞争优势。毫无疑问，大数据的市场前景广阔，对各行各业的贡献也是巨大的。目前来看，大数据技术能否达到预期效果，关键在于能否找到适合信息社会需求的应用模式。无论是在竞争中还是合作中，如果没有切实的应用，大数据于企业而言依然只是海市蜃楼，只有找到盈利与商业模式，大数据产业才能可持续发展。

3. 企业不同生命周期中的财务战略与核心竞争力的关系

（1）企业竞争力形成的初期采取集中的财务战略

企业在竞争力形成初期，已经具备了初步可以识别的竞争力，在这一时期，企业自己的创新能力弱且价值低，企业可以创造的利润少且经营风险比较大。同时，在这个阶段对市场扩展的需求紧迫，需要大量的资金支持。在这个时期,由于企业的信誉度不够高,对外的集资能力差,所以企业可以采用集中财务的发展战略,即通过集中企业内部资源扩大对市场的占有率,为企业以后核心竞争力的发展提供基础。在资金筹集方面,企业应实行低负债的集资战略,由于企业这个阶段的资金主要来源于企业内部,以私人资金为主,在这一时期最好的融资办法是企业内部的融资;在投资方面,企业为了降低经营风险,要采用内含发展型的投资策略,挖掘出企业内部实力,提高对现有资金的使用效率。这种集中财务的发展战略重视企业内部资源的开发,可以在一定程度上减小企业经营风险。在盈利分配方面,企业最好不实行盈利的分配政策,把盈利的资金投入市场开发中,充实企业内部的资本,为提升企业核心竞争力奠定坚实的物质基础。

(2) 企业在核心竞争力发展阶段采用扩张财务的战略

企业核心竞争力在成熟、发展阶段,由于此时核心竞争力开始趋于稳定且具有一定的持久性,企业除了要投入需要交易的成本之外,还要特别注意对企业知识与资源的保护投入。在这一时期,企业要利用好自己的核心竞争力并对其进行强化,在财务上要采用扩张财务的战略,实现企业资产扩张;在融资方面要实行高负债的集资战略;在投资方面采用一体化投资;在盈利分配方面实行低盈利的分配政策,来提高企业整体影响力。

(3) 企业在核心竞争力稳定的阶段采用稳健的财务战略

企业在这一阶段要开始实施对资源的战略转移,采取稳健的财政战略来分散财务风险,实现企业资产的平稳扩张。在该阶段,企业可以采取适当的负债集资法,因为此时企业有了比较稳定的盈利资金积累,所以在发展时可以很好地运用这些资金减轻企业的利息负担。在投资方面,企业要采取多元化的投资策略;在盈利分配方面可以实施稳定增长的盈利分配法。企业的综合实力开始显著加强,资金积累也达到了一定数值,拥有较强的支付能力,所以企业可以采用稳定增长的股份制的分红政策。

(三) 企业竞争力重塑

大数据本身并不是企业竞争力,但大数据分析和挖掘有助于提升企业竞争力。如果说企业竞争力需要重塑的话,那么一定指的是在数字经济条件下提升企业大数据管理能力。大数据管理是对企业市场认知与创新能力的管理，大数据管理能力是企业竞争力的重要乃至决定性因素。

很明显，大数据管理能力的提升必须与企业市场定位、发展战略、目标设定、资源配置、运营模式、竞争策略等相匹配、相协调、相一致，必须有助于提升企业差异化竞争优势，有助于企业发现新的蓝海市场。这应该成为企业实施大数据管理的基本原则和目标取向。

同样地，大数据分析方法的选择和创新必须以企业发展战略所界定的商业逻辑和价值联系为依据。根据商业逻辑来建立分析模型，用于预测和验证。根据目标函数来选择约束方程，用于改进产品和服务。一切都要从创造客户价值出发，以问题为导向，运用大数据资源，以大数据为驱动，创建可持续的商业生态系统。

从大数据分析和挖掘的路径来看，将遵循从数据到信息、到知识、到管理、到预设的过程。数据需要标准去衡量，要遵循商业逻辑；信息需要知识去识别，发现价值关联；管理需要战略去引导，设定行动目标；预设需要资源去界定，面向有限市场；竞争力需要数据去支撑，完成绩效评价。

大数据管理是离散数据知识化、知识产品集聚化的过程，要高度重视企业大数据的积累和汇聚。量变导致质变，当离散的经济行为数据积累到一定程度时，借助恰当的大数据分析和挖掘工具，就能在其中某些变量之间发现先前没有注意到的商业价值——消费者行为与潜在利润的关联性，进而发现新的商机，于是通过重新配置资源，开拓新的市场，获取新的利润。这时相关性价值往往大于逻辑性价值。由于是新发现，边际效用最大。而行为经济学的持续拓展和研究成果将为大数据分析提供新的方法和路径。

大数据管理下的企业竞争力重塑将是一个从数据的差异化发现到企业的差异化管理，再到市场的差异化竞争优势形成的过程。要利用计算机和互联网技术将大数据管理嵌入企业运营流程并驱动管理决策，由外而内，由内而外，深化市场与企业、竞争与管理的互动，实现递进发展，增强企业软实力。

开放的大数据管理必将促进开放式创新，并通过开放式创新更加有效地整合企业外部资源，在协同发展过程中提升企业竞争力。

当然，大数据作为企业管理的衍生品，如果对其挖掘、应用不当，即对大数据管理不善，就可能与造成 2008 年全球金融危机的金融衍生品过度创新而监管不到位一样，给企业自身和经济社会带来危害。企业在培育大数据管理能力的时候，一定不要忘记大数据风险管理。大数据创新需要服务，但同样需要适当监管。

二、大数据对财务决策的影响

大数据成为许多企业竞争力的来源，从而改变了整个行业结构。大企业和小企业最有可能成为赢家，而大多数中等规模的企业则无法在行业调整中受益。掌握大量数据的大企业通过分析收集的数据，成功实现了商业模式的转型。苹果企业的规模收益体现在数据上，而不是固有资产上。大数据也为小企业带来了机遇，其能享受到非固定资产规模带来的好处。重要的是，因为最好的大数据服务都是以创新思维为基础的，所以不一定需要大量的原始资本投入。

（一）构建新的竞争优势

在大数据环境下，企业需要应对数据的更新与变化，以不断调整企业内部的管理决策内容，提升企业的综合竞争力水平。传统企业的决策过程往往是被动的，即被简单的个人经验和个人想法所左右，知识决策内容经过长期实践之后出现偏差。因此，现代企业发展模式需要向预判式的发展道路前进，对市场的发展状况进行预判，充分掌握未来市场发展规律、客户需求以及竞争对手的各项信息，在大数据竞争中获取竞争的优势地位。企业在大数据背景下，应用大数据进行预判并制定管理决策内容至关重要。对企业自身发展而言，大数据不仅是一项技术手段，更是一项全新的发展模式。大数据的出现，使得企业管理决策内容知识的获取方式、决策参与者以及组织内容发生了巨大变化，为企业管理决策的发展提供了新的途径。同时，有效地运用大数据内容能够在激烈的市场竞争中保证企业自身战略优势地位，提升企业综合竞争力。

（二）大数据增强企业技术创新能力

创新是企业得以进一步发展的必然要求，是驱动企业获取最大竞争优势的最重要途径。在区域经济主张创新发展以及产业结构转型升级的新时代背景下，加强自主创新是增强企业综合竞争力的重要体现，是企业创新驱动发展战略下应当首要考虑的重要内容。企业实施自主创新的一个重要保障是拥有足够的知识资本，而大数据的发展必然会为企业不断积累信息、技术、数据处理能力等"软"资源。因此，大数据能够在很大程度上增加企业的技术创新诉求。企业的进一步发展离不开其在产品、技术、管理营销等方面的创新，而企业技术创新的本质要求是研究如何将各类信息、资源等转化为创新要素，并将其引入企业生产、运营和市场开发等活动。而大数据分析无疑能为企业提供重要的创新要素，企业可以通过大数据资源库、大数据技术平台和大数据分析方法，挖掘和分析技术创新所需的资源和信息，以增强其技术创新能力，从而提升企业竞争实力。

（三）财务决策以全数据为参考

大数据背景下企业管理者应建立现代化的信息交流沟通平台，与员工进行针对性的有效的良好沟通，甚至进行决策。企业在重大的策略调整和重要事件发生时，可以通过信息交流沟通平台，优化决策信息沟通的渠道和路径，使决策的程序简化、速度加快，同时鼓励决策参与者快速参与沟通、提出合理化建议并参与决策方案的制定，从而缩短上传下达的沟通时间。企业应尽量减少信息链的长度，强化对信息链的优化整合力度，以达到企业运作流程的优化，减少内部沟通的偏离程度，从而减小管理决策制定的复杂程度。管理者通过使用虚拟的网络平台来完善和提升企业决策管理，使之规范运作、管理科学、高效发展更具有综合竞争能力。

管理者所使用的财务事实和财务数字的准确性在很大程度上决定了一个财务决策的正确性。当今世界竞争越来越激烈，一个决策的时效性也随之变得越来越关键。所以，企业目前在财务决策领域最不能忽视的是应用数据挖掘技术。

根据目前已有资料对大数据的定义可以看出，大数据是对所有相关数据进行分析，不再是对样本数据进行随机分析。其中的主要原因有两个：一是随着科技的迅猛发展，人们处理海量的数据变成了可能；二是样本数据毕竟不能完全代表全部数据，在一定程度上可能会忽视那些重要因素。显而易见，图表技术分析和量化的财务分析存在很大差别。当使用全部相关的数据进行分析时，可以全面得知某个重要的指标或信息在整个研究过程中所起的关键作用。

（四）财务决策以混杂性为主

大数据时代是用概率说话的时代，绝对的精确是不可能实现的，换一种说法，就是混杂性已经变成了大数据时代的一种判定标准。财务管理者在制定任何一个财务决策方案时，只要通过全数据分析，该决策得出的结果在概率上是能够持续为企业带来高额的利润，那么在很大程度上就可以被财务管理者实施。因此，具体到哪条生产线能带来利润，哪条生产线又是多余的，虽然财务管理者也很想知道，但是该财务决策无法准确地解答，从某种程度上说，花费过多的时间去探究是没有多大意义的。

1. 增强预测的信息基础

随着大数据时代的到来，企业的市场分析、运营策略、目标客户等一系列具体且重要的参数都受到大数据信息的影响，企业的运作模式也会发生巨大转变。大数据时代的到来既是机遇也是挑战，它推动着各行各业不断调整思路，改变运作机制，重视群体因素和个体影响。人们应该重视和关注大数据应用带来的影响，应用技术进步带来的新机遇，克服困难，充分运用大数据，把握好企业改革和再发展的新时机。

通过大数据预测企业，可以从众多杂乱的信息中非常轻松简单地挑选出有效可靠的信息，摆脱过去烦琐的搜索监测与分辨信息的业务，把大量的信息变为引导行动的洞察力，节省了大量时间，从而更加高效、准确地作出合适的决策。

通过大数据智能预测系统，企业可以在非线性化数据中开掘出意外的数据方式与联系，创建指导业务一线交叉的形式。同时，大数据智能预测还能有效避免优质客户的流失，给目前的顾客提供更多服务购买选项，研发出更加优秀的新型产品，提高企业的运转效率，及时发现且防范存在的欺诈与风险。大数据智能预测可以完成高级分析、信息开采、文本开掘、社交媒体分析与核对分析、信息的搜集与在线查实探讨、信息建模与预测建模。大数据智能预测给每一项技能水准的客户提供自主定义的业务，包含了对于高级管理层面看得见的菜单页面和对于更加有资质的分析员的命令预防页面与高级功能。大数据智能管理与布置企业的所有财产与债款，给运转体系与决策拟制人员带来更加可靠的决策。

2. 大数据促进了动态化决策

大数据如巨浪般冲击着我们的生产与生活，一切传统企业模式将会被推翻，企业通过先进的数据挖掘技术完成数据增值，从而创造更有价值的商机。当今社会每天每时都会产生巨量数据，这些数据也悄然记录着世界变化的轨迹，信息时代的竞争已经不再是劳动生产率的竞争，而是基于知识的数据竞争。大数据环境的动态性对企业提出了更高的要求，每个环节的改变都引导着企业的变革，企业必须通过最有效的方式实现数据最大化的价值增值。同时，基于数据的客观性及信息量大的特点，对企业在数据保密及备份、保障客户信息安全等方面提出了更高的要求。

（五）财务决策要关注决策的相关性

在大数据时代，"是什么"比"为什么"更重要。即使这似乎违背了人类的天性——好奇心和探索欲，但是有一点不能忽视的是，知道"为什么"对决策的帮助确实是有限的。例如，在预测一个财务投资决策方案在很大程度上可能持续为企业带来高额利润时，如果我们执迷于探究该方案到底通过什么方式，如何持续为企业带来高额利润，那么我们就会在无形中增加成本，到最后也不一定能够找到真正的原因。

当然，大数据也不必然都是好的，也会带来很多问题。首先，大数据时代财务数据的隐私问题越来越堪忧；其次，大数据可以预测财务决策方案的盈利能力，这样的预测有可能会被滥用而使企业过度追求利润忽视其他。为此，我们需要新型的大数据管理变革。包括对隐私财务数据的保护，数据使用者需要承担相应的责任；专业的大数据算法师来规范内部和外部大数据使用，保证对数据隐私的保护和公平正义。

1. 对财务决策工具的影响

在市场经济条件下，企业间的竞争日趋激烈，高效的财务决策已经成为企业角逐的重要砝码。而正确的财务决策往往建立在有效的事实以及大量相关的数据分析基础上，这对企业的软件技术提出更高的要求。但现阶段的企业会计电算化主要将手工做账改变为电脑做账，真正会分析应用财务数据的电算化系统少之又少。当企业的财务决策人需要某些汇总的数据时，甚至需要会计人员从电算化系统中先导出再进行人工整合处理，这无疑直接影响企业的工作效率。在大数据环境下，与企业决策相关的数据规模越来越大，类型日益增多，结构也趋于复杂。海量的数据意味着增加了有效使用数据的难度，因此，对企业信息智能化的要求越来越高，财务分析和决策系统也要求做出改进。

2. 对财务决策参与者的影响

（1）更加有利于科学化的决策

传统模式下的财务决策人员往往习惯于借助自身的经验来作出决策，但时代在进步，企业所处的决策环境越来越复杂化，如果财务决策者还一味地依赖于自身经验，恐怕无法适应市场发展要求。大数据分析系统能够运用其强大的数据挖掘技术进行信息汲取，再基于分析得出的财务信息对企业的未来业务进行合理预测。这样有效借助大数据将企业的财务数据与非财务数据进行整合，避免了决策者单纯依靠自身经验决策而带来的风险。大数据分析系统还会在决策人员提取信息时提供相关的辅助信息使决策过程更加智能化，企业财务决策的效率也提高许多。

（2）促进决策者与相关人员的信息交流

大数据管理系统使企业各个部门间的信息交流更便捷和公开化，企业一般管理者和员工也能很方便地获取与决策相关信息。在此基础上，如果企业管理者能与一线员工并肩作战，集思广益，就会使决策的能力及质量大大提高。大数据下的财务决策除了有利于企业内部的信息交流，也方便了企业与会计师事务所、工商部门和税务部门等利益相关部门之间的信息沟通。随着云计算技术的推广，企业为了更方便地利用云端平台，会将企业的运营数据存放在云端，而不只是企业内部的服务器上。这给注册会计师的审计工作提供了便利，企业在运营过程中产生的财务数据和非财务数据也可以实时接受工商和税务等政府部门的监管，有利于企业健康良好的发展。

（3）提高了财务管理人员的专业要求

面对时刻变化的市场竞争环境，企业要想实现能级式发展就必须拥有强大的市场竞争优势，其中提升企业市场竞争优势的一个重要途径就是提高企业经营管理水平。而企业针对其战略决策、生产运营、组织协调、客户关系及市场开发等进行的管理活动都涉及数据和信息资源的采集、处理、分析和运用等过程。

随着大数据技术的快速发展和日益成熟，企业在处理日常业务时会经常建立新的分析模型，这就对财务报告的及时性、现金流的能力以及财务信息的数据挖掘能力等提出了更高的要求；相应地，企业财务人员也要丰富自己的知识和能力。财务人员不仅需要熟练掌握财会方面的专业知识，同时还需要储备统计学、计算机科学等方面的知识，这样才能对提高数据可视化水平提供更加广泛的专业支持。所以，大数据时代的财务工作者，应当与时俱进，推动财务管理创新。

3. 对财务决策过程的影响

（1）在决策目标的制定方面

过去企业所有的管理决策都是依据自己的产品需要来运作的，而现在则要以客户的需求为主，采集客户的需求信息后再制订生产计划。就比如淘宝店的好评和差评机制，顾客对产品的好恶对企业产生了很重要的影响。大数据系统能够基于这些数据的整合与分析，对企业的财务现状进行总结，为企业未来的经营目标作出精准定位。

（2）在全面预算方面

市场充满了不定性，因此，企业需要定期基于当前的生产经营情况对未来一定阶段进行计划安排。但是，目前许多企业的全面预算都是基于企业管理人的经验加上静态数据建立而成，缺乏应变性。大数据弥补了抽样调查手段的不足。由于抽样调查所抽取的样本容易受到主客观各种因素的干扰，强化了数据分析结果的真实性。基于大数据的商业分析建立在全部样本空间上面，能够准确完成企业业务的相关关系预测，有利于企业全面掌握客户信息以及产品反馈情况，帮助企业动态实施全面预算，应对市场的变化，真正有效地实现企业的个性化运营。

（3）在成本核算方面

成本核算是对企业经营数据进行加工处理的一个过程。企业财务人员会对一定期间的生产经营费用进行核算，并根据生产情况分配费用，而只有从多渠道获取数据才能够实现成本的精准核算。透过大数据技术，企业能够多渠道得到成本数据，并据其分析出符合实际需求的材料用量标准。在系统中实现对工资明细、进销存单据和制造费用等结构化和非结构化数据的共享，这样做能够使成本核算更加细化和精准，也有利于企业进行重点成本分析，最终实现成本的精准核算。

三、大数据背景下的企业财务决策战略目标

大数据在企业的有效运用能够推动企业竞争力深度和广度的延伸，是构成新时期企业市场竞争的重要组成力量。企业运营主要分为战略决策和经营执行，而通过大数据分析，企业不仅可以优化竞争战略决策、运营管理、市场营销等环节，挖掘出企业运作流程、市场分析和决策过程中的潜在价值，从而有助于降低成本，提高效率；还可以通过分析市场信息和客户资料了解消费者的市场行为特征、预测销售，有利于保证企业市场营销的精准性和有效性，从而牢牢地建立企业在市场中的竞争优势。

（一）大数据提高企业战略决策质量

企业战略决策的科学性和正确性是决定企业经营成败的首要因素，而数据和信息的质量则是决定企业决策正确与否的重要保障。传统的决策主要依靠决策者凭借个人经验和学识对历史数据进行分析来判断未来发展趋势，从而制定相应的决策方案。进入现代企业管理阶段以来，企业管理的内外部环境发生了巨大变化，企业的人力、资本、物流和信息资源等在整

个产业链条里时刻进行重新组合和优化配置。另外，市场上的需求和供给特征变化明显，影响企业正确决策的因素更加复杂和多样化。决策者以个人智慧、知识储备、经验和市场洞察力等为基础的传统决策方法已经难以满足企业质量决策的需要。而大数据技术的发展为现代企业决策提供了应对数据和信息瞬息万变的定量分析方法，为企业战略决策提供更加真实有效的决策依据，以提高企业战略决策质量。

1. 管理环境的挑战

大数据背景下，每个个体都是数据的产生者，企业的任何一项业务活动都可以用数据来表示，从数据收集、数据存储到数据使用，企业必须制定详细、缜密的数据质量管理制度，在设计数据库时要考虑大数据在各个方面可能发生的种种意外情形，利用专门的数据提取和分析工具，任命专业的数据管理人才加强对大数据的管理，提高员工的数据质量意识，以保证大数据的数据质量，从而挖掘出更多准确、有效、有价值的信息。

在云计算的基础上，大数据环境对企业的信息收集方式、决策方案制定，以及方案选择与评估等内容具有一定的影响，从而进一步影响企业管理决策内容。大数据中的数据内容具有先进性特点，对知识经济各项生产要素的发展具有重要作用。大数据的运用已经成为企业实现现代化发展的重要因素，大数据为企业管理决策方面的内容提供了新环境。

2. 流程视角的挑战

从流程的角度，即从数据生命周期角度来看，数据生产过程可分为数据收集、数据存储和数据使用三个阶段，这对保证大数据质量分别提出了不同的挑战。

（1）在数据收集方面

大数据的多样性决定了数据来源的复杂性。大数据的数据来源众多，数据结构随着数据来源的不同而各异，企业要想保证从多个数据源中获取的结构复杂的大数据的质量，并有效地对数据进行整合，是一项异常艰巨的任务。数据收集阶段是整个数据生命周期的开始，这个阶段的数据质量对后续阶段的数据质量产生直接的、决定性的影响。因此，企业应该重视源头上的大数据质量问题，为大数据的分析和应用提供高质量的数据基础。

（2）在数据存储阶段

由于大数据的多样性，单一的数据结构已经远远不能满足大数据存储的需要，企业应该使用专门的数据库技术和专用的数据存储设备进行大数据的存储，保证数据存储的有效性。数据存储是实现高水平数据质量的基本保障，如果数据不能被一致、完整、有效地存储，数据质量将无从谈起。因此，企业要想充分挖掘大数据的核心价值，首先必须完成传统的结构化数据存储处理方式向兼具结构化与非结构化数据存储处理方式的转变，不断完善大数据环境下企业数据库建设，为保证大数据质量提供基础保障。

（3）在数据使用阶段

数据价值的发挥在于对数据的有效分析和应用，大数据涉及的使用人员众多，很多时候是同步地、不断地对数据进行提取、分析、更新和使用，任何一个环节出现问题，都将严重影响企业系统中大数据的质量和最终决策的准确性。数据的及时性也是大数据质量的一个重要方面，如果企业不能快速地进行数据分析，不能从数据中及时提取出有用的信息，就会丧失预先占领市场的先机。

3. 技术视角的挑战

技术视角主要是指从数据库技术、数据质量检测识别技术、数据分析技术的角度来研究保证大数据质量的挑战及其重要性。

大数据及其相关分析技术的应用能够为企业提供更加准确的预测信息、更好的决策基础以及更精准的干预政策，然而，如果大数据的数据质量不高，所有这些优势都将化为泡影。

然而在大数据时代，企业的数据量不仅巨大，而且数据结构种类繁多，不仅仅有简单的结构化的数据，更多的则是复杂的非结构化数据，而且数据之间的关系较为复杂，若要识别、检测大数据中错误、缺失、无效、延迟的数据，往往需要数百万甚至数亿条记录或语句，传统的技术和方法常常需要几小时甚至几天时间才能完成对所有数据的扫描与检测。从这个角度来讲，大数据环境为数据质量的监测和管理带来了巨大挑战。

这种情况下，传统的数据库技术、数据挖掘工具和数据清洗技术在处理速度和分析能力上已经无法应对大数据时代所带来的挑战，处理小规模数据质量问题的检测工具已经不能胜任大数据环境下数据质量问题的检测和识别任务，这就要求企业应根据实际业务的需要，在配备高端数据存储设备的同时，开发、设计或引进先进的、智能化的、专业的大数据分析技术和方法，以实现大数据中数据质量问题的检测与识别，以及对大数据的整合、分析、可视化等操作，充分提取、挖掘大数据潜在的应用价值。

4. 管理视角的挑战

（1）大数据的管理需要企业高层管理者的重视和支持

只有得到了企业高层管理者的高度重视，一系列跟大数据有关的应用及发展规划才能有望得到推动，保证大数据质量的各项规章制度才能得到顺利的贯彻和落实。缺少高层管理者的支持，企业对大数据管理、分析和应用的重视程度就会降低，大数据的质量就无法得到全面、有效的保证，从而大大弱化大数据价值的发挥，不利于企业竞争能力的提升。因此，企业应该在高层管理者的领导和带领下，加强大数据质量意识，建立完善的数据质量保证制度。

（2）专业数据管理人员的配备是保证大数据质量不可或缺的部分

由于大数据本身的复杂性增加了大数据管理的难度，既懂得数据分析技术，又谙熟企业各项业务的新型复合型管理人员是当下企业应用大数据方案最急需的人才，而首席数据官（CDO）就是这类人才的典型代表。CDO 是有效管理企业大数据、保证大数据质量的中坚力量。企业要想充分运用大数据方案，任命 CDO 来专门负责大数据所有权管理、定义元数据标准、制定并实施大数据管理决策等一系列活动是十分必要的。

大数据环境下，还应配备专业、高端的数据库设计和开发人员、程序员、数学和统计学家，在全面保证大数据质量的同时，充分挖掘大数据潜在的商业价值。此外，在大数据生产过程的任何一个环节，企业都应该配备相应的专业数据管理人员，通过熟悉掌握数据的产生流程进行数据质量的监测和控制，如在数据获取阶段，应指定专门人员负责记录定义和元数据，以便于数据的解释，保证企业全体人员对数据一致、正确的理解，保证大数据源头的质量。

（二）大数据时代应如何通过财务战略优化资源配置

1. 利用大数据优化财务分析

要想更好地提升企业的财务管理能力，企业必须进一步明确财务分析和大数据的关系，统筹兼顾，实现资源的优化配置。众所周知，财务数据是企业最基本的数据之一，其积累量较大，分析结果直接影响企业财务管理的最终质量。因此，企业在进行决策分析时，必须坚持客观公正的原则，以财务数据为基础，制定明确的分析指标和依据，以保证企业财务管理的平稳推进和运行。在进行财务分析时，财务管理人员应先查找和翻阅当期的管理费用明细，并将其与前一阶段的数据进行对比，找出二者之间的主要差异，从而找出管理费用的变化规律，最终得出变化原因。在进行原因分析时，财务管理人员可以建立一个多维度的核算项目模型，并在模型中做好变化标记。在整个分析过程中，财务人员往往要花费大量时间用于管理费用的核算与验证，同时查找相关资料。在财务软件中，上述系列动作要切换不同的界面。如果利用大数据技术，只要通过鼠标的拖拽，就可以在几秒内分析出所有管理费用明细在每个部门发生的情况。对于企业的决策者而言，通过对财务信息的加工、搜集和深度分析，可以获得有价值的信息，促使决策更加科学、合理。

2. 利用大数据加强财务信息化建设

大数据对会计信息结构产生以下两个方面的影响。

（1）会计信息中非结构性数据所占的比例不断提高。大数据技术能够实现结构性和非结构性会计信息的融合，提供发现海量数据间相关关系的机会，并以定量的方式来描述、分析、评判企业的经营态势。

（2）在特定条件下，对会计信息精准性的要求会降低。大数据时代，会计信息的使用者有时可以接受非百分之百精确的数据或非系统性错误数据,这会对会计信息的质量标准提出新的观察维度:会计人员需要在数据的容量与精确性之间权衡得失,不仅强调绝对的精准性,还强调相关性。

为此,在财务信息化建设上,一是在企业内部逐步建立完善的财务管理信息化制度。制度保障是企业信息化的第一步,因为信息化并不是一蹴而就的,只有从制度层面作出规定,才能保障信息化切实有效的推进。构建网络化平台,实现企业的实际情况和网络资源的有机结合,达到解决企业信息失真和不集成的目的。构建动态财务查询系统,实现财务数据在不同部门之间的迅速传递、处理、更新和反馈。二是加强监管力度。发挥互联网优势,利用信息化的手段实时监控各部门资金的使用情况,将资金运行的风险降到最低,使资金的使用效率最大化,同时要注意保障财务数据安全。

3. 构建科学的财务决策体系

为建立科学的大数据财务管理决策体系,一是要强化企业决策层对大数据的认识。因为在传统决策中依靠经验获得成功的案例比比皆是,再加上大数据需要投入大量的人力、物力,在短期内很难给企业带来明显的效益提升,所以很多决策者认为企业财务决策与大数据关系不大。这种认识是片面的,企业只有正视这种变化,才能够从数据中获得自己想要的信息,认识到自己面临的风险,从而作出合理的决策。二是要结合企业的实际情况,建立有效的基于大数据的财务决策流程。要改变过去"拍脑袋"作决定的模式,通过积极地收集企业的相关数据建立大数据平台,利用先进的技术从数以千万计甚至亿计的数据中收集、处理、提取信息,挖掘问题背后的相关性,探索企业隐藏的风险和商机,找出问题的解决方案,达到由数据引领决策的目的。

(三)大数据、云会计时代企业财务决策的优化策略

在信息化的发展背景下,越来越多的生产实践与信息技术实现了完美结合,这种发展趋势非常有利于我国建设进程的加快与市场经济的发展。在信息技术的支持下,大数据、云会计时代极大地影响了各大企业的财务

管理及决策。相较于传统管理模式而言，大数据、云会计时代的到来可以强化企业财务管理的质量及效率，同样要求财务人员进行相应的转变，通过合理的利用来适应和发挥这些技术优势确保企业健康、稳定地发展。

1. 实时动态监控，及时传递信息

在云会计时代下，企业开展财务管理活动时，利用云会计技术能及时采集业务数据与财务信息，以便企业及时分析与监控财务管理活动。例如，划分监控职责职权和授权时，企业应该借助云平台获取岗位人员与各部门的工作动态，若发现上述授权划分不科学，则应及时调整，严格遏制滥用职权及越权管理现象。同时企业监控风险时，应该以云会计为基础进行风险预警管理，根据自身的实际情况，合理设置风险预警指标，从而帮助企业合理构建风险预测模型，及时传递信息与规避相关风险。

2. 实施分布式数据的存储、预处理、采集

随着企业的全球化、规模化、多元化发展，企业财务决策所需的数据不能只局限于财务数据，还需考虑日常经营活动相关的非财务数据。通常企业内部的生产、库存、销售、采购等数据会影响财务决策；银行提供的信贷管理数据、信用等级，会计师事务所的咨询报告、评估报告、审计报告，以及税务部门的税收稽查数据、相关法律法规等也会影响财务决策。由于这些数据可能分布于不同的机构与地区，存在不同的数据类型，现有的财务决策系统不能处理、收集如此庞大的数据，需要利用云会计平台来预处理、采集这些分布式数据；或者利用虚拟化技术来分布式管理、存储数据，便于后续的数据处理。

3. 做好协同办公工作，财务管理灵活

企业的下属部门或管理层可以通过云会计的随时连接，借助 PaaS 服务共享平台交换信息；或者利用云会计所提供的 SaaS 会计核算软件，在 SaaS 云端存储空间中存储信息。在大数据和云会计时代下，企业可以根据自身的实际发展需要，更新优化财务管理模式及目标，对经济形势与外部经营环境的相关信息进行及时获取，保证财务管理活动的有序实施。从资金管理层面来看，企业应该立足自身经营环境，构建科学的资金预算体系，及

时调整利润分配方案与资金使用方式；从投资层面来看，企业可以在云平台上传投资方案，对比同时期、同行业的企业，及时更改方案，确保财务管理的灵活性。

企业管理层及下属部门均可随时连接云会计的 PaaS 服务共享平台进行信息交换，随时使用云会计提供的 SaaS 会计核算软件，将信息存储于 IaaS 云端存储空间。云会计环境下，企业能够及时获取外部经营环境和经济形势的相关信息，结合自身发展需要对财务管理目标和模式进行更新优化。从投资方面来说，企业可以将投资方案上传至云平台，与同行业、同时期的企业进行对比，及时更改方案；从资金管理来说，企业能够根据自身所处的经营环境建立资金预算体系，及时调整资金使用方式和利润分配方案。

4. 完善财务管理制度

健全财务管理制度，以信息化建设来提高工作效率。企业在生产运营过程中，必须保持良好的秩序，制定行之有效的财务管理策略，对企业财务管理制度加以完善，从而提高工作效率和信息化建设。随着云会计和大数据时代的来临，企业需要注重信息技术的利用，积极开发现代化的财务信息技术，规范财务管理准则，强化内部管理力度，从而实现云端管理，增强企业财务管理意识。另外，企业应该针对自身的发展现状和运行状态，采取统一标准的财务管理措施与制度，借助内部云平台强化责任意识，及时公布财务管理中的新工作计划，实现自身的可持续发展。

企业财务管理关系到企业日常生产运营的秩序化，在大数据、云会计时代来临之际，企业应对财务信息的开发利用予以重视，加强规范化管理意识，重视相应管理制度的健全，借助信息技术来实现云端管理，采取统一标准的财务管理制度。通过内部云平台进行财务意识的强化及新工作计划的发布，财务人员可以在其具体运行中进行问题分析及改进，享受云会计时代带来的便利。企业日常财务管理数据较多，借助信息技术，各项工作开展的效率必然随之提高。

参考文献

[1] 陈萍，潘晓梅. 企业财务战略管理［M］. 北京：经济管理出版社，2010.

[2] 陈媛. 核心竞争力下的企业财务战略管理的实施路径［J］. 市场周刊·理论版，2023（5）：5-8.

[3] 程勇梅. 基于生命周期的企业财务战略相关探讨［J］. 魅力中国，2021（13）：73-75.

[4] 丁鹏. 在财务管理实践中优化企业税收筹划策略［J］. 中国商人，2023（2）：30-31.

[5] 董晓卉. 基于企业战略下的企业财务战略管理优化措施分析［J］. 经济技术协作信息，2023（3）：199-201.

[6] 冯运青. 价值链理论视角下的建筑施工企业财务管理［J］. 经济管理，2023（3）：156-159.

[7] 高丽霞. 基于价值链管理视角的企业财务战略管理探究［J］. 商业观察，2023（9）：89-92.

[8] 郝翔宇. 建筑工程施工技术及其现场施工管理探讨［J］. 中国科技期刊数据库工业，2023（4）：66-69.

[9] 何永江. 财务报表分析［M］. 天津：南开大学出版社，2021.

[10] 胡娜. 现代企业财务管理与金融创新研究［M］. 长春：吉林人民出版社，2020.

[11] 姬潮心，王媛. 大数据时代下的企业财务管理研究［M］. 北京：

中国水利水电出版社，2018.

[12] 黎精明，兰飞，石友蓉. 财务战略管理［M］. 北京：经济管理出版社，2014.

[13] 李俊秀. 企业财务管理的转型与创新研究［M］. 昆明：云南人民出版社，2019.

[14] 李晓峰. 价值创造型企业财务战略管理初探［J］. 全国商情·理论研究，2020（20）：70-71.

[15] 李艺，陈文冬，徐星星. 企业战略管理［M］. 成都：电子科技大学出版社，2020.

[16] 吕宏波. 守好中国式现代化的本和源、根和魂［J］. 党建文汇：上半月，2023（3）：32-32.

[17] 吕晓宁. 价值创造型企业财务战略管理研究［D］. 镇江：江苏大学，2008.

[18] 南京晓庄学院经济与管理学院. 企业财务管理［M］. 南京：东南大学出版社，2017.

[19] 倪文婕. 让"动手做"在小学数学课堂中生根［J］. 当代家庭教育，2023（1）：133-135.

[20] 冉斌. 五环战略：企业战略规划与执行［M］. 北京：机械工业出版社，2019.

[21] 汤世静. 企业价值创造型财务管理模式研究［D］. 天津：天津财经大学，2006.

[22] 万红波. 企业财务报表分析［M］. 兰州：兰州大学出版社，2020.

[23] 王世峰. 基于企业生命周期的中小企业财务战略研究［J］. 商业观察，2021（33）：30-32.

[24] 王欣，王国忠，杨转红. 危险化学品的安全管理［J］. 化工设计通讯，2023，49（3）：139-141.

[25] 王莹，李蕊，温毓敏. 企业财务管理与现代人力资源服务［M］. 长春：吉林出版集团股份有限公司，2022.

[26] 姚静. 基于企业生命周期的财务战略研究［J］. 时代经贸．2019（5）：38-39.

[27] 叶怡雄. 企业财务管理创新实践［M］. 北京：九州出版社，2021.

[28] 张建春. 基于企业生命周期的财务战略研究［D］. 北京：北京邮电大学，2008.

[29] 张婷. 基于企业生命周期的财务战略研究［J］. 山西农经．2019（13）：107.

[30] 张晓会. 基于财务战略矩阵的财务战略选择［J］. 冶金财会，2013（8）：32-33.

[31] 张烨. 基于企业生命周期的企业财务战略研究［J］. 市场周刊：商务营销，2021（3）：79-81.

[32] 郑泽光. 对企业财务战略管理问题及优化措施的研究［J］. 财经界，2022（29）：90-92.

[33] 祝锡萍. 企业财务管理［M］. 北京：电子工业出版社，2022.